高等职业院校“双高计划”建设教材
高等职业教育“十四五”规划教材

推销实务

梅　鹏◎主　编

黄灿灿　齐　冰　朱　娜　康　昕◎副主编

中国铁道出版社有限公司
CHINA RAILWAY PUBLISHING HOUSE CO., LTD.

内 容 简 介

本书依据高等职业教育培养目标要求，立足社会实际，结合高职院校学生的知识结构特征，从学生推销实践的实际需求出发选取内容，本着注重能力培养的编写理念，按照推销的典型工作程序将教育内容序列化。内容涵盖认识推销、推销准备、寻找顾客、接近顾客、推销洽谈、异议处理、推销成交、售后跟踪、推销员自我管理、推销组织管理。

本书适合作为高职院校经济管理类专业学生的专业技术课教材，也适合社会上从事销售职业或对销售感兴趣的人群学习使用。

图书在版编目（CIP）数据

推销实务 / 梅鹏主编 . —北京：中国铁道出版社有限公司，2022.6

高等职业教育“十四五”规划教材

ISBN 978-7-113-28996-6

Ⅰ. ①推… Ⅱ. ①梅… Ⅲ. ①推销－高等职业教育－教材 Ⅳ. ① F713.3

中国版本图书馆 CIP 数据核字 (2022) 第 044989 号

书　　名：**推销实务**

作　　者：梅　鹏

策　　划：潘星泉　　　　编辑部电话：（010）51873090

责任编辑：潘星泉　徐盼欣

封面设计：郑春鹏

责任校对：焦桂荣

责任印制：樊启鹏

出版发行：中国铁道出版社有限公司（100054，北京市西城区右安门西街 8 号）

网　　址：http://www.tdpress.com/51eds/

印　　刷：三河市国英印务有限公司

版　　次：2022 年 6 月第 1 版　2022 年 6 月第 1 次印刷

开　　本：787 mm×1 092 mm 1/16　印张：16　字数：379 千

书　　号：ISBN 978-7-113-28996-6

定　　价：48.00 元

序

黑龙江农业工程职业学院经历国家示范性高职学院建设，2019 年被教育部、财政部列入“高水平专业群建设单位”，深知职业教育改革已经步入深水区。校企合作、产教融合是职业教育的精髓，教师、教材、教法改革（三教改革）是推进、承接和展现高职教育精髓的重要载体，其中教材改革是基础、是改革最重要的支撑，能够助推高职教育培养出行业企业需要的高素质技术技能型人才。

本套教材从以下七个角度展现职教特色和教材特色：

（1）课程类型覆盖面广。本套教材将涵盖专业基础课、专业群平台课、专业课、专业核心课和专业拓展课，形成课程类型全覆盖，有效保障科学性、示范性和推广价值。

（2）教材展现形态丰富。创新教材形态，秉承科学严谨、深入浅出、图文并茂、形式多样的原则，开发活页式、工作手册式、立体式融媒体教材，满足不断变化的高职学情，为教师与学生提供有效、有用、有趣的教材。

（3）教材内容紧跟行业需求。教材开发吸纳行业企业精英参与，把行业企业发展的新知识、新技术、新工艺、新方法提炼加工成知识点、技能点和能力点融入教材中，提升教材的时代性和先进性。校企合作共同开发是本套教材的一个宗旨，本套教材将引入国家已经公布的“1+X”证书的内容，把证书考核内容和标准融入教材，提高学生的职场能力和就业竞争力。

（4）思政要素融入教材的知识、技能和能力。素质教育是高职教育当下乃至未来一段时间内的主要侧重点。然而如果政治素质教育停留在说教上，那会事倍功半。只有根据教材所展现的知识、技能和能力提炼和升华思政点，总结确认思政要素，将各类思政资源以润物细无声的方式融入教材和教学中，才能达到课程思政的目标，才能培养出高素质技术技能型人才。

（5）本书重点设计为满足“线上 + 线下的混合式教学模式”和“纯线下教学模式”的

使用需求。教师可根据学情分析，确定教学目标和教学计划后，根据教学场景和学生接受知识的程度选择“线上”或“线上＋线下”等多样化的教学组织，以期达到最好的教学效果。

（6）本书配套资源丰富。教材配套丰富的试题库，为无纸化考核和过程考核提供支持。教材案例形式丰富，既有纯文本的案例资源，也配套微课引入形式多样的多媒体资源，提升教材的易学性，规避传统教材以文字为主的知识性描述，激发学生学习兴趣。

（7）教材的整体设计体现“以学生为中心，以行动为导向”的原则。教材内容组织形式丰富，满足教法改革的需求，根据教材服务的知识、能力和岗位的需求，采用项目式、任务式、工作流程式等符合高职学生认知规律和学情的教材形式，旨在使教材有效支撑教学质量的提升。

高等职业教育不再是普通高等教育的补充，而是具有独立特色和性质的教育，在国家经济发展中有着不可替代的作用。高等职业教育的教材同样应该具有独立特色和组织形式，本套教材从多个专业、多个岗位视角出发，在教材内容、教材展现形式、教材体例、教材知识载体方面具有职教特色，能为其他教材开发者提供经验，助推高职学校培养出高素质技术技能型人才。

黑龙江农业工程职业学院

2022年1月22日

前　言

现代推销是一门综合性、技能性、实践性、应用性很强的课程。传统的推销教材内容知识体系过深、理论性过强，与职业教育的目标契合度不够。教材形式过于陈旧，难以满足学生对信息化、趣味化、体验性的需求。本书基于高职人才培养的目标和要求以及学生学情变化，紧跟现代推销实践和理论发展，按照“注重素质培养、体现能力本位、突出学生主体”的指导思想，根据推销工作流程和推销员成长历程合理地序化教学内容。按照任务导入、知识链接、经典案例/故事、思政故事、案例讨论、互动测验、技能实训构建教材体系。

本书包括推销入门、推销实战、推销管理三个模块，内容涵盖认识推销、推销准备、寻找顾客、接近顾客、推销洽谈、异议处理、推销成交、售后跟踪、推销员自我管理、推销组织管理。每个任务设置思政目标，并通过思政故事、案例讨论、实践活动等途径融入爱国敬业、诚实守信等思政元素，突出教材的育人功能。

本书遵循“实践性”和“适用性”原则，利用二维码关联的方式，将动画、视频微课、动画案例、互动测验等教学资源融入教材，实现教材的数字化、网络化、立体化。同时，书中将基础知识、案例分析、技能训练有机融合序化，把“课堂理论教学、情境体验教学”落实到教材中，突出教材的可读性、实践性、技能性、体验性。

本书适用于高职院校经济管理类专业学生的专业技术课程学习，也适合于高职理工类专业学生拓展课程学习，同时可以作为社会上从事销售职业或对销售感兴趣的人群学习使用。

本书配套的“人员推销实务”线上课程已经在智慧树平台上线，网址为：https://coursehome.zhihuishu.com/courseHome/1000060634#teachTeam，教师可以利用其实现线上线下混合教学，学生可以配合教材进行线上学习。

本书由梅鹏任主编，黄灿灿、齐冰、朱娜、康昕任副主编，杨武军、路红军参与编写。具体分工如下：梅鹏负责任务一、任务六、任务九，黄灿灿负责任务三，齐冰负责任务二，朱娜负责任务七、任务十，康昕负责任务四和任务五第 5.1 ~ 5.5 节，杨武军负责任务八，路红军负责任务五第 5.6 节。全书由梅鹏总纂定稿。

本书在编写过程中参考了大量的国内外有关推销实务、销售管理、商务谈判、消费行为等方面的资料和研究成果，在此向这些作者和研究者表示衷心的感谢！

由于编者的水平有限，加之编写时间仓促，书中难免存在疏漏和不足之处，恳请广大读者批评指正。

编　者

2022 年春

目　　录

模块一　推销入门

模块二 推销实战

模块三 推销管理

模块一　推销入门

任务一　掀起她的盖头来——认识推销

【学习目标】

知识目标

1. 掌握推销的基本概念和推销要素；
2. 掌握推销的基本准则和基本流程；
3. 了解推销人员职责和职业前景；
4. 了解推销人员素质和能力要求。

能力目标

1. 能够准确地定义人员推销；
2. 能够根据推销准则和推销流程分析推销案例；
3. 能够制订推销人员的素质和能力提升计划。

思政目标

1. 培养学生热爱推销工作的情感；
2. 培养学生诚实守信、不怕挫折、积极进取的工作精神；
3. 培养学生推销职业生涯规划意识。

【知识结构】

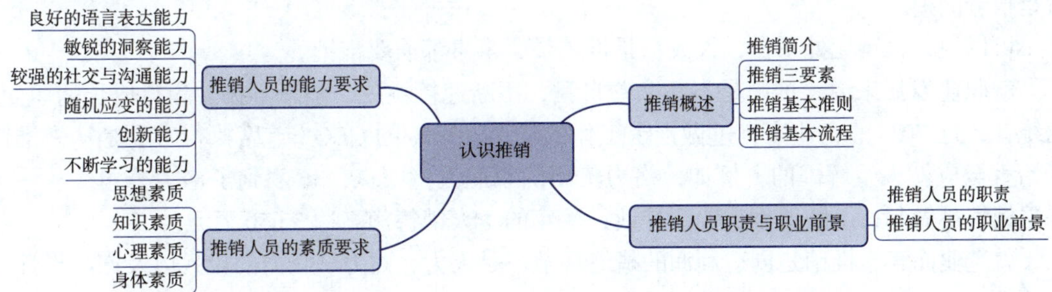

【任务导入】

程功，男，22 岁，20×× 年 × 月毕业于 ×× 学校食品专业。他在上大学时受到一位市场营销教师影响，毕业时准备应聘到一家知名企业——A公司做一名一线推销员，今天是他参与面试的日子。

动画：认识推销导入

A公司是根据现代企业制度创立的大型有限责任公司，已经有十多年经营史，主要经营净水装备，市场辐射中国各个主要区域，在整个行业中具有较高的声誉和地位。

此时，三位A公司面试官正在给程功面试。三位面试官一边翻阅其简历一边轮番发问："看你的简历，你学的并不是市场营销专业，你是怎么看待推销的？推销的基本准则是什么？推销的流程是什么？你怎么规划未来的职业生涯？你觉得一个好的销售应该具备什么样的素质和能力？"

连珠炮似的发问，让没学过推销课程的程功目瞪口呆，他从来没有感受过如此的压力。

如果你是程功，该如何回答这些面试问题呢？

1.1 推销概述

1.1.1 推销简介

推销是一种常见的社会现象，是人们经常进行的活动。要想取得成功，就需要不断地推销自己，通过推销获得别人的理解、支持、好感、友谊、爱情，以及事业上的合作。在现实生活中，许多人对推销存在一定的误解甚至错解，认为推销就是想方设法让顾客去购买产品和服务，从中赚取利润。实际上，商品经济发展到今天，推销在经济活动中起着其他营销手段不可替代的作用；同时，推销职业也是一个很有价值的职业。

著名的推销专家海因兹·姆·戈德曼认为：推销就是要使顾客深信购买你的产品会得到某些好处。被《吉尼斯世界纪录大全》誉为"全球最伟大的销售员"的美国"汽车推销大王"乔·吉拉德说："推销人员推动了整个世界。如果我们不把货物从货架上或仓库里面运出来，美国整个社会体系就要停摆了。"日本"推销之神"原一平说："推销是一项报酬率非常高的艰难工作，也是一项报酬率最低的轻松工作。推销就是热情，就是勤奋，就是忍耐，就是勇气，就是执着的追求。"

可以说，推销无处不在，人人都是推销员，事事都需要推销。

就职业发展来说，推销是不断完善自我，不断迎接挑战，坚忍不拔、赢得成长的职业。据统计，近70%的企业家有过做推销工作的经历，35%的CEO（首席执行官）是从做推销开始直至成就人生辉煌的。例如，格力集团的掌舵人董明珠，36岁到了格力公司，从一名基层销售员做起，不断地创造业绩神话，一年的个人销售额高达3 650万元。

就企业而言，推销是创造利润的最终环节，是人力、财力、物力的投入以及产品设计理念接受市场检验的过程，也是向消费者传递自己的营销理念与形象的过程。

正确理解推销的内涵对企业价值的实现和推销人员的职业生涯发展都有重要的意义。那么，究竟该如何理解推销呢？推销可以从广义和狭义两个角度来理解。

从广义的角度而言，推销泛指人们在社会生活中，通过一定的渠道进行信息传递和交流，把自己的意愿、观念、思想等传递给对方并使对方接受和采纳，从而使双方都满意的活动。在日常生活中处处存在推销。例如，孩子要求母亲多给他半小时的游戏时间，母亲要求小孩多吃青菜，老师要求学生上课认真听讲，诸如此类的活动都是推销。

从狭义的角度而言，推销是指企业的推销人员直接与潜在顾客进行接触、沟通、洽谈，采用帮助或说服等手段,促使顾客采取购买行为的活动过程。这个定义会使人联想到业务员、业务代表、业务专员、营业员、销售员、访问员、调查员、销售工程师等岗位。一般所讲的推销是指狭义的推销。

1.1.2 推销三要素

微课：推销三要素

【经典案例 / 故事】

几位推销人员聚在办公室争论一个问题。

甲说："要想把推销工作搞好，关键在于推销人员，如果大家工作不努力，业绩肯定上不去。"

乙说："我不同意你的观点，我认为关键是产品，如果公司的产品质量不行，就是把推销人员累死也不行，如果我们公司的产品质量过硬，你就是不去推销，也会有人找上门来要，哪用我们如此辛苦？"

丙说："我认为，关键还是市场疲软，如果物资短缺，还怕卖不出去？回到几十年前，我们工厂连销售部都没有，产品不也卖得很好？用户想买，还买不着呢！"

这几位推销人员争论的内容是什么？你怎么看？

这几位推销人员争论的内容实际上就是推销活动中的三个基本要素。任何企业的产品推销活动都少不了推销人员、推销产品和顾客，即推销主体、推销客体和推销对象构成的推销活动三要素，如图 1-1 所示。这三个要素互相联系、互相制约，作为推销活动发起者的推销员应尽力协调好三者之间的关系，确保推销目标的实现。

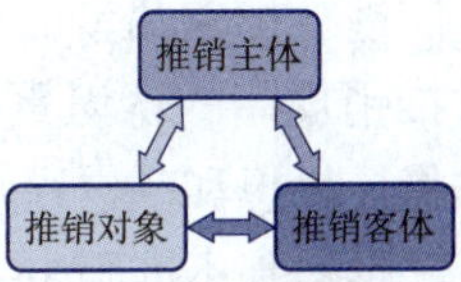

图1-1 推销三要素

1. 推销主体（推销人员）

推销人员是指主动向推销对象销售商品的推销主体，包括卖场销售人员、产品推销人员及各类服务人员等。在推销的三个基本要素中，推销人员是最关键的，因为推销活动就是借助推销人员走访顾客来了解顾客的潜在需求和现实需求的，通过进行有效的沟通与劝说，为顾客提供其所需要的产品与服务，最终实现企业的销售目标。因此，推销人员是企业和销售者之间的桥梁和纽带，是实现推销活动的主体，也是推销活动是否成功的关键。在销售领域中，有一个最大的误区就是许多推销人员以为他们推销的是产品。其实不然，真正的推销不是推销产品，而是推销自己。推销成功与否，往往取决于推销人员的服务精神和态度，取决于推销人员的素质和能力。

2. 推销对象（客户）

推销对象又称顾客或购买者，是推销人员在推销活动中涉及的对象，是在推销活动中推销信息的接收者。由于推销活动是一个双向沟通的活动，所以，推销对象也是推销活动中的一个主体。依据购买者所购买推销商品或服务的使用范围，可以把推销对象分为个体购买者与组织购买者两个层次。在推销活动中，寻找推销对象既是推销的首要环节，也决定着推销活动的效率。有效地寻找和选择推销对象,可以使推销人员充分利用有限的时间和资金，集中精力说服那些具有强烈的购买欲望且购买能力较强的客户，大大减少推销活动的盲目性，提高推销活动的成功概率。另外，在推销活动中，推销对象是否认同推销人员、是否接受推销信息、是否需要所推销的商品或服务等，直接影响着推销活动的成败，因此准确地选择和分析推销对象十分重要。

3. **推销客体**（推销的产品）

推销的产品是指推销人员向推销对象推销的各种有形与无形商品的总称，包括商品、服务和观念。推销的产品是推销活动中的客体，是现代推销学的研究对象之一，因而商品的推销活动是对有形商品与无形商品的推广过程，是向顾客推销某种物品的使用价值的过程，是向顾客实施服务的过程，是向顾客宣传、倡议观念的过程。推销的产品是联系推销人员与推销对象之间的纽带，其能否满足顾客的需要是推销活动成功与否的物质基础。按照其是否有形，推销的产品可分为有形的产品和无形的服务。有形的产品按其用途可分为消费品和生产资料。

推销过程既是一个实物产品的推销过程,又是一个服务和观念的推销过程。在实物产品、服务和观念三者中，实物产品是物质基础，是保证推销活动顺利进行的关键，三者是相互影响、不可分割的统一体。这就要求企业要善于换位思考，根据市场的需要和顾客的需要，生产出优质产品，要把顾客的满意作为企业追求的最高目标。

1.1.3 推销基本准则

微课：推销基本准则

进行推销活动必须掌握推销基本准则。推销基本准则是人们基于对推销规律的认识概括出来的推销活动的依据和规则，它是推销活动的指导思想和基本原则。

推销基本准则主要包括以下几项：

1. 需求中心原则

以顾客需求为中心，充分满足顾客的多方位需求，是现代推销的出发点和归宿，是建立忠诚客户、实现长期推销目标的重要途径。

顾客是企业的生命之泉。原一平给推销员的忠告之一是："客户永远是推销员的财神，他们的决定永远是正确的。"如果推销员不能真切地了解顾客的内在需要，不能在推销品与顾客需要之间架设起一座桥梁，那么推销是不可能成功的。因此，推销员通过分析研究顾客的需要，采用适当的方法和技巧，阐明产品或服务给顾客带来的满足与利益，在满足顾客需要的同时，也能使企业与自己获利。

2. 互利双赢原则

互利双赢原则是指在推销过程中，推销人员要以交易能为双方都带来较大的利益或者能够为双方都减少损失为出发点，不能从事伤害一方或给一方带来损失的推销活动。

请记住：任何给顾客带来损失的推销活动，都必将"搬起石头砸自己的脚"。

3. 诚信为本原则

诚信是中华民族的传统美德。孔子曰："人无信不立"；"人而无信，不知其可也"。

诚信经营被奉为中国传统的经商之道。杭州的胡庆余堂之所以成为百年老号，主要原因之一就是一直秉承"戒欺"的经营理念。企业不讲信誉，是无法立足市场的；推销人员不讲信誉，是不能取得顾客信任的。任何企业和推销人员要想取得顾客的信任，都必须以诚信为本。

【经典案例 / 故事】

胡庆余堂的大多数匾额都是朝外挂的，唯独"戒欺"匾（见图 1-2）挂在营业厅后，面对经理和账房办公之所，是给内部员工看的。这块匾由胡雪岩本人在光绪四年（1878 年）亲自写就，它是胡雪岩开办胡庆余堂宗旨的真实写照。"戒欺"匾曰："凡百贸易均着不得欺字，药业关系性命，尤为万不可欺。余存心济世，誓不以劣品弋取厚利，惟愿诸君心余之心，采办务真，修制务精，不至欺予以欺世人，是则造福冥冥，谓诸君之善为余谋也可，谓诸君之善自为谋亦可。"从"戒欺"匾上，今人看到的就是这种道德上的自觉，它秉承了中国传统医药文化中最基本的道德，这种道德首先表现在对个体生命的尊重。在这种道德自觉的指引下，"采办务真，修制务精"自然就成了胡庆余堂经营药品的最基本要求。

图1-2　杭州胡庆余堂"戒欺"匾

胡庆余堂的"戒欺"理念涵盖了企业的方方面面。反映在经营上，首推的是"真不二价"。在古朴的营业大厅上方，悬挂着一块"真不二价"金字大匾（见图 1-3），这块金字大匾背后也有一段故事。传说在古代有个叫韩康的人，精通医药，以采药卖药为生。市场上别的卖药者常常以次充好，以假乱真，买主讨价喋喋不休。而韩康卖的都是货真价实的药材，他不许讨价还价，他说"我的药就值这个价，叫'真不二价'"。胡雪岩引用"真不二价"，就是向顾客正言，胡庆余堂的药货真价实，童叟无欺，只卖一个价。

图1-3 杭州胡庆余堂“真不二价”匾

诚信推销要求推销员做到以下几点：

第一，信守承诺：所谓“一诺千金”，信守承诺就是遵守自己的诺言，这是取信于人的核心。

第二，信任对方：只有信任对方，才能得到对方的信任。推销人员在推销过程中的谨慎是必要的，但在充分掌握信息基础上的推销，不可人为设置障碍，不信任对方本身就是诚信缺失的表现。

第三，以诚相待：推销人员尊重顾客，诚意推销，学会赞美和换位思考，从顾客的立场考虑问题，合理报价，热心当好顾客的参谋等，都是富有诚意的表现。成功的推销人员以诚相待，让顾客获得多方面满足，从而造就了重复购买、推荐与介绍新顾客购买的忠诚顾客，正是对诚信推销的回报。

4. 人际关系原则

人际关系原则是指推销人员在推销产品时，必须建立和谐的人际关系。买卖双方的关系是一种经济利益的交换关系，是人际关系的一种。推销人员建立广泛而良好的人际关系，可以为更多的买卖关系打下基础。世界著名的人寿保险推销专家埃尔默·莱特曼说：“我并不销售保险，我建立关系，然后人们就来购买人寿保险。”美国著名的推销员乔·吉拉德说过：“生意不是爱情，而是金钱，你不必指望所有的人都爱你，却可以让所有的人都喜欢你。”埃尔默·莱特曼所说的“建立关系”和乔·吉拉德所说的“让所有人都喜欢你”，都是指建立和谐的人际关系。

5. 引导消费原则

在知识和信息爆炸的今天，推销人员在满足顾客需求的产品与服务介绍中，同时也把新的技术、新的产品、新的价值观念、新的消费理念介绍给了顾客。千千万万名推销人员在他们的实际推销工作中，起到了引导消费、影响购买、传递购买标准、教育消费、发展需求、创造需求的作用。所以，推销是引导和影响人类社会文明发展很有效率的形式之一。

1.1.4 推销基本流程

微课：推销基本流程

专业推销是按一定的程序、一定的步骤、一定的方法将推销过程分解量化，进而达到一定目的的推销过程。不同的推销专家在面向不同客户、推销不同的推销产品时，会采用不同的推销程序，人们总结出很多成熟的推销流程模式，比如爱达模式、迪伯达模式等。根据推销活动的程序化理论，推销过程包括：推销准备—寻找顾客—接近顾客—推销洽谈—异议处理—推销成交—售后跟踪，如图 1-4 所示。

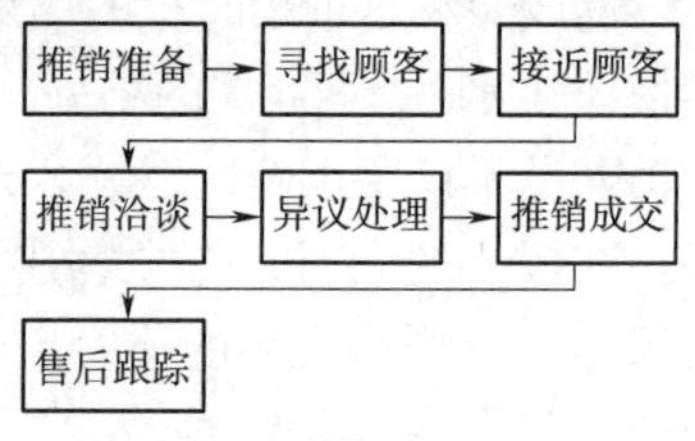

图1-4　推销基本流程

1. 推销准备

推销作为一项复杂的系统工程，准备阶段就是推销活动的备战阶段，包括资料准备、策划准备和心理准备三个方面，具体包括了解目标顾客、了解和熟悉推销产品、了解竞争者及其产品、确定推销目标、制订推销计划、推销者个人的礼仪和心理方面的准备等。这部分内容将在任务二详细介绍。

2. 寻找顾客

推销应以目标顾客为导向，寻找顾客是指寻找本企业产品的潜在购买者和现实购买者。推销人员在尽可能收集目标客户相关信息的基础上，建立潜在顾客档案，并根据支付能力、特定需求、购买决策权加以筛选和分类，寻找最有可能购买的顾客。寻找顾客需要行之有效的方法，常见的有普通寻找法、连锁介绍法、中心开花法、委托助手法等。这部分内容将在任务三详细介绍。

3. 接近顾客

接近顾客包括接近准备、约见客户和接近客户三个步骤。为确保推销洽谈成功，推销人员在接触顾客之前应仔细准备，熟悉潜在顾客、推销客体、本企业状况及市场行情方面的资料，对洽谈程序做周密计划，对可能出现的障碍和解决方案做合理假设，反复练习产品展示技巧。约见是推销人员征求顾客同意接见洽谈的过程。当推销人员做好必要的准备和安排后，即可约见顾客。

约见是推销接近的开始，成功约见是推销成功的先决条件。推销约见和接近都有具体的方法和技巧，这部分内容将在任务四详细介绍。

4. 推销洽谈

推销洽谈是推销人员本着利益与友谊并存的原则，运用各种方式、方法、手段与策略去说服顾客购买的过程，也是推销人员向顾客传递信息并进行双向沟通的过程。推销洽谈是推销过程中的重要环节，是考验推销人员素质、能力的关键时刻，需要根据洽谈程序制定合理洽谈策略，灵活地应用洽谈方法和沟通技巧。这部分内容将在任务五详细介绍。

5. 异议处理

一般而言，顾客在洽谈过程中提出异议是非常正常的。作为推销人员，永远要记住："异议既是成交的障碍，也是成交的信号。"凡是超一流的推销人员，都能有效地将顾客的异议转化为成交，而且与顾客建立良好的关系。顾客异议处理能力的高低是检验推销人员推销水平的重要指标之一。推销人员该如何看待顾客异议？如何正确地判定顾客异议？如何知道顾客异议产生的原因？如何利用有效的异议处理方法化解顾客异议？这部分内容将在任务六详细介绍。

6. 推销成交

达成交易是推销过程的成果和目的，是整个推销活动的高潮与关键，是优质服务赢得顾客信任、满足顾客需求的结果。只有成功地达成交易，才是真正成功的推销。在推销活动中，推销人员不仅要正确处理顾客异议，还要善于捕捉成交信号，抓住成交机会，及时地达成交易。在成交的同时，与顾客建立友谊和感情，可以为下一次的成交打下基础。如何识别成交信号？有哪些有效的成交方法和技巧？如何签订推销合同？这部分内容将在任务七详细介绍。

7. 售后跟踪

售后服务是推销工作中非常重要的环节。从营销学产品整体概念的角度分析，售后服务是产品的组成部分。达成交易后，推销人员要主动拜访客户，实行跟踪服务，兑现销售承诺，履行服务职责。推销成交后如何做好售后服务工作？如何对客户进行数据库管理？如何保持与客户的良好关系？如何处理顾客的抱怨？这部分内容将在任务八详细介绍。

1.2　推销人员的职责与职业前景

1.2.1　推销人员的职责

推销人员的职责是指推销人员担负的工作及责任。明确推销人员的职责，不仅对推销人员提出了具体要求，也为企业挑选、培养推销人员提供了挑选条件、培养目标和方向。图 1-5 所示为某公司销售业务代表的基本职责。

微课:推销人员的职责

职位信息

一、业务代表岗位职责

1、必须保证通讯工具在全天的畅通性，与客户保持良好沟通，实时把握客户需求，为客户提供主动、热情、满意、周到的服务。

2、对公司产品的型号、专业知识、价格、配置及销售政策等了如指掌，并且把它变成自己的语言，流利表达出来。

3、必须按照实际工作情况把自己所管辖的客户进行分档管理，填写相应的销售报表和总结报告，并于每周一之前上交这些报表。

4、通过各种途径收集新客户信息，填写《新客户信息记录表》，每周向领导汇报信息收集情况。

5、每月底都要制定出自己下月的老客户回访计划，根据公司总体销售目标，制定出下月自己的工作计划和销售目标，并把它们分解到每周甚至每天。

6、销售员作为公司领导作出销售决策时的助手，必须及时收集与公司有关的市场信息，收集竞争对手的产品、价格、市场活动等信息，并把自己认为有用的信息整理出来，及时上报领导。

7、销售人员在走访市场时，必须认真听取客户投诉或建议，并认真作出记录，及时报与公司并反馈处理建议，能够当场处理的，尽量及时处理，并把问题及处理结果及时报与公司备案，以免客户再次追诉。

8、如果公司政策调整、新品上市等情况变更，销售人员应及时按照公司部署通知到每位客户，以便公司政策的执行、新品的推广等。

公司信息

装饰材料有限公司

民营公司

少于50人

建筑/建材/工程 服装/纺织/...

查看所有职位

相似职位　+ 更多

全选　一键申请

服装销售业务员

0.5-1.5...　深圳-龙...

0.8-1万/...　深圳-龙...

图1-5　某公司销售业务代表的基本职责

当然，不同类别的推销工作，其工作职责与内容不尽相同。一般来说，推销人员的工作职责与工作内容主要有四个方面：完成销售任务；做好售后服务与跟进工作；承担一定的市场管理性工作；其他行政工作（参加会议、经验交流、培训学习、专业协会等）。推销的主要职责归纳如下：

1. 收集资料，传递信息——情报员、调研员

推销人员应及时准确地向消费者传递有关企业、商品和劳务的信息。推销人员在实际推销过程中必须先收集有关的信息资料，包括企业的基本销售目标、经营方式、信贷条件和交货期限等，掌握有关产品的全部知识，以便在适当的时间和地点向顾客推销商品，能向顾客说明购买和使用本企业的产品所能得到的利益及产品的售后服务情况，并做好示范，启发顾客购买。与此同时，推销人员还应随时收集市场信息资料，如市场的需求状况及其发展变化趋势、目标顾客的具体情况、顾客对企业产品的评价和意见、竞争对手的产品与本企业产品的区别、竞争对手的市场营销战略和战术等，并将这些信息及时反馈给企业的决策者，为决策者提供决策依据。

2. 销售产品，开拓市场——销售员、开拓者

推销商品是推销人员的主要职责，也是推销工作的核心。这项职责要求推销人员通过与购买者的直接接触，引起购买者的注意和兴趣，促进购买者的购买欲望；利用提供产品的鉴定证明、示范使用产品、请购买者亲自试用产品等方法来取得顾客信任；善于正确处理异议；运用推销艺术，分析解答客户的疑虑，最终达成交易。

寻找目标市场与开拓新的市场是推销人员的主要工作，也是推销人员的职责。推销人员不仅要了解和熟悉现有客户的需求动态，还要能够寻求新的目标市场，发展潜在客户，从事市场开拓工作。为此，推销人员必须具有一定的开拓能力，善于发现机会，能够成功地找出潜在客户，并通过真诚的工作态度将产品推荐给顾客。

3. 跟踪顾客，提供服务——服务员、维护者

推销商品的过程也是给顾客提供服务的过程。服务包括售前服务、售中服务和售后服务。做好服务工作是增加产品价值、提高产品竞争力的重要手段。推销人员除了直接销售产品外，还应该为顾客提供业务咨询、技术性协助、融资安排、准时交货等服务。

【思政故事】

三尺柜台成“燕京第九景”

在王府井百货大楼门前，竖立着一位售货员的塑像，他就是全国劳动模范、曾被誉为“燕京第九景”的张秉贵。

张秉贵纪念馆坐落在王府井百货大楼一层，馆里收藏了 54 件实物和 113 幅老照片，包括张秉贵在宿舍里铺了 32 年的皮褥子、1957 年他荣获劳动模范称号时佩戴过的绸子胸标等。展区复原了当年张秉贵负责的糖果柜台的一角，陈列着台秤、漏斗等老物件，每天都有很多顾客前来参观。

张秉贵曾在文章中写道：“我们站的是社会主义柜台，这个柜台站好了，就能显示我们伟大的社会主义祖国的精神面貌。”为此，他从仪表着装做起，仪容整洁，售货时始终面带微笑，以最饱满的状态面对每一位顾客。

随着张秉贵声名鹊起，到他柜台上购买糖果的顾客越来越多。在北京，传统的“燕京八景”名扬天下，张秉贵则通过眼神、语言、动作、表情、步伐、姿态，将服务业的简单操作升华为商业艺术，被赞誉为“燕京第九景”。

将产品推销出去并不等于推销工作的结束。顾客购买商品并使用后，会对商品有一定的评价，这些评价会直接影响到企业及产品的声誉，关系到企业的未来及产品的市场生命。在产品销售出去以后，推销人员还要与顾客保持经常的联系并继续为其服务，进行定期回访、节日问候等；定期了解顾客对产品的意见和建议，并采取改进措施，充分履行安装、维修、退货等服务方面的保证。

4. 沟通信息，树立形象——沟通者、代言人

销售产品是销售人员的首要任务，但并不是唯一的任务。销售任务是长期的，信息沟通的目的就是促进长期销售。推销活动实际上就是推销人员与顾客双方的双向信息沟通的过程，沟通交往的意识实际上也可以说是推销人员的一种现代信息意识。推销一方为了吸引更多的客户，让更多的顾客接受自己的产品，就需要构建一个信息交流网络，一方面在推销过程中收集社会各界和广大用户的意见、评价和建议，做到“外情内达”；另一方面，作为企业的代言人，推销人员需要运用各种传播媒介和传播手段向外界准确及时地传递有关产品的信息，做到“内情外达”。因此，推销人员要掌握信息传播的基本规律和方式，具备熟练的传播沟通技巧。

推销人员在与顾客沟通的过程中，代表的不仅仅是自己，其一言一行、一举一动都代表着产品形象和企业形象。推销人员的素质和专业水平是顾客判断企业形象的最直接的标准和依据。企业形象的好坏是企业销售业绩好坏的关键性因素。因此，推销人员要时刻记得宣传企业的形象，处处维护企业的形象，不要为一时的小利而损害企业的形象。

1.2.2 推销人员的职业前景

1. 推销职业

推销是一项极具吸引力的工作，也是获取社会地位和职业成就的一个途径。越来越多的人愿意走上推销之路，把成为一名优秀推销员当作自己人生的奋斗目标，实现自己人生的价值。

2. 职业优势

第一，职业门槛低，无拘无束。推销这个职业的准入条件不高，就业机会多，择业机遇好，发展空间大。因此，无论男女老少、能力大小、水平高低，无论固定临时、专职兼职，只要喜欢推销、愿意推销、投入推销，就能够在这一职业领域的广阔天地大有作为。

第二，职业历练多，晋升机会大。在市场经济条件下，为了适应激烈的市场竞争，任何企业的高层管理人员都必须熟悉市场，把握市场，适应市场，许多大中型企业愿意选拔重用那些了解社会各行各业、熟悉消费者、销售经历和经验丰富、销售业绩好的一线推销人员。

第三，自由自在，满意度高。推销是一种比较自由、自主的职业。在很大程度上，推销人员主宰着自己的命运。推销人员可以自主选择推销对象，自主选择推销品，自主确定推销时间、地点，自主开展推销活动，既为自己提供了可以最大限度地实现独立性的工作条件，又让自己与一个组织保持联系，享受依存感和归属感，从而激发出自己的潜力和能力。

第四，职业收入高，没有上限。在市场经济条件下，按照市场贡献率的大小来决定市场收入分配的高低，推销成为一项挑战性很高、收入很丰厚的职业。

第五，工作有保障，值得为之奋斗。在市场经济条件下，各种类型的企业对优秀的推销人员总是保持旺盛的需求。推销人员总是能够轻而易举地找到一份满意的工作，不用担心因各种原因导致的岗位减少而失业。只要自己敢于迎接挑战，乐于做一名推销人员，甘于投入巨大的精力、激情，勇于摔打自己、锤炼自己，假以时日，就会成长为一名合格、优秀的推销人员，以自身的推销综合能力确保自己的工作越来越好。

3. 职业前景

总体来说，推销人员有四种职业前景：

第一，成为高级销售经理。推销人员的成长需要经过一个新手—成手—高手—专家的过程。从事推销工作最终的发展目标是成为高级销售经理。

第二，转向相关管理岗位。可转向相关管理岗位，如市场研究、公关推广、品牌建设与管理、渠道管理、供应商管理、运营管理、售前技术支持、产品测试、售后技术服务、战略规划、人力资源管理、项目管理等。

第三，个人自主创业。积累一定的资金、经验和资源后，发挥对行业的理解、对企业的运作、对市场变化的感知等优势，进行独立创业。

第四，转做管理咨询和培训。离开本行业，重新选择一种新的职业发展方向，如转做管理咨询公司的顾问或培训师等。

1.3　推销人员的素质要求

有关资料显示，优秀推销员比普通推销员的业绩高出300倍。一般来说，推销员的业绩分布呈正态分布，大体是1∶3∶1，即在所有推销人员中，业绩很好的占20%，业绩一般的占60%，业绩很差的占20%。那么，是什么原因导致在环境、产品等外部条件差不多的情况下，推销人员的业绩差异呢？实践证明，在环境、产品等外部条件区别不大的情况下，推销业绩的显著差距主要是由推销人员自身素质的差异造成的。推销人员的素质主要包括思想素质、知识素质、心理素质和身体素质四个方面。

微课：推销人员的素质要求

1.3.1　思想素质

1. 强烈的推销意识

现代推销人员最首要的思想素质就是热爱自己所从事的推销工作，具有强烈的推销意识。所谓推销意识，是一种时刻具备的、强烈的达成交易的潜在心理。只有热爱本职工作，才会有内驱力，才会感觉到工作的意义，才会用饱满的热情去感染顾客。

2. 高度的工作责任感

推销工作是一项崇高的职业，推销人员是企业利润的实现者，是顾客的良师益友，是企业的形象代表。推销人员必须具有高度的责任感，才能想方设法为顾客排忧解难，千方百计完成销售任务；才能在推销活动中处处维护企业的形象，与顾客保持融洽、良好的关系，不会因个人利益而损害顾客利益。推销人员只有具备高度的责任感，才能正确处理好社会、企业与顾客的关系。

3. 良好的道德品质

推销活动要求从业人员必须具有优秀的道德品质，这些品质包括诚实严谨、恪尽职守的态度和廉洁奉公、公道正派的作风。良好的道德素养是现代企业推销人员必备的一个基本条件。

动画：保险销售人员的职业道德

4. 百折不挠的进取精神

推销活动以人为工作对象，而人的心理和需求又是复杂多变的，这就使得推销工作具有很大的难度。在现实生活中，为什么看似条件基本相同的推销员，有些人业绩平平，而有些人却出类拔萃？这与推销员的个人努力和进取精神有很大关系。

【经典案例 / 故事】

有一个从事建筑材料销售的推销员小李，他随时都在寻找生意机会，从不轻易放弃。一次，小李看到一座快要竣工的大楼，就进去联系生意。小李问接见者是否需要建筑装饰材料。对方说八个月后才开始装修，没说要也没说不要。小李向对方要了名片，固定每个月给那个人打一次电话。然而，八个月后小李并没有做成这笔生意。第九个月，小李接到那个人打来的电话，说自己有一位朋友的一个项目需要建筑装饰材料，明天会与小李联系。

原来，那个人在最近一次参加朋友聚会的时候，一位朋友向他打听购买建筑装饰材料的事，问他有没有生意关系可以介绍。那个人很快就想到了这位连续八个月打电话的小李。

1.3.2 知识素质

推销工作是一项极富挑战性的工作，推销人员除了具备过硬的思想素质外，还要具有宽广的知识结构。推销员具备的业务知识越丰富，推销成功的可能性就越大。推销员的知识素质主要表现在企业、产品、市场、顾客和竞争方面的知识掌握上。

1.3.3 心理素质

心理素质渗透在人们的各种活动中，影响着人们的行为方式和活动质量。推销员整天与人打交道，要经受无数次的挫折与打击，要面对形形色色的推销对象，必须加强心理训练，培养正确的推销态度和心理品质。良好的心理素质是对推销员的第一要求。

【经典案例 / 故事】

美国一位名叫乔治·赫伯特的推销员，成功地把一把斧子推销给了布什总统。布鲁金斯学会得知这一消息后，把刻有“最强销售员”的一只金靴子赠予了他。这是自1975年该学会的一名学员成功地把一台微型录音机卖给尼克松以来，又一学员获此殊荣。

布鲁金斯学会创建于1972年，以培养世界上最杰出的推销员著称于世。它有个传统，在每期学员毕业时，设计一道最能体现推销员能力的实习题，让学员去完成。

克林顿当政期间，他们出了这么一个题目：“请把一条三角裤推销给现任总统”。八年间，无数学员为此绞尽脑汁，最后都无功而返。克林顿卸任后，布鲁金斯学会把题目换成“请把一把斧子推销给布什总统”。鉴于前八年的失败与教训，许多学员知难而退了。个别学员认为，当今的总统什么都不缺，即使缺什么，也用不着他亲自购买，退一步说，即使他亲自购买，也不一定正赶上你去推销的时候。

然而，乔治·赫伯特却做到了。记者在采访他的时候，他是这样说的：“我认为，把一把斧子推销给布什总统是完全可能的，因为布什总统在得克萨斯州有一个农场，那儿种了许多树。于是我给他写了一封信。信上提到：‘有一次，我有幸参观您的农场，发现种着许多树，有些已经死掉，木质已变得松软。我想，您一定需要一把小斧头，但是从您现在的体质来看，小斧头显然太轻，因此您仍然需要一把不甚锋利的老斧头。现在我这儿正好有一把这样的斧头，它是我祖父留给我的，很适合砍伐枯树。假若您有兴趣的话，请按这封信所留的信箱给予回复。’”最后，布什总统给乔治·赫伯特汇来了15美元。

乔治·赫伯特成功后，布鲁金斯学会在表彰他的时候说：“金靴子奖空置了26年，26年间布鲁金斯学会培养了数以万计的推销员，造就了数以百计的百万富翁，这只金靴子之所以没有授予他们，是因为我们一直想寻找这么一个人，这个人从不因有人说某一目标不能实现而放弃，从不因某件事难以办到而失去自信。”

1.3.4　身体素质

推销工作既是一项复杂的脑力劳动，也是一项艰苦的体力劳动。特别是在工作中遇到困难和挫折时，心理压力和工作艰辛所带来的身心疲惫是常人所难以体会的。因此，推销员除具备过硬的思想素质和业务素质之外，还需具备健康的体魄和旺盛的精力。

1.4　推销人员的能力要求

推销人员具备一定的思想素质、业务素质、心理素质与身体素质，只是具备了做一名好的推销员的基本条件。要想成为一名成功的推销人员，还必须具备以下几项能力。

1.4.1　良好的语言表达能力

良好的语言表达能力主要体现在以下几个方面：

1. 语言表达要准确、清晰、言简意赅

推销人员要能够使用准确、清晰的语言向顾客介绍商品信息，交流感情，说服顾客。这是对推销人员的基本要求。

2. 语言要有针对性

在推销活动中，语言是用来表达自己的愿望和要求的工具，推销员的语言要有较强的针对性，要做到有的放矢。模糊、啰唆、前言不搭后语、思路不清的语言，不仅不能引起顾客对商品的兴趣，反而会使顾客产生疑惑、反感，成为推销的障碍。

3. 语言要讲究艺术性

语言的艺术性主要表现在语言表达的灵活性、创造性和情境适用性上。

4. 要恰当地使用肢体语言

推销员利用姿势、手势、眼神、表情等来表达自己的思想和意图，往往在推销过程中发挥着重要的作用。

1.4.2 敏锐的洞察能力

推销员应具有敏锐的洞察能力，练就一双“慧眼”，拥有“火眼金睛”，才能够透过错综复杂的表象，及时洞察顾客的内心活动，摸清顾客的消费意图和支付能力。因为顾客在言行举止中往往会本能地掩盖自己的某些真实想法，隐藏其特定的动机和目的，也会使用各种各样的购买技巧。

【经典案例 / 故事】

位于南太平洋上的一个岛屿，来了两个皮鞋推销员。这两个推销员分别来自 A、B 两个国家。A 国推销员看到该岛居民均光着脚，于是马上给公司拍了电报：“本岛无人穿鞋，我决定明天回国。”而 B 国推销员拍回公司的则是一张内容截然不同的电报：“好极了！该岛无人穿鞋，是个很好的市场，我将长驻此地工作。”结果，B 国公司开发了一个新的市场，取得了巨大的成功。

1.4.3 较强的社交和沟通能力

推销员向顾客推销的过程，实际上就是信息沟通的过程。沟通能力是销售人员必备的能力。沟通含有两层意义：一是准确地采集对方的信息，了解对方的真正意图，同时将自身的信息准确地传达给对方；二是通过恰当的交流（例如，语气、语调、表情、神态、说话方式等）使谈话双方达成共识。

1.4.4 随机应变的能力

随机应变的能力是指对突然发生的情况和之前未预料到的情况的适应、应对能力。推销员在推销过程中会遇到各种各样的人和事，情况也总是处在不断变化之中，经常会出现各种突发状况。当这些突发状况出现时，一旦推销人员缺乏处理异常情况的临场应变能力，就会陷于被动，可能导致推销失败。

【经典案例 / 故事】

一名推销员正在向一群顾客推销一种“折不断”的梳子，他首先向顾客介绍产品，宣称这种梳子是折不断的，接着进行示范，可是碰巧拿到一只质量不合格的梳子，只见他猛地一折，梳子“啪”的一声断了，真是出乎意料，他自己也十分吃惊，顾客更是目瞪口呆。

面对这样尴尬的局面，假如你是这名推销员，你将如何处理？

这名富有应变能力的推销员急中生智，首先稳定自己的心境，笑着对顾客说："看见了吧？这样的梳子是不合格的产品，我是不会卖给你们的。"接着他又折了几个梳子，都没有折断，赢得了顾客的信任。这位推销员的杰出之处就在于他把本来不应该发生的情况转变为一个事先准备好的推销步骤，而且做得天衣无缝。

1.4.5　创新能力

推销工作是一项极富挑战性的工作，每一次的推销过程都不可能是前一次的重复和翻版，每一次的推销都可能会出现新的情况，面临新的问题，这就需要推销人员注重敏锐、好奇、进取等创造性能力的培养，不断开拓新市场，采用新方法，解决新问题。对推销人员而言，开拓一个新市场，发掘一个新客户，采用一种别出心裁的推销手段，就必须具有一定的开拓创新精神和能力。

【经典案例 / 故事】

小周是一家不易碎杯碟公司的推销员，连续五年他都是公司的销售冠军。在一次周年大会上，小周透露了他的销售秘诀，那就是在介绍公司产品之后，拿出十多件不易碎杯碟，用力向地上掷。当准客户眼见杯碟丝毫无损时，自然信心大增，因而都很快地下了订单。于是，全公司的推销员都在推销中运用此方法，公司的业绩节节攀升。可是，其他推销员的业绩仍然不能超过小周，于是同事们再次向小周请教推销的诀窍。小周说："我早已告诉你们我的秘诀：首先介绍产品，然后尝试掷杯碟。有一点我要补充的，我现在已由自己掷杯碟，改为请准顾客掷杯碟。"

1.4.6　不断学习的能力

学习是做好任何事情的前提，要想成为强者，最快的方式就是向强者学习。同样，要想成为一个优秀的推销员，学习别人的优点也是最快的方法。推销员要与各行各业、各种层次的顾客接触，不同的顾客所关注的话题和内容是不同的。推销员应该清楚不同的顾客喜欢谈论什么样的话题，进而才能与对方有共同语言，谈起话来才能投机。这就要求推销员具有广博但不一定深精的知识面。因此，推销员要不断学习，以使自己拥有广博的知识，从而跟上时代的步伐。要养成不断学习的习惯，还要向身边的人学习，向顾客学习，向同事请教，培养不断学习的能力。

【案例讨论 1】

推销员乔·吉拉德的故事及名言

乔·吉拉德 1929 年出生于美国一个贫民窟，他从懂事时起就开始擦皮鞋、做报童，然后做过洗碗工、送货员、电炉装配工和住宅建筑承包商等。35 岁以前，他的事业并不成功。他患有严重的口吃，换过 40 个工作，仍然一事无成，之后他开始步入推销生涯。

谁能想象得到，这样一个不被看好，而且背了一身债务几乎走投无路的人，竟然能够在短短三年内被吉尼斯世界纪录称为"世界上最伟大的推销员"。他至今还保持销售昂贵商品的空前纪录——平均每天卖6辆汽车！他一直被欧美商界称为“能向任何人推销出任何产品”的传奇人物。乔·吉拉德的成功自然有他独特的方法。成功人士的方法是我们成长的最佳参照物。我们把乔·吉拉德“销售名言”总结如下，供大家参考。

1. 名片是成功的开始

乔·吉拉德有一个习惯：只要碰到一个人，他马上会把名片递过去，不管是在街上还是在商店。他认为生意的机会遍布于每一个细节。

“给你个选择：你可以留着这张名片，也可以扔掉它。如果留下，你知道我是干什么的、卖什么的，细节全部掌握。”

乔·吉拉德认为，推销要点不是推销产品，而是推销自己。

“如果你给别人名片时想，这是很愚蠢、很尴尬的事，那怎么能给出去呢？”他说。他到处用名片，到处留下他的痕迹。

去餐厅吃饭，他给的小费每次都比别人多一点点，同时主动放上两张名片。因为小费比别人的多，所以大家肯定要看看这个人是做什么的。人们谈论他，想认识他，根据名片来买他的东西，经年累月。

他甚至不放过借看体育比赛的机会来推广自己。他的绝妙之处在于，在人们欢呼的时候把名片雪片般撒出去。

2002年7月18日，NAC成功大会北京站，在乔·吉拉德的演讲开始之前，工作人员已经将他的名片摆放在每一张椅子上，他似乎还嫌不够，演讲过程中，不时将名片一把把往人群中撒。他认为，不可思议的是，有的推销员回到家里，甚至连妻子都不知道他是卖什么的。“从今天起，大家不要再躲藏了，应该让别人知道你，知道你所做的事情。”

2. 深深地热爱着自己的职业

乔·吉拉德相信，成功的起点是热爱自己的职业，无论做什么职业，世界上一定有人讨厌你和你的职业，但那是别人的问题。

他曾问一个神情沮丧的人是做什么的，那人说是推销员。

乔·吉拉德反问对方：“推销员怎么能是你这种状态？你的状态很可怕。”

他也被人问起过职业，听到答案后对方不屑一顾：“你是卖汽车的？”但乔·吉拉德并不理会：“我就是一个销售员，我热爱我做的工作。”

美国前第一夫人埃莉诺·罗斯福曾经说过：“没有得到你的同意，任何人也无法让你感到自惭形秽。”乔·吉拉德认为在推销这一行尤其如此，如果你把自己看得低人一等，那么你在别人眼里也就真的低人一等。

工作是通向健康和财富之路。乔·吉拉德认为，它可以使你一步步向上走。全世界的普通纪录是每周卖7辆车，而乔·吉拉德每天就可以卖出6辆。

有一次他不到20分钟已经卖了一辆车给一个人。对方告诉他：“其实我就在这里工作，来买车只是为了学习你销售的秘密。”乔·吉拉德把订金退还给对方。他说他没有秘密，若非要说秘密，那就是“如果我这样的状态能够深入到你的生活，你会受益无穷”。

他认为，最好在一个职业上待下去。因为所有的工作都会有问题，明天不会比今天好多少，但是，如果频频跳槽，情况会变得更糟。他特别强调，一次只做一件事。以树为例，从种下去，精心呵护，到它慢慢长大，就会给你回报。你在那里待得越久，树就会越大，回报也就越多。

3. 倾听和微笑

乔・吉拉德说：有两种力量非常伟大，一是倾听，二是微笑。

"倾听，你倾听得越久，对方就会越接近你。"

乔・吉拉德说，有人拿着100美元的东西，却连卖10美元都卖不掉，为什么？你看看他的表情。要推销出去自己，面部表情很重要：它可以拒人千里，也可以使陌生人立即成为朋友。

乔・吉拉德这样解释他富有感染力并为他带来财富的笑容：皱眉需要九块肌肉，而微笑，不仅用嘴、用眼睛，还要用手臂和整个身体。

"当你笑时，整个世界都在笑。"他说，"从今天起，直到你生命最后一刻，用心笑吧。"

"世界上有60亿人口，如果我们都能做到倾听和微笑，人与人就会更加接近。"

4. 让信念之火熊熊燃烧

"在我的生活中，从来没有'不'，你也不应有。要相信自己，一定能做到。"

"你所想的就是你所要的，你一定会成就你所想，这些都是非常重要的自我肯定。Impossible（不可能），就是I am possible（可能）了。要勇于尝试，之后你就会发现你所能够做到的连自己都惊异。"

乔・吉拉德说："所有人都应该相信，乔・吉拉德能做到的，你们也能做到，我并不比你们好多少。而我之所以做到，便是投入专注与热情的结果。"

一般的销售员会说，那个人看起来不像一个买东西的人。但是，有谁能告诉我们，买东西的人长得什么样？乔・吉拉德说，每次有人路过他的办公室，他内心都在吼叫："进来吧！我一定会让你买我的车。"

35岁前，乔・吉拉德经历过许多失败。但乔・吉拉德说："没关系，笑到最后才算笑得最好。"

他望着一座高山说："我一定会卷土重来。"他紧盯的是山巅，旁边这么多的小山包，他一眼都不会看。

三年以后，他成为"全世界最伟大的销售员"，"因为我相信我能做到"。

"有件事很重要，大家都要对自己保证，保持热情的火焰永不熄灭。"乔・吉拉德说。

5. 爱的信息是唯一的诀窍

乔・吉拉德说："我卖车有些诀窍。就是要为所有客户的情况建立系统的档案，我每月要发出1.6万张卡，并且，无论买我的车与否，只要与我有过接触，我都会让他们知道我记得他们，我寄卡的所有意思只有一个字：爱。世界500强中，许多大公司都在使用我创造的这套客户服务系统。"

"我的这些卡与垃圾邮件不同，它们充满爱。我每天都在发出爱的信息。"

6. 你就是唯一

一定要与成功者为伍，以第一为自己的目标。乔・吉拉德以此为原则处世为人。他的衣服上通常会佩戴一个金色的"1"。有人问他："因为你是世界上最伟大的推销员吗？"他给出的答案是否定的。他说："我是我生命中最伟大的！没有人跟我一样。"

"如果看到一个优秀的人，就要挖掘他的优秀品质，移植到你自己身上。"

一位医生告诉乔·吉拉德："每个人体内有一万个发动机。"乔·吉拉德家最外面的门上有一句话："把所有发动机全部启动。"

他每天这样离开家门：观察身上所有细节，看看自己是否会"买自己的账"。一切准备好，手握在门把手上，打开门，像豹子一样冲出去。

"每个人的生活都有问题，每次出现问题，把它解决后，你就会变得比以前更强大。35岁时，我很穷。我去卖汽车，是为了养家糊口。"

"一切由我决定，一切由我控制。"

"一切奇迹都要靠自己创造。"

难能可贵的是，汽车销售业绩十分突出的乔·吉拉德，在15年之内拒绝了多次跳槽、升迁的机会，坚定地选择了当一辈子推销员。"今天我卖出6辆，明天我就渴望成交10辆！我感觉每成交一次，都像是被顾客升迁了一次！"他总能持续每天在前线从事推销工作，享受每一次成交所带来的快乐。

乔·吉拉德50岁时宣布退休。他的汽车销售纪录迄今未被打破！他退休后转而从事教育培训工作，数十年来，他不仅出书，还应邀到世界各地演讲，分享他的人生经验与推销秘诀。

讨论问题：

1. 通过乔·吉拉德的故事，你觉得如何才能成为一个卓越的销售人员？
2. 结合案例谈一谈你的职业生涯规划。

【案例讨论2】

张明清的两难选择

张明清就要结束市场营销专业的大学学习了。他面临着选择：或是帮助父亲打理小店，或去某家大型企业做推销员。他的父亲在经营方面取得了相当的成功，而且认为如果再有儿子的帮助，生意一定会锦上添花。张明清找来了几位朋友，想听听他们对这件事的看法。朋友们认为张明清应该到外面去闯一闯。张明清依然感到很苦恼，不知该如何选择。

讨论问题：

1. 现代推销学的知识对于小店的推销是否具有同样的指导作用？
2. 张明清应该如何使自己所学的现代推销学知识应用于小店的推销工作？
3. 你认为张明清应该帮助父亲打理小店还是去做推销员？为什么？

【互动测验】

[单选题]

任务一：互动测验

1. 推销就是让对方采纳、承认、接受，其本质是（　　）。

A. 沟通　　B. 促销

C. 销售　　D. 忽悠

2. “我并不销售保险，我建立关系，然后人们就来购买人寿保险。”这句话意味着推销要考虑（　　）。

A. 需求中心原则　　B. 互利双赢原则

C. 人际关系原则　　D. 引导消费原则

3. 关于推销员的语言表达能力，以下陈述错误的是（　　）。

A. 推销语言表达要准确和清晰，言简意赅

B. 推销语言要有针对性

C. 推销语言要有艺术性

D. 推销要避免使用肢体语言

4. 推销工作是一项极富挑战性的工作，每一次的推销过程都不可能是前一次的重复和翻版，每一次的推销都可能会出现新的情况，面临新的问题，这就需要推销人员具有（　　）。

A. 创新能力　　B. 学习能力

C. 应变能力　　D. 表达能力

5. 关于推销职业，认识错误的是（　　）。

A. 推销员是一个整体素质不高的职业群体

B. 推销这个职业准入条件不高，就业机会多，择业机遇好，发展空间大

C. 推销这一职业领域的广阔天地大有作为

D. 推销是一种比较自由、自主的职业

6. 推销员的核心职责是（　　）。

A. 及时准确地向消费者传递有关企业、商品和劳务的信息

B. 推销商品

C. 给顾客提供服务

D. 树立市场形象

7. “客户永远是推销员的财神，他们的决定永远是正确的。”这句话重在说明（　　）。

A. 顾客需求中心是推销的第一原则

B. 互利双赢是推销的第一原则

C. 诚信为本是推销的第一原则

D. 人际关系是推销的第一原则

8. 关于推销员，以下说法错误的是（　　）。

A. 推销员是企业和顾客之间的桥梁和纽带

B. 推销员是实现推销活动的主体

C. 真正的推销不是推销产品，而是推销自己

D. 推销员是实现推销活动的客体

9. 关于推销品，以下说法错误的是（　　）。

A. 推销人员向推销对象推销的各种有形与无形商品的总称，包括商品、服务和观念

B. 推销的产品是推销活动中的客体，是现代推销学的研究对象之一

C. 推销的产品是联系推销人员与推销对象之间的纽带，其能否满足顾客的需要是推

销活动成功与否的物质基础

D. 推销品是推销活动的主体，是推销中最灵活的要素

[多选题]

1. 推销的主要功能有（　　）。

A. 销售产品　　B. 传递信息

C. 提供服务　　D. 搜集情报

2. 以下属于推销员的是（　　）。

A. 地产经纪人　　B. 美容化妆顾问

C. 保险代理人　　D. 销售代表

3. 推销人员应该具备的基本素质包括（　　）。

A. 广博知识素养　　B. 良好的身体素质

C. 良好的心理素质　　D. 良好的道德素质

4. 推销的三要素包括（　　）。

A. 推销对象　　B. 推销人员

C. 推销产品　　D. 推销心态

5. 组织顾客的购买特点是（　　）。

A. 少量多次　　B. 专业化购买

C. 大量少次　　D. 购买者比较少

6. 依据购买者所购买推销商品的使用范围，可以把推销对象分为（　　）。

A. 个体购买者　　B. 组织购买者

C. 企业购买者　　D. 家庭购买者

7. 按照其是否有形，推销品可分为（　　）。

A. 有形的产品　　B. 无形的服务

C. 消费品　　D. 生产资料

8. 推销员职业发展前景有（　　）。

A. 成为高级销售经理　　B. 转向相关管理岗位

C. 个人自主创业　　D. 转做管理咨询和培训

9. 关于推销员的思想素质，以下说法正确的有（　　）。

A. 现代推销人员最首要的思想素质就是热爱自己所从事的推销工作，具有强烈的推销意识

B. 推销人员必须具有高度的责任感，才能想方设法为顾客排忧解难，千方百计完成销售任务

C. 推销活动要求从业人员必须具有优秀的道德品质，这些品质包括诚实严谨、恪尽职守的态度和廉洁奉公、公道正派的作风

D. 推销人员需要百折不挠的进取精神

10. 关于推销沟通，以下说法正确的有（　　）。

A. 推销员在向顾客推销的过程，实际上就是信息沟通的过程

B. 沟通需要准确地采集对方的信息，了解对方的真正意图，同时将自身的信息准确地传达给对方

C. 沟通需要通过恰当的交流使得谈话双方达成共识

D. 沟通就是投其所好

[判断题]

1. “帮助顾客解决他们需要解决的问题”是现代推销的出发点和归宿。（　）

2. “诚实是用不完的资本，信用是推不倒的品牌。”诚信是推销员基本素质和职业道德准则。（　）

3. 诚信就是在推销中实话实说，和盘托出。（　）

4. 推销员在销售中承担着引导合理消费、改变人们不良生活方式的社会功能。（　）

5. 推销员可以是专业人士，也可以是非专业人士。（　）

6. 推销员的核心技能是沟通技能。（　）

7. 推销员要忠诚于国家和企业的利益，杜绝私下交易或者出卖国家、企业利益。（　）

8. 推销员考虑自己和企业利益必然要损害顾客利益。（　）

9. 现代推销是从产品出发，想办法把产品卖给顾客的过程，能否把产品卖给不需要的顾客是判断推销员是否优秀的主要标准。（　）

10. 推销员应该是一流的辩论家和演说家，一旦开口就不要给顾客反驳的机会。（　）

[讨论题]

1. 谈一谈你对推销的理解和认识。

2. 为什么说诚信是推销的基本准则？

3. 结合生活实际，谈一谈推销三要素之间的关系。

【技能实训 1】

认识推销职业

□实训目的

通过该实训，使学生了解推销职业及其发展前景，明确推销职责，从而使学生对推销职业产生兴趣。

□实训要求

1. 搜集“推销职业和推销名人”信息。

2. 每人完成“我所知道的推销职业和推销名人”演讲。

3. 各小组组内评出最优演讲方案。

4. 各小组的代表演讲方案参加班级评选。

□实训步骤

1. 将班内学生分成若干小组，每组六至八人，由组长负责。

2. 搜集“推销职业和推销名人”信息。

3. 制订“我所知道的推销职业和推销名人”演讲方案。

4. 组内评出一个最优演讲方案。

（1）小组长负责组织评选过程。

（2）小组成员轮流演讲自己的方案。

（3）个人演讲完毕后，其他人打分，取平均数为个人方案成绩。

（4）每个小组评出组内分值最高的方案，作为小组的代表方案。

5. 每个小组选出代表，在全班演讲小组的代表方案。

□实训评价

学生小组之间互评、教师对各小组的代表方案进行点评，并将评价结果计入学生平时成绩。

【技能实训 2】

认识推销要素

□实训目的

通过该实训，使学生了解推销三要素之间的关系，结合实际加深对推销活动的认识，初步掌握推销品介绍、演示方法，提升说服顾客购买的能力。

□实训要求

1. 以班级同学为目标顾客，选择熟悉的一款产品开展调查研究。

2. 撰写一份该产品的推销介绍文案。

□实训步骤

1. 学生自主选择推销产品。

2. 结合所选择的目标顾客撰写推销文案。

3. 推销介绍演示。

4. 教师组织学生对推销演示情况进行讨论与评价。

□实训评价

学生之间互评、教师进行点评，并将评价结果计入学生平时成绩。

任务二　不打无准备之仗——推销准备

【学习目标】

知识目标

1. 掌握推销礼仪的基本含义和内容；
2. 了解推销方格理论的内容；
3. 了解推销信息采集与处理的方法；
4. 掌握推销口才训练方法。

能力目标

1. 能够准确把握推销礼仪的表现技巧；
2. 能够根据推销方格理论了解和熟悉客户；
3. 能够采集和处理推销信息。

思政目标

1. 培养学生知礼懂礼的礼仪素养；
2. 培养学生吃苦耐劳的工作精神；
3. 培养学生细致严谨的工作态度；
4. 增加学生的中国优秀传统文化自信。

【知识结构】

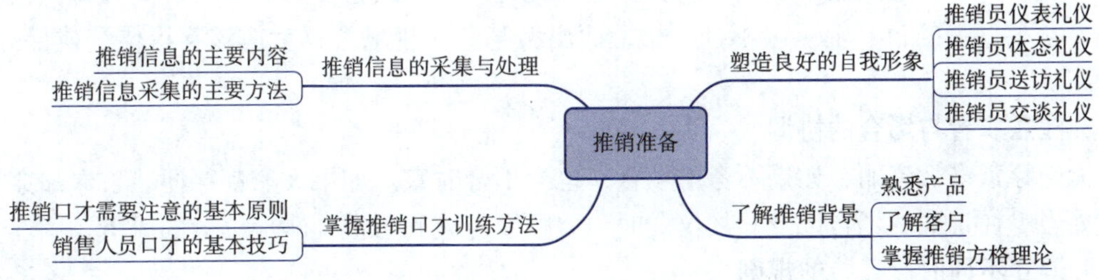

【任务导入】

程功收到了A公司发来的录用短信：尊敬的程功先生，虽然你对大多数面试问题回答得不太理想，但考虑到你明晰的职业生涯规划和不怕失败的精神，我公司决定给你一次尝试的机会——试用期三个月。请于下周一到公司开展为期一周的岗前培训。另外，给你的邮箱发送了一份培训需求调查表，请在周日之前填好发给公司培训部。

动画：推销准备导入

程功打开邮箱，下载调查需求表。这是什么需求表？这和他想象中的需求表完全不一样，因为这根本不是一个表，一页白纸上只有一道开放性问题：推销员在开展推销之前需要做好哪些准备？

程功陷入了思考，脑子里蹦出了一系列的画面：推销员穿着打扮、迎来送往、研究产品、研究顾客、情报搜集、口才训练……

2.1 塑造良好的自我形象

职业形象是指在职场中，在公众面前树立的印象，它体现在外在形象、品德修养、专业能力和知识结构等方面，并通过衣着打扮、言谈举止反映出职场人士的专业态度、技术技能等。

由于推销人员工作性质的特殊性，其职业形象总是最先体现在推销人员身上所具备的礼仪素养方面。得体的仪表，适度的体态，不凡的谈吐……这些都是推销礼仪的要素所在。

2.1.1 推销员仪表礼仪

着装一直都是公共领域内最为紧要的事，也恰恰因为公共领域的需要，人们才会不断反思"我的穿搭是否合乎场合，合乎礼仪，合乎身份……"既然对于推销人员来说，仪表礼仪规范如此重要，那么它具体有哪些要求呢？

1. 穿着整洁

你可能只准备了两三套供接待或旅行之用的服装，而且它们难以归入高档华贵之列。但只要保持清洁，并熨烫平整，穿起来就能给人以庄重大方的感觉。整洁并不完全为了自己，更是尊重他人的需要，因此这是良好仪态的第一要件。

2. 着装要与身份、年龄相符

在社交场合，如果忽略自己的社会角色而着装不当，很容易造成别人对你的错误判断，甚至会引来误解。比如艺术家和作家，即使在正式场合着装也可以尽显自己的独特风格，在选择衬衫和领带的色彩上可以不拘一格，而出席某些正规场合，就应该穿得传统或保守些，以示庄重。

3. 注意衣着与场合的协调

无论穿戴多么亮丽，如果不考虑场合，也会不合时宜。如果大家都穿便装，你却穿礼服就欠妥当。在正式的场合以及参加仪式时，要顾及传统和习惯，顺应一般的风俗。

4. 遵守不同时段着装的规则

这对女士尤其重要。男士出席各类活动有一套质地上乘的深色西装足矣，而女士的着装则要随一天时间的变化而变换。出席白天活动时，女士一般可着职业正装，而出席晚 5 点到 7 点的鸡尾酒会就须多加一些修饰，如换一双高跟鞋，戴上有光泽的佩饰，系一条漂亮的丝巾。出席晚 7 点以后的正式晚宴时，则应穿礼服。

无论男士还是女士，在出席正式场合的时候，身上总体均不应超过三个颜色（包括公文包、袜子等）。

此外，领带颜色的选择是推销人员整套西装的亮点。西装、领带、衬衫三者的色调应该是和谐的，而领带是三者中最醒目的。领带的主色调一定要与衬衫有所区别。当领带选择与外衣同色系时，颜色要比外衣更鲜明；当领带采取与西装对比色搭配方法时，领带颜色的纯度要降低。穿礼服时领带颜色尽可能庄重，不选择大花图案。一般不要用鲜红色领带。

商务人士着装如图 2-1 所示。

图2-1　商务人士着装

【思政故事】

华夏是中国的古称。中国自古以来就重衣冠礼仪。《周易·系辞下》曰："是以自天佑之，吉无不利，黄帝、尧、舜垂衣裳而天下治，盖取诸乾坤。"周公制周礼而治天下。周礼通过《仪礼》《周礼》《礼记》的服章和仪式表现出来，因而衣冠、礼仪往往用来代指文明。《春秋左传正义》疏："夏，大也。中国有礼仪之大，故称夏；有服章之美，谓之华。华，夏一也。"言有礼仪之大，有文章之华也。中国者，聪明睿知之所居也，万物财用之所聚也，贤圣之所教也，仁义之所施也，诗书礼乐之所用也。"亲被王教，自属中国，衣冠威仪，习俗孝悌，居身礼义，故谓之中华"。《尚书正义》注："冕服华章曰华，大国曰夏。"中国自古就被称为"衣冠上国、礼仪之邦"，而"衣冠"便成了文明的代名词。

2.1.2　推销员体态礼仪

微课：推销员体态礼仪

【经典案例 / 故事】

刘林是一家民营企业的业务员，口头表达能力不错，对公司的业务流程很熟悉，对公司的产品及服务的介绍也很细致，给人感觉朴实又勤快。在企业业务人员中他的学历是最高的，可是他的业绩总是上不去。刘林非常着急，却不知道问题出在哪里。刘林从小有着大大咧咧的性格，不修边幅，头发经常是乱蓬蓬的，双手指甲长长的也不修剪，身上的白衬衣常常皱巴巴的并且已经变色；他喜欢吃大饼卷大葱，吃完后却不知道去除异味。刘林的大大咧咧能被生活中的朋友包容，但在工作中常常过不了与客户接洽的第一关。其实，刘林的这种形象在与客户接触的第一时间已经给人留下了不好的印象，让人觉得他是一个对工作不认真、没有责任感的人，通常很难有机会和客户作进一步的交往，更不用说成功地承接业务了。

1. **体态语言的概念**

体态语言是指人们在外观上可以明显地被觉察的活动、动作，是在活动之中身体各部分所呈现的姿态。体态语言又称人体语言、态势语言和动作语言。

2. **体态语言的五种功能**

（1）表达功能。它可以表达口语难以表达的信息，使双方免于受窘。

（2）替代功能。它可以替代口语，直接与对方交流、沟通。

（3）辅助功能。它可以辅助口语，使人“言行一致”，思想得以强化，使意思表达得更清楚、更深刻。

（4）适应功能。它可以适应本人的心理、生理需要。

（5）调节功能。它可以发出暗示，调节双方关系，使对方做出积极反应。

3. **推销人员的站姿礼仪**

（1）基本规范:抬头，目视前方，挺胸直腰，肩平，双臂自然下垂，收腹，双腿并拢直立，脚尖分开呈V字形，身体重心放到两脚中间。也可两脚分开，比肩略窄，双手合起，放在腹前或背后。

（2）男性推销人员：应两脚分开，比肩略窄，双手自然下垂或合起放在背后。

（3）女性推销人员：应双脚并拢，脚尖分开呈V字形，双手合起放于腹前。

4. **几种常见的不良站姿**

（1）头不正，出现习惯性前伸、侧歪，显得身体松散下坠，没有精神。

（2）驼背，胸部不能自然挺起，造成身体不够舒展。

（3）肩不平，一高一低，身体左右倾斜。

（4）肩部紧张，形成耸肩缩脖。

（5）重心向后，挺腹。

（6）双手叉腰或抱胸前，或身体依靠其他物体，影响举止风度。

5. **推销人员的坐姿礼仪**

在工作场合中，就座亦能体现出落座者的素质。坐姿本身就是体态语言的一种，可以向对方传递信息，因此应加以注意。

（1）坐姿的基本要求：端庄、文雅、得体、大方。

（2）推销人员坐姿的基本规范（见图2-2）：

图2-2　坐姿基本要求

第一，轻轻入座，从满椅子的 2/3 为准，后背轻靠椅背，女性双膝自然并拢（男士可略分开）；对座谈话时，身体稍向前，表示谦虚和尊重。

第二，若女性着裙装，裙摆应收拢，不允许裙摆随意摇晃，也不允许当面大动作整理服饰。

6. 推销人员的手势礼仪

在推销活动中，手势在传递信息、表达意图和情感方面发挥着重要的作用。

推销人员的常用手势规范（见图 2-3）：

（1）标准手势。手掌自然垂直，掌心向内，手指并拢，拇指稍分开，手腕伸直，肘关节自然弯曲（以 140° 为宜），协调大方。

（2）横摆式手势。一般表示“请、请进……”常用横摆式。一只手五指并拢，手掌心向上，肘微弯曲，腕略低于肘，另一只手下垂或在背后，同时面带微笑，表现出对宾客的尊重、欢迎。

（3）斜摆式手势。请客人落座时，手势应摆向座位的地方。手要先从身体的一侧抬起，到高于腰部后，再向下摆去，使大小臂呈一斜线。

（4）直臂式手势。用于指引方向，采用直臂式。手指并拢，掌伸直，屈肘从身前抬起，向抬起的方向摆去，摆到肩的高度时停止，肘关节基本伸直。注意：不可用一根指头指出，那样显得不礼貌。

图2-3　推销员手势

2.1.3　推销员送访礼仪

【思政故事】

中国自古就是礼仪之邦。那么，我国的礼仪是如何发展而来的呢？

相传，周公提出了礼法的纲领，而后经过传播发展最终成为礼仪。关于礼的起源说法不一，总结起来有以下几种说法：其一，礼为天地人的统一体；其二，礼产生于人的自然本性；其三，礼是人性和环境矛盾的产物；其四，礼生于理，起源于俗。

在推销活动中，为了体现相互尊重，需要通过一些行为准则去约束人们活动的方方面面，这其中包括仪表礼仪、言谈举止、交流沟通等。前面我们已经介绍了仪表礼仪，在衣着得体之后，就可以出门面见客户了。送访礼仪是推销礼仪中另外一个非常重要的部分，接下来将从握手、介绍、接递名片等方面详细介绍送访礼仪。

1. 握手礼仪

握手是商务活动中见面、接待、迎送时常见的礼节。

（1）握手的先后顺序。男女之间握手，男性要等女性先伸手后才能握手，如女性不伸手，无握手之意，男性方可用点头或鞠躬致意；宾主之间，主人应向客人先伸手，以示欢迎；长幼之间，年幼的要等年长的先伸手；上下级之间，下级要等上级先伸手，以示尊重。

多人同时握手时切忌交叉，要等别人握完后再伸手。握手时精神要集中，双目注视对方，微笑致意；握手时不要看着第三者，更不能东张西望，这都是不尊重对方的表现。

（2）握手时间的长短。握手时间的长短可根据握手双方亲密程度灵活掌握。初次见面者，一般应控制在 3 秒钟以内，切忌握住异性的手久久不松开。即使握同性的手，时间也不宜过长，以免对方欲罢不能。但时间也不宜过短，时间过短会被人认为傲慢冷淡，敷衍了事。

（3）握手的禁忌。不要在握手时戴着手套或戴着墨镜，另一只手不能放在口袋里。只有女士在社交场合可以戴着薄纱手套与人握手。握手时不宜发表长篇大论，不宜过分客套，这只会让对方不自在。除长者或女士，坐着与人握手是不礼貌的，只要有可能，都要起身站立。

2. 介绍礼仪

介绍是指从中沟通，使双方建立关系。介绍是社交场合中相互了解的基本方法。通过介绍，可以缩短人们之间的距离，以便更好地交谈、更多地沟通和更深入地了解。

为他人介绍，首先要了解双方是否有结识的愿望；其次要遵循介绍的规则；再次是在介绍彼此的姓名、工作单位时，要为双方找一些共同的谈话材料，如双方的共同爱好、共同经历或共同感兴趣的话题。

（1）介绍的先后顺序：

第一，先将男士介绍给女士。例如，“张小姐，我给你介绍一下，这位是李先生。”

第二，先将年轻者介绍给年长者。在同性别的两人中，应先将年轻者介绍给年长者，以示对前辈、长者的尊敬。

第三，先将地位低者介绍给地位高者。遵从社会地位高者有了解对方的优先权的原则，应先将社会地位低者介绍给社会地位高者。

第四，先将未婚的介绍给已婚的；如果两个女子之间，未婚的女子明显年长，则是先将已婚的介绍给未婚的。

第五，先将客人介绍给主人。

第六，先将后到者介绍给先到者。

（2）介绍的具体礼节规范。

第一，负责介绍的人。介绍时要有开场白。例如，“请让我给你们介绍一下。张小姐，这位是……”“请允许我介绍一下，李先生，这位是……”为他人做介绍时，手势动作要文雅，无论介绍哪一方，都应手心朝上，手背朝下，四指并拢，拇指张开，指向被介绍的一方，并向另一方点头微笑。必要时，可以说明被介绍的一方与自己的关系，以便新结识的朋友之间相互了解和信任。介绍人在介绍时要把握先后顺序，语言要清晰明了，不含糊其词，以使双方记清对方姓名。在介绍某人优点时要恰到好处，不宜过分称颂。

第二，被介绍的人。作为被介绍的双方，都应当表现出结识对方的热情。双方都要正面对着对方。介绍时除了女士和长者外，一般都应该站起来，但是若在会谈进行中，或在宴会等场合，就不必起身，只略微欠身致意就可以了。如果方便，等介绍人介绍完毕后，被介绍人双方应握手致意，面带微笑并寒暄，如“你好”“见到你很高兴”“认识你很荣幸”“请多指教”“请多关照”等。如需要还可互换名片。

3. **名片礼仪**

名片是社会交往的一种重要手段。虽然随着社交软件的广泛采用，纸质名片式微，但是正式场合中依然使用。名片是一个人身份、地位的象征，是一个人尊严、价值的一种外显方式，也是使用者取得社会认同、获得社会理解与尊重的一种方式。名片上一般印有公司名称、头衔、联络电话、地址等，有的还印有个人的照片。通过递送名片可以使对方认识你、与你联系。那么，推销人员应该掌握哪些接递名片的礼仪呢?

首先，向对方递送名片时，应面带微笑，注视对方。将名片正对着对方，用双手的拇指和食指分别持握名片上端的两角送给对方；如果是坐着的，应当起立或欠身递送。递送时可以说一些“我叫 ××，这是我的名片，请笑纳”“这是我的名片，请收下”之类的客气话。

接收他人递过来的名片时，除女性外，应尽快起身或欠身，面带微笑，用双手的拇指和食指接住名片的下方两角，并视情况说“谢谢”“能得到您的名片，真是十分荣幸”等（见图 2-4）。名片接到手后，应十分珍惜，认真看一下；千万不要随意放在桌上，或随便拎在手上，或者放在手中搓来揉去。如果是初次见面，最好将名片上的重要内容读出来，读名片时要注意语音轻重，有抑扬顿挫之感。需要重读的主要是对方的职务、头衔、职称等。

图2-4　名片递送

名片的递送顺序，一般是地位低的人先向地位高的人递名片，男性先向女性递名片。当对方不止一人时，应先将名片递给职务较高或年龄较大者；如分不清职务高低和年龄大小，则可先和自己对面左侧方的人交换名片。

名片代表一个人的身份，在未确定对方来历之前，不要轻易递出名片，否则，不仅有失庄重，而且可能日后被冒用。当对方递给你名片之后，如果自己没有名片或没带名片，应当首先向对方表示歉意，再如实说明理由。例如："很抱歉，我没有名片。""对不起，今天我带的名片用完了，过几天我会亲自寄一张给您的。"

2.1.4　推销员交谈礼仪

微课：推销员交谈礼仪

交谈是人际交往的基本方式之一。从广义上讲，交谈是人与人之间建立联系、交流思想、沟通感情、消除隔阂、促进合作的重要渠道。但是，交谈并不是简单的开口说话，它需要遵循一定的规范和原则，也就是交谈礼仪。那么，交谈的礼仪有哪些呢？具体来说，交谈礼仪主要涉及交谈态度和交谈语言两个方面。

1. 交谈态度

一个人在交谈时所表现出的态度，往往是其内心世界的真实反映。要想让交谈顺利进行下去，就必须控制好自己的谈话态度。具体而言，应当做到以下几点：

（1）表情自然。表情通常是指一个人的面部表情，即一个人的面部神态、气色变化等。一个人在交谈时呈现出来的种种面部表情，往往是其心态、动机的真实体现。交谈时目光应当注视着对方，这样才能与交谈进程相配合。目光游离、眼神飘忽，则是失礼的表现；如果是多人交谈，则应该不时地用目光与众人交流，以示在场的每一个人都是平等的。在交谈的过程中应当适当运用眉毛、嘴巴、眼睛在形态上的变化，表达自己对对方的赞同、支持、理解、同情等，从而表明自己对对方谈话内容的专注，并促使对方强调重点、解疑释惑，使交谈顺利进行下去。

（2）举止得体。人在交谈时往往会伴随着一些有意无意的举止。这些肢体语言往往是自身对谈话内容及谈话对象真实态度的反映。因此，必须控制好自己的举止。适度的肢体动作是必要的。但要注意避免过分、多余的肢体动作。与人交谈时动作不宜过大，更不可手舞足蹈、拉拉扯扯。为了向对方表达尊敬之意，切勿在谈话时左顾右盼、双手交叉放于脑后、高架"二郎腿"，甚至剪指甲、挖耳朵等。

2. 交谈语言

语言是交谈的载体，语言运用是否准确恰当，直接影响着交谈效果和交谈能否顺利进行。因此，在交谈中尤其要注意语言的使用问题。具体而言，应做到以下几点：

（1）通俗易懂。交谈时使用的语言应当力求通俗易懂，最好是让人一听即懂的明白话。如果交谈时使用的语言过于雕琢，甚至咬文嚼字、矫揉造作，则会让人闻之生厌，不知所云。

（2）文明礼貌。尽管推销活动的交谈不像正式发言那样隆重、严肃，但也应该注意用语的文明礼貌。在交谈过程中，要善于使用一些约定俗成的礼貌用语，如"您""谢谢""对不起"等。在交谈即将结束时，应当跟对方礼貌地道别，如"谢谢您，再见"等。

（3）简洁明确。交谈时使用的语言应当力求简洁明确，言简意赅地表达自己的观点和看法，切忌啰唆。交谈时最基本的一点就是要让对方准确无误地领会自己的意思，因此在交谈时务必使用明确的语言。

【经典案例 / 故事】

某公司计划兴建一座电影院。一天，公司经理正在办公，家具公司张经理上门推销座椅。一进门便说："哇！好气派。我很少看见这么漂亮的办公室。如果我也有一间这样的办公室，我这一生的心愿就满足了。"张经理就这样开始了他的谈话。然后，张经理摸了摸办公椅扶手说："这不是香山红木吗？难得一见的上等木料呀！""是吗？"公司经理的自豪感油然而生，接着说："我这整个办公室是请深圳装潢厂家装修的。"于是，公司经理带着张经理参观了整个办公室，介绍了计算比例、装修材料、色彩调配，兴致勃勃，自我满足溢于言表。如此，张经理自然可拿到这个公司经理签字的座椅订购合同。同时，互相都得到了满足。

在推销活动中应注意语言的表达技巧，礼节性的交谈语言可以很好地增进双方的了解、沟通感情、融洽气氛。张经理对这位公司经理办公室的赞美，赢得了公司经理的好感，同时使得推销气氛非常融洽。张经理对办公室的夸奖，既有赞美，同时也体现了自己对家具知识的了解。双方成功签订协议，都获得了自身的满足，是成功的社交事件。

2.2　了解推销背景

2.2.1　熟悉产品

微课：熟悉产品

推销人员在推销产品之前要先熟悉产品，才能对顾客的疑问做到对答如流。如果不了解产品，被顾客难倒，那么就会使得顾客对产品或者品牌产生不信任感。作为推销人员应该熟知产品的以下方面：

1. 产品的品类

首先要十分了解自己所推销的产品。知道它的品类归属，越细分具体，在推销时就越能介绍得全面周到，越有针对性。例如，如果产品是计算机，可进一步细分是台式计算机还是笔记本计算机，是办公计算机还是游戏计算机等。

2. 产品材质和工艺

产品是由什么原材料制成的，使用了什么先进工艺。如果之前不了解，这时就要做足功课了。

3. 产品能解决的问题

消费者不会平白无故地购买产品，要清楚他们的需求点在哪里，自己的产品能解决消费者的哪方面问题。例如，消费者可能不会只因为想要计算机而购买计算机产品，而是公司需要计算机办公，游戏爱好者需要计算机玩游戏。

4. 产品的独特卖点

产品独特的卖点（即产品差异化）就是顾客为什么要买你的产品而不买竞争品牌的原因。推销人员对顾客不能说出三个以上顾客买自己产品的理由，就无法打动顾客。

5. 产品的优缺点

推销人员要找出产品的优点，并着重介绍；对于产品的缺点，则考虑如何做出合理的解释。有时候只讲产品的优点，反而让顾客感觉你不诚实。推销人员对产品了解得越多，就会对产品的优缺点认识得越透彻。所以，推销人员要知道自己卖的是什么产品，产品功能是什么，产品的独特卖点是什么，以及产品优缺点是什么。

建议推销人员能够做到：听——听专业人员介绍产品知识；看——观察产品；用——使用产品；问——对疑问要找到答案；感受——仔细体会产品的优缺点；讲——自己明白，并让别人明白。

2.2.2 了解客户

客户是推销人员的衣食父母，好的业务员必须时刻和客户保持良好的关系，才能拥有更多的客户资源。那么，推销人员应如何了解客户呢？

微课：了解客户

1. 了解客户的基本情况

（1）要了解客户喜好。了解客户的喜好，对于推销人员的工作来说非常重要。例如，客户喜欢运动，那么，对于产品的介绍也可以往这上面去贴近。

例如，汽车推销员在介绍车辆的时候，侧重点放在车辆性能、发动机等方面，突出运动性能，客户会对你所说的感兴趣，甚至会主动问一些问题，这时候就有了沟通的基础。

（2）了解客户性格。客户的性格对于成交影响比较大。

例如，一个急性子的人到展厅，你刚准备走流程，他就表示已经了解过了并且直接开口问价格，这时候再进行车辆介绍他可能就没有耐心听下去。遇见这种情况，介绍策略就要转到利益展示上。通常购车意向强烈的客户，更在乎的是车辆能为自己带来哪些方面的满足感。

（3）了解职业。客户的职业也是影响推销选择的重要因素，从客户的职业来介绍产品的亮点会让客户更容易接受。

（4）家庭背景。家庭背景也是很重要的一个信息，利用好可以帮助推销，事半功倍。例如，得知客户家里有小孩和老人，那么产品介绍就要着重于安全性能。

【经典案例 / 故事】

某公司客户经理张丹从有关部门得知外地有家重要客户要到本地来发展业务，近期该客户的负责人将前来考察。得知这一信息后，张丹立即收集该客户负责人考察的具体时间、乘坐的航班、下榻的宾馆和房号。那天，该客户负责人一下飞机，张丹就已经开车等在停机坪上；该客户负责人推开宾馆的房门，发现房间里摆着附有张丹公司祝福卡片的鲜花。第二天，张丹公司的经理亲自在公司门前迎接，并陪同参观公司，详细向客户负责人介绍了公司的服务和技术。虽然本地其他同行业公司都在极力争取该项目，也想借这个机会展开营销，但由于张丹公司的周密安排，其他公司根本没有机会接触客户。最后客户接受了张丹公司的宴请并达成了初步合作意向。

2. 了解客户的步骤

（1）询问。通过询问来了解顾客需求。这里必须强调的是，应结合产品卖点进行询问，而且这个卖点最好是自己产品的独有之处。

（2）聆听。在与客户交流时，聆听比说话要重要得多。只有通过聆听，才能了解客户的真实意图，才能让自己说的话有说服力。在推销过程中经常有推销人员打断客户说话的情形，这是不专业的表现，同时也是对客户的失礼。另外，适时给予客户适当的鼓励和引导，客户会告诉你更多。

【经典案例 / 故事】

王太太是一个年轻的妈妈，她自己受过高等教育，所以对孩子的教育情况特别关心。儿子 6 岁这年，她准备给儿子建一个小小的书房，需要一套适合孩子的书桌和书柜。王太太首先选择的是一家全国知名家具的代理商。推销人员十分热情，他一见到王太太，就迫不及待地介绍："你真的很有眼光。正如你现在所见到的，这套家具的设计是一流的，而且材料质地上乘，这么豪华的家具，放在你的家里，一定可以大大提升你的品位。"王太太只是冷淡地答了一句："这个，我倒不是很重视。你能给我讲讲它的具体构造吗？比如说高度、边角之类的……"推销人员热情地回答："当然可以，这套家具设计十分独特，其边角都是采取欧洲复古风格，还可以当梳妆台用呢……"王太太打断了他的话："这似乎并不是我最感兴趣的。我比较关心……"推销人员立刻接过她的话："我知道你想说什么！这套家具采取了最典雅的象牙紫色，而且采用的是上乘的木料，外面还有保护层，我敢保证它的使用寿命绝对在 20 年以上。"

王太太笑了笑，说："你说的这些，我都相信，也可以感受到。不过，我想你误会我的意思了，我更关心孩子……"王太太本想说："我更关心是否适合给孩子用。"然而没等她说完，推销人员便抢过她的话说："我完全理解你的担忧。我们公司特别为这套家具配置了一些防护措施。这样，小孩子就不能在上面乱涂乱画了。而且，这还会是一件非常有价值的收藏品。此外，它还很漂亮，可以作为室内装饰品。如果你买全套的，我们可以给你优惠价……"

王太太打断了他的话："对不起，我想我不需要了，谢谢你。"

有时候，以己度人往往会走入心理学上的"投射效应"。要成功地获取客户，就要换位思考，而倾听就是获取客户信息的有效途径。

（3）思考。在与客户沟通的时候，要通过客户说的话来了解客户的需求，不要等客户询问了再来回答。有时候，客户因其产品知识的局限，可能无法准确地讲出真实需求。这时，推销人员应根据所观察到的线索和客户的言语来确定客户的真正意图。

（4）观察。要了解客户的需求，就要眼观六路耳听八方。要善于观察，观察客户的随身物品、言谈举止、穿着打扮、神态表情、肢体语言，通过观察了解客户的需求。

【经典案例 / 故事】

几年前，某省有一个物流运输的项目，A 公司志在必得，并组织了一个有十几个人的小组，住在当地的宾馆里，天天跟客户在一起，还帮客户做标书，做分析，关系处得非常好，大家都认为拿下这个订单是十拿九稳的，但是并没有中标。中标方的代表是一个刘姓女子。事后，A 公司的代表问刘女士："你们是靠什么赢得了那么大的订单呢？要知道，我们的代理商很努力呀！"刘女士说："其实客户那里我只去了三次，之所以成功靠的还是'用心'二字。"刘女士第一次到广东时，谁也不认识，就分别拜访客户公司的每一个部门，拜访到经理的时候，发现经理不在。经理办公室的人告诉她经理出差去北京了。她又问住在哪个宾馆，然后马上给那个宾馆打电话说："我有一个非常重要的客户住在你们宾馆里，能不能帮我订一个果篮，写上我的名字，送到房间里去？"然后又打电话把事情原委汇报给她的领导，说："这个经理非常重要，已经去北京出差了，无论如何你要在北京把他的工作做通。"刘女士本人则赶了最早的一班飞机回到北京，下了飞机直接就去这个宾馆找经理。等她到宾馆的时候，发现她的领导已经在跟那位经理喝咖啡了。在聊天中得知这位经理会有两天的休息时间，领导就请他到公司参观，该经理对公司的印象非常好。当公司领导提出一周后到该经理的公司做经验交流时，该经理欣然同意了。一周后的经验交流非常成功，在交流的过程中，大家都感到了客户公司经理的倾向性，所以这个订单很顺利地拿了下来。

A公司的代表听后说："你可真幸运，刚好经理到北京开会。"刘女士掏出一个小本子，说："不是什么幸运，我所有的客户的行程都记在这个小本子上面。"打开小本子，里面密密麻麻地记了很多名字、时间和航班，还包括其爱好是什么、家乡是哪里、这一周在哪里、下一周去哪里。

2.2.3 掌握推销方格理论

推销方格理论由布莱克与蒙顿教授提出。他们根据推销员在推销过程中对买卖成败及与顾客沟通的重视程度，将推销员在推销中对待顾客与销售活动的心态划分为了不同类型。将这些划分表现在平面直角坐标系中，即形成推销员方格，如图2-5所示。推销员方格中显示了由于推销人员对顾客与销售关心的程度不同而形成的不同心理状态。

微课：推销方格理论

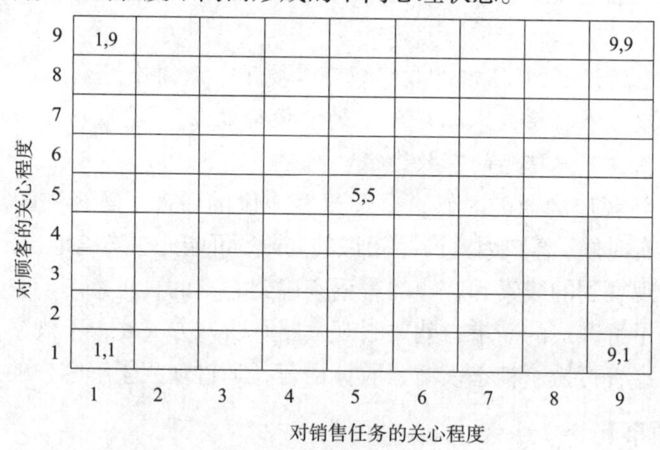

图2-5 推销员方格

推销方格理论包括推销员方格、顾客方格理论两方面内容。

1. 推销员方格理论

推销员方格中，横坐标表明推销人员对销售的关心程度，纵坐标表示对顾客的关心程度。坐标值越大，表示产品受关注程度越高。

推销员方格理论主要分为以下五种类型：

（1）（1,1）型，事不关己型。（1,1）型推销员对推销成功与否及顾客感受的关心程度都是最低的。该类型的推销员对本职工作缺乏责任心。究其原因，也许是主观上不愿做推销工作，也许是客观上对工作不满意。

（2）（9,1）型，强行推销型。（9,1）型推销员认为，既然由我负责这一顾客，并向其进行推销，我便应施加压力，迫使其购买。因此，他们为提高推销业绩，不惜采用多种手段，全然不顾顾客的心理状态和利益。

强行推销是产生于第一次世界大战之后美国的一种推销方式，推销员与顾客被形象地比喻为拳击台上的两个选手，推销员要坚决把顾客打倒。强行推销不但损害了顾客的利益，而且损害了企业的市场形象和产品信誉，导致企业的经济利益受损，最终使推销活动和推销员给顾客留下极坏的印象，影响了推销行业的发展。在此之后，强行推销被温和推销所代替。企业界和学术界达成共识：对顾客无益的交易也必然有损于推销员。

（3）（1,9）型，顾客导向型。持这种心态的推销员认为："我是顾客的朋友，我想了解他并对其感受和兴趣做出反应，这样他会喜欢我。这种私人感情可促使他购买我的产品。"他们可能是不错的人际关系专家，因为他们始终把与顾客处好关系放在第一位，但并不是成熟的推销员。因为在很多情况下，对顾客的百依百顺并不能换来交易的达成。这其实是强行推销的另一种表现。现代推销要求把顾客的利益和需要放在第一位，不是把顾客的感受摆在首位。

（4）（5,5）型，推销技术导向型。处于这种心理态度的推销员既关心推销效果，也关心顾客。他们往往有一套行之有效的推销战术，注重揣摩顾客的心理，并善于利用这种心理促成交易。他们可以凭经验和推销技术诱使顾客购买一些实际上并不需要的东西，因此，他们可能会有极佳的推销业绩。但这类推销员仍然不是理想的推销员。他们放在首位的是顾客的购买心理，而不是顾客的利益和需要。他们需要进一步学习，以成为一名成功的推销专家。

（5）（9,9）型，解决问题导向型。推销员把推销活动看成满足双方需求的过程，把推销的成功建立在满足推销员与顾客双方需求的基础上。从现代推销学角度讲，这种推销人员是最理想的推销专家。这种推销的心理态度是最佳的推销心理态度。世界超级推销大师齐格•齐格勒说："假如你鼓励顾客去买很多的商品只是为了自己可以多赚钱，那你就是一个沿街叫卖的小贩。假如你鼓励顾客购买很多商品是为了顾客的利益，那你就是推销的'行家'，同时你也得益。"事实正是如此。

2. 顾客方格理论

顾客方格理论是指不同的顾客对待推销员和商品购买也有着不同的心态，不同的心态影响不同的购买行为，并表示在直角坐标系中。顾客方格如图 2-6 所示。在推销方格理论中，可以依据顾客对待推销人员和采购商品的重视程度而划分成不同的类型。从顾客面对推销时的心理状态看，至少存在两种念头：其一是希望购买到称心如意的商品，注重购买商品本身；其二是希望得到推销人员诚恳热情而又周到的服务，注重推销员的态度和服务质量。

五类典型的顾客风格是：

（1）（1,1）型，漠不关心型。具有这种心态的顾客既不关心推销人员，对购买行为也不关心。原因之一是其没有购买决策权。

（2）（9,1）型，防卫型，又称购买利益导向型。具有这种心态的顾客只关心如何以更佳的条件购买商品，对推销人员不但不关心，反而极为反感。对待持这种心态的顾客，推销员应首先推销自己，消除对方的防范意识，然后再推销产品。

（3）（1,9）型，软心肠型。这是一类情感型的顾客。他们对推销人员极为关心，尤其体谅推销员的心情和处境。所以，他们也许会因为推销员热情周到，或因为推销员辛苦工作而受感动购买产品。软心肠型的顾客自然是所有的推销员都希望碰到的了。

（4）（5,5）型，干练型。这类顾客有商品知识和购买经验，既考虑到自己的购买行为，又关心推销人员。但干练型的顾客摆在首位的是在接受推销时显示自己的知识、经验、聪明、公正、宽容等，而不是自己的真正需要，受个人的某种购买心理影响较大。

（5）（9,9）型，寻求答案型。这是最成熟的购买人。他们了解自身的需要，通过倾听推销员的推销介绍，分析问题所在，购买合适的产品或服务来满足自身的需要，解决存在的问题。他们的购买行为是明智的。

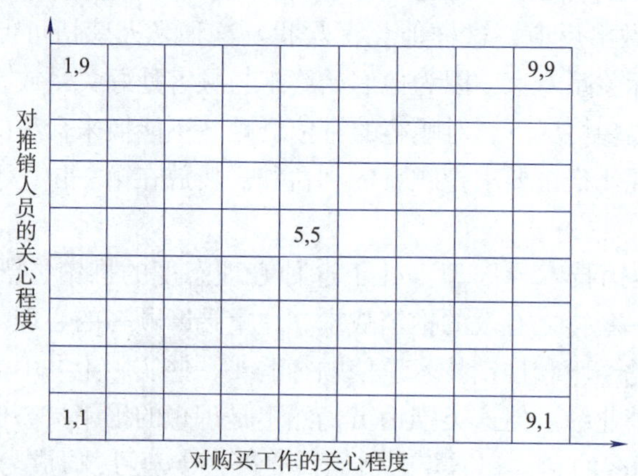

图2-6 顾客方格

3. 推销员方格与顾客方格的匹配

各种心态的推销员与顾客接触，哪一种搭配能推动推销成功呢？罗伯特·布莱克与简·莫顿教授给出了推销方格与顾客方格的关系，如图 2-7 所示。图中符号“+”表示推销成功的概率大，“–”表示推销失败的概率大，“0”表示推销成功与失败的概率相等。

推销	顾客				
	漠不关心型	软心肠型	干练型	防卫型	寻找答案型
解决问题导向型	+	+	+	+	+
强销导向型	0	+	+	0	0
推销技术导向型	0	+	+	–	0
顾客导向型	–	+	0	–	0
事不关己导向型	–	–	–	–	–

推销方格与顾客方格搭配关系表

图2-7 推销员方格与顾客方格的关系

在现实的推销过程中，存有各种心态的推销员会遇到具有各种心态的顾客。推销过程中推销员与顾客双方心态的有效组合是使推销工作顺利进行的重要条件。

值得注意的是，由于外界与内部多种条件的影响，推销员与顾客的心态是十分复杂的，并没有绝对精确的划分。可以认为，世界上有多少个推销员，就有多少种推销心态；相对地，有多少个顾客，就会有多少种购买心态。推销与购买心态也绝非是简单地受关心对方与关心商品两方面因素的影响，故推销方格理论只是大致上概括出两种心态的组合，仅供参考，还应该结合实践经验的积累，不断加以充实和完善。千百次推销实践反复证明着这样的理论：推销员的心态越好，推销效果相对越好。

2.3　推销信息的采集与处理

2.3.1　推销信息的主要内容

微课：推销信息的采集与处理

要提高销售成交率，首先就要收集翔实的推销信息。推销人员需要收集的信息主要包括：

（1）客户基本信息：客户名称、性别、年龄、地址、电话、传真、电子邮件等，见表 2-1。

表2-1　客户信息的基本内容

类　别	详细内容
基础资料	客户的姓名、电话、地址、所有者及他们个人的性格、爱好、家庭、学历、年龄、创业时间，与本公司的起始交易时间、企业组织形式、业种、资产等
客户特征	主要包括服务区域、销售能力、发展潜力、经营理念、经营方向、经营政策、企业规模
业务状况	主要包括销售实绩、经营管理者和推销人员的素质、与其他竞争对手之间的关系、与本公司的业务关系及合作态度
交易状况	客户的销售活动现状、存在的问题、保持的优势、未来的对策、企业形象、声誉、信用状况、交易状况、交易条件以及出现的信用问题等

（2）联系人信息：联系人姓名、性别、年龄、爱好、职务、友好程度、决策关系等。

（3）客户来源信息：市场活动、广告影响、业务人员开发、合作伙伴开发、老客户推荐等。

（4）客户业务信息：所属行业、需求信息、价格信息、客户调查问卷等。

（5）客户价值信息：客户信用信息、价值分类信息、价值状况信息等。

（6）客户交往信息：交往记录、交易历史、服务历史等。

完整的客户信息不仅能有效地支持销售员开展工作，还能伴随业务规则的建立，使销售员逐步通过销售过程进行深入挖掘，不断完善客户信息，形成良性循环。对客户的情况了解得越透彻，推销人员的工作就越容易开展，也越容易获得事半功倍的效果。

2.3.2　推销信息采集的主要方法

1. 搜索引擎收集法

近年来，随着互联网的发展，搜索引擎成为推销信息收集的主要方法。利用搜索引擎收集信息，具有搜索方向精准、节省时间、信息全面的优势。互联网为人们带来了丰富多彩的内容，一定程度上可以满足人们的需求。

2. 商业查询平台搜索信息

随着大数据时代的来临，信息查询平台悄然兴起。大量信息平台为广大用户提供了快捷的信息收集服务。

3. 电话访问

电话访问就是推销员根据抽样设计的要求，通过电话向被调查者了解情况和询问情况的一种方法。这种调查方法主要适用于探测性研究，或与其他调查方法结合运用，一般用于了解问题的初步情况。

电话访问法的优点是：搜集资料的速度快，调查费用少，对于远距离的被调查者也有机会进行调查，一些不便当面回答的问题可通过电话获得答复；其缺点是：受通话时间限制，只能对简单问题进行调查，如果调查的不是被调查者所注意和感兴趣的问题，可能得不到被调查者的合作。

4. 问卷调查法

这种方法就是由调查者将设计好的问卷邮寄或者留置给被调查者，由其填好后进行回收，经过统计整理得到调查结果的方法。

问卷调查法对于推销信息的收集更加全面、深入，整理出来的结果也更加科学、客观；其缺点是对于人力、财力要求较高，耗时较长。

2.3.3 推销信息的处理

1. 综合加工

综合加工是指推销人员根据推销决策对信息的使用要求，将掌握的各种信息加以综合加工处理，以提炼对解决问题有帮助作用的新信息。

综合加工法的实质是对有价值信息的进一步提炼。

2. 相关推断

相关推断主要用于市场各种经济活动发展趋势的分析。从已知各相关的社会经济现象和经济指标的发展变化资料进行分析、推断和推理，而产生出新的、有实用价值的推销信息。

3. 对比类推

对比类推是把研究目标同其他类似经济变量加以对照分析，以此来推断研究目标未来发展趋势的一种方法。

例如，将不同地区同一经济现象的发展过程相比较，找出两者之间的共同变化规律，借以对研究目标作出某种判断。又如，把拟定推销的产品同以往终在分销渠道等方面有关联性的产品相互对比，以找出拟推销产品的变化方向和趋势。

4. 追踪反馈

追踪反馈法是利用正在实施或已经实施的推销计划作为源头，进行追根溯源，监测推销方案的实施及顾客消费使用的全过程，继而从中收集有关反馈信息用以改进和指导推销活动。适用于对顾客满意度、顾客再次购买欲望和顾客忠诚度方面的调查与分析。

5. 信息整合

信息整合是将表面看上去互不相干的信息加以创造性地嫁接组合，由此产生新的信息，并运用到推销活动中去。

2.4　掌握推销口才训练方法

微课：推销口才训练方法

口才对于推销人员同样具有很重要的作用，但大多数人对销售人员口才的认识存在很大误区。从接近客户，到销售洽谈的开始，一直到合作关系的建立，都需要销售人员创造良好的沟通氛围，与客户建立良好的关系，这些都需要良好的口才；准确地传递产品和服务信息、让客户接受产品和服务的价值需要良好的口才；巧妙处理客户异议、化解客户顾虑需要良好的口才；激发客户合作意愿、促成合作需要良好的口才。

2.4.1　推销口才需要注意的基本原则

1. T.P.O 原则

在商务礼仪的着装原则中有个 T.P.O 原则：T 代表时间；P 代表地点；O 代表场合。在人际沟通的语言沟通过程中，同样适用这个原则。说话是一门艺术，只有在合适的时间，合适的场合，面对合适的对象，说出恰如其分的话语，语言才会真正产生效力。

2. 学会倾听原则

人际沟通是双向的沟通，绝不是单方面的滔滔不绝。只有学会倾听，才能了解对方的想法、需求和期望，才能有针对性地采取下一步行动。

3. 共鸣原则

在人际沟通中，要寻找双方能产生共鸣的东西。人都愿意与自己观点相同或接近的人成为知己，从而产生更加深入的沟通和交往。

4. 不要做无谓的争辩原则

在语言沟通过程中，往往会有观点不同的时候。这个时候要用艺术的方法处理双方的分歧，万不可做伤害感情的争辩。尤其在销售过程中，经常会出现"赢了口才，输了生意"的状况。

5. 快乐原则

人际语言沟通除了传递信息和沟通感情的基本作用之外，还有为双方创造满足感和快乐的作用。因此，如果谈话能增添些幽默、智慧，将会产生很好的沟通效果。

6. 诚信原则

练习口才，首先应该从品德培养开始，而诚信就是重要内容之一。讲诚信的推销人员即使语言沟通能力欠缺一点，也是可以信赖的。

2.4.2　推销人员口才的基本技巧

1. 推销的开场白技巧

推销人员无论是接近客户，还是产品介绍，以及每次的推销演讲，都需要重视开场白。

开场白在整个销售的过程中具有极其重要的作用。尽管可能接下来的洽谈过程可能听起来更令人紧张，但毋庸置疑，“良好的开端是成功的一半”。

推销人员怎样才能有一个成功的开场白呢？

（1）建立良好的第一印象：销售人员首先要有一个良好的个人形象，着装打扮、礼仪仪表让人首先感觉到你的专业、认真和干练。

（2）激发谈话对象的兴趣：无论是初次接触客户，还是关键时间的洽谈，都要设法让谈话对象提起兴趣，让谈话对象觉得本次沟通对他来说是有价值的。

（3）使听众对下文产生期待：可以一个轻松的玩笑开头，然后进入陈述事实和理论论证部分；你的听众将在这一过程中逐渐放松。

2. 洽谈主题的设计

（1）整个洽谈主题的设计是销售洽谈的核心，因此主题的设计和具体洽谈过程的设计非常重要。主题的洽谈要有明确的中心议题和大纲。约见客户之前，要做好充分的准备工作，制定详细的洽谈提纲，逻辑应该清晰明确。

（2）考虑听众的文化程度。有很多的专业人士，往往自己太熟悉专业术语，而忘记了对象群不一定是同样专业的人，导致沟通效果欠佳。所以，一定要考虑听众的专业领域，对比较高深的专业语言一定要做一些适当的解释。

（3）顾及听众的兴趣。顾及听众的兴趣，就要注意到顾客到底对这些话题有没有兴趣，如果顾客对话题没有兴趣，就不会真正进入有效表达的内容，所以要先了解到他有没有兴趣。

（4）增强洽谈的生动性、戏剧性。要听众长时间注意你的讲话，必须让他觉得听你说话饶有兴趣，否则只能是听得昏昏欲睡。因此，增加趣味性和戏剧化的内容，甚至把枯燥的推销内容变得有趣味性和戏剧化，才能长时间地抓住听众的注意力。也可适当添加与听众的互动环节。

3. 推销洽谈的结尾

推销洽谈的结尾部分往往是缔结合约的环节，所以非常重要。

（1）洽谈要点的总结。

（2）对本次洽谈的启发意义做适当延伸，比如，可以用一个故事或一句名言等对本次谈话的意义做一下总结和延伸，并取得对方的认同。

（3）直接表达你的诉求。

4. 推销人员口才训练的基本方法

（1）阅读与口述。每天至少 20 分钟阅读励志书籍或口才书籍，培养自己的积极心态，增加自己的知识储备和词汇量。在阅读的同时，对所学内容进行口述总结，锻炼自己的记忆力、反应力和语言的连贯。

（2）模仿名人演讲。在每天听广播、看电视（电影）时，可以随时跟着播音员、演播员、演员进行模仿，注意其声音、语调、神态、动作，边听边模仿，边看边模仿，天长日久，口语能力就会得到提高。

（3）寻找机会进行演讲。口才不是停留在书面上的宣导，而是需要实际的演练。如果当众演讲的机会很少，那么可以经常对着镜子演讲。

（4）吐字发音等基本练习。工作之余，可以进行一些语音练习，最好的办法就是阅读报纸或一些文章，阅读中要注意调控自己语音、语调、语速与说话的节奏，训练自己说话清晰。

【案例讨论 1】

联邦快递客户信息管理

美国联邦快递（FedEx）是全球规模最大的快递运输公司之一，能在 24 ~ 48 个小时之内提供户到户的清关服务，并承诺“保证准时，否则退钱”。

联邦快递有别人无可比拟的航空路线权以及良好的基础设备，在每一个工作日为 211 个国家和地区提供运输服务，每日处理的货件量平均多达 330 万份。FedEx 的全球服务中心大约 1 200 个，授权寄件中心超过 7 800 个，全球运输量每天大约 2 650 万磅，航空货运量每月大约 700 万磅，平均处理通话次数每天超过 50 万次，平均电子传输次数每天大约 6 300 万份。

在联邦快递，员工、服务和利润是三位一体的，这也是联邦快递自 1973 年创立时就确定的经营哲学，并称之为 PSP 理念。员工、服务和利润这三个要素彼此推动，构成了一个封闭的循环圈，这也是联邦快递实施客户关系管理的指导方针。作为一个服务性的企业，从客户开始和联邦快递接触的那一刻起，客户管理就体现出来了。

当客户打电话给联邦快递的时候，只要报出发件人的姓名和公司名称，该客户的一些基本资料和以往的交易记录就会显示出来。当客户提出寄送某种类型的物品时，联邦快递会根据物品性质向客户提醒寄达地海关的一些规定和要求，并提醒客户准备必要的文件。在售前阶段，联邦快递就已经为客户提供了一些必要的支持，以减少服务过程中的障碍。联邦快递的速递员在上门收货时，采用手提追踪器扫描货件上的条形码，而这些条形码是由自动化系统或软件编制的，以说明服务类别、送货时间及地点。所有包裹在物流管理的周期内，至少在货件分类点扫描六次，而每次扫描后的资料都将传送到孟菲斯总部的中央主机系统。客户可利用自动化系统及软件发出电子邮件或查看互联网上联邦快递的网页，及时得到有关货件的行踪资料。这项技术不仅方便了公司的内部管理，而且大大提升了客户满意度和忠诚度。

讨论问题：

1. 结合案例分析客户信息管理有哪些内容，需要解决哪些问题？
2. 如何理解“在联邦快递，员工、服务和利润是三位一体的”？

【案例讨论 2】

小王参加工作不久，在一家公司做销售工作。多日来通过发传真、写电子邮件等，终于找到一家对他们公司产品感兴趣的大公司。该公司同意与小王见面洽谈合作事宜。小王十分重视这次机会，特意穿上笔挺的西装、锃亮的皮鞋和一双刚买的白色球袜来到对方公司。在与对方面谈时，小王由于是初次谈判，不免有些紧张。坐在椅子上双腿不停地晃动，手指也不时在腿上敲击。面谈结束后，对方只是淡淡地说:“以后再联系吧。”此后杳无音信。面对失败，小王百思不得其解，后来请经理向对方询问原因，对方说：“你们员工的素质还有待提高。”

讨论问题：

在本次面谈中，小王的表现在哪些方面还有待提高？

【互动测验】

任务二：互动测验

[单选题]

1. 关于推销人员礼仪，下列说法正确的是（　　）。
   A. 男士发型前额可以稍盖过眉毛
   B. 衬衣袖长应短于西装袖长 1.5 cm 左右
   C. 为他人作介绍时，应先把职位低的介绍给职位高的
   D. 如果客户向我方行以鞠躬礼，我方应还以握手礼
2. 推销人员服饰应遵循 TPO 原则，其中 P 指的是（　　）。
   A. price（价格适中）　　B. place（区分场合）
   C. please（符合心情）　　D. power（展现权力）
3. 下列关于推销人员仪表礼仪的描述，错误的是（　　）。
   A. 男士西装以黑色、深蓝等深色为主
   B. 领带的颜色应深于衬衫的颜色
   C. 女士正式场合可以着白衬衣和黑色皮裙
   D. 女士皮鞋，应前不露脚趾，后不露脚跟
4. 聆听的第一个步骤是（　　）。
   A. 寒暄问候　　B. 提出问题
   C. 准备聆听　　D. 身体前倾

[多选题]

1. 以下属于推销礼仪的内容的是（　　）。
   A. 介绍礼仪、电话礼仪、接待礼仪
   B. 握手礼仪、名片礼仪、举止礼仪
   C. 表情礼仪、个人形象礼仪
   D. 礼貌与规矩、语言的使用
2. 推销人员要注意说话的声音，声音的要求包含（　　）。
   A. 音量的大小　　B. 说话的语气
   C. 语速的快慢　　D. 表达的方式
3. 接待礼仪中的“接待三声”指的是（　　）。
   A. 来有迎声　　B. 去有送声
   C. 要有笑声　　D. 问有答声
4. 握手的禁忌有（　　）。
   A. 用左手　　B. 戴帽子、手套
   C. 戴墨镜　　D. 与异性双手相握

5. 商务名片三不准包括（　　）。

A. 不写英文　　B. 不随意涂改

C. 不提供私人联系电话　　D. 不提供两个以上头衔

6. 根据推销人员沟通常识判断表情三要素指的是（　　）。

A. 自然：要泰然自若

B. 友善：体现自信、教养

C. 互动：良性互动，配合对方表情，平等沟通

D. 冷峻：理性，认真执着

7. 加强自己的语言表达能力须注意（　　）。

A. 不可声音太小，要声音洪亮　　B. 应避免使用口头禅

C. 避免语速过快或过慢　　D. 避免发音出错

8. 推销人员仪表礼仪中，女士穿着应配套协调，是指（　　）。

A. 穿裙装时应穿肉色连裤袜或长袜

B. 袜子不带图案

C. 袜口、衬裙不应外露

D. 穿着套裙时，应穿有跟皮鞋

9. 推销人员站立迎接客户时，站姿正确，挺胸，下颌微收，双手自然下垂，脚跟并拢，脚尖略微张开，双手不得（　　）。

A. 抱在胸前　　B. 叉腰

C. 插入衣袋　　D. 放在体侧

10. 以下属于推销人员不良的倾听习惯的是（　　）。

A. 客户说话的时候玩铅笔

B. 没有让自己的目光与客户的目光相遇

C. 面无表情，客户不知你是否理解了

D. 谈话中适时地表达自己的意见

[判断题]

1. 打电话时绝对不能吃零食、喝茶，这会让对方听出懒散的声音。（　　）

2. 介绍顺序要采用尊者居后的原则，先将级别低的介绍给级别高的，先将年轻的介绍给年长的。（　　）

3. 在和客户沟通时，应注意不要有意打断客户，可在不打断客户的前提下，适时地表达自己的意见。（　　）

4. 当不能满足客户的期望时，应向客户说明理由，并对客户表示理解。（　　）

5. 推销人员佩戴配饰可以多种颜色，但佩戴的饰品不宜过多。（　　）

6. 为了实行差异化服务，必须懂得正确区分客户类型，并为其提供不同的服务手段。（　　）

7. 通话中，如果发生掉线、中断等情况，应由接电话方重新拨打。（　　）

8. 向远距离的人打招呼时，应伸出右手，右胳膊伸直高举，掌心朝着对方，轻轻摆动。 (　　)

9. 为应对客户，可以对客户说“这是公司的规定”。 (　　)

10. 实施差异化服务，就应对大众客户、小客户或个别服务项目降低服务质量。 (　　)

[讨论题]

1. 推销人员的着装礼仪规范有哪些？请从男士与女士的角度分别谈一谈。

2. 客户是销售人员的衣食父母，好的业务员必须要时刻和客户保持良好的关系。那么，销售人员应如何了解客户呢？

3. 要提高销售成交率，首先就要收集翔实的推销信息。销售员需要收集的信息主要包括哪些？

【技能实训 1】

□实训目的

理解并运用推销礼仪及交谈技巧的相关知识解决实际问题。

□实训要求

1. 熟练运用推销礼仪的知识，进行面试着装搭配。
2. 在面试交谈过程中，注意交谈态度和交谈语言的把握。
3. 能够发现并且纠正同组成员在礼仪方面存在的问题。

□实训步骤

假定明天一早你要去参加某公司销售岗位的面试，这次面试官是该公司的人力资源总监。

1. 列举出明天面试在着装方面的计划。
2. 同桌之间交换各自的着装计划，并互相提出改进建议。
3. 同桌之间分角色饰演人力资源总监和面试者，请注意交谈方面的礼仪规范。
4. 面试环节结束，双方互相指出交谈过程中对方在礼仪表现方面的优缺点。

【技能实训 2】

□实训目的

掌握推销信息收集的内容和方法等相关知识。

□实训要求

1. 能够运用推销信息收集的相关知识，为客户建立“档案卡”。
2. 了解推销信息收集的内容。
3. 选择切实可行的信息收集方法。

□实训步骤

假定 A 企业是你公司特别重视的客户，并且计划今年与 A 企业接触开展业务。但是，A 企业的董事长张总是一个不好接近的人，你和你的团队打算开展前期的信息收集工作，为接下来的正式接触奠定基础。

1. 四或五人为一组进行分组操作。
2. 以表 2-2 作为参考，制订信息收集计划。
3. 依据信息收集计划进行小组成员分工。
4. 小组讨论切实可行的信息收集方法。
5. 建立张总的“客户档案卡”。

表2-2　个人客户档案卡

客户档案内容	姓名、昵称、职称 公司名称 地址 办公室和住宅电话号码 出生年月、出生地、籍贯 身高、体重、身体五官特征
教育背景	高中学校名称与就读时间，大学名称及毕业日期 大学时代得奖记录 大学时所属社团、擅长的运动 如果客户未上过大学，他是否在意学位、其他教育背景
家庭情况	婚姻状况、配偶姓名 配偶文化程度 配偶兴趣、活动社团 结婚纪念日 子女姓名、年龄、是否有抚养权 子女所在学校 子女爱好
业务背景资料	客户的前一个工作单位名称、地址、受聘时间、受聘职务 参与的团体、所任职位 是否聘顾问 客户与本公司其他人员有何业务上的关系，关系是否良好 客户对自己公司的态度 客户的长期事业目标为何，短期事业目标为何
特殊兴趣	客户曾参加的俱乐部及目前所在的俱乐部或社团 是否热衷社区活动，如何参与 对客户特别机密且不宜谈论的事件是什么 客户对什么主题特别有意见
个人生活	过去的医疗病史，目前健康状况 饮酒习惯及嗜好 最偏好的午餐地点、晚餐地点，最偏好的菜式 嗜好与娱乐，喜欢读什么书，喜欢观赏什么运动，喜欢什么话题 喜欢引什么人注意，喜欢被这些人如何重视

模块二　推销实战

任务三　找到你的真顾客——寻找顾客

【学习目标】

知识目标

1. 掌握准顾客的内涵与构成；
2. 掌握顾客购买需求鉴定、购买力评价和购买力资格审查的内容与方法；
3. 掌握寻找物流客户的原理及方法。

能力目标

1. 能够准确地区分顾客与准顾客；
2. 能够利用相关知识进行案例分析；
3. 能够根据相关知识识别和寻找顾客。

思政目标

1. 培养学生不怕挫折、积极进取的工作精神；
2. 培养学生遵守职业道德，增强学生社会责任感；
3. 培养学生商业诚信意识和法治精神。

【知识结构】

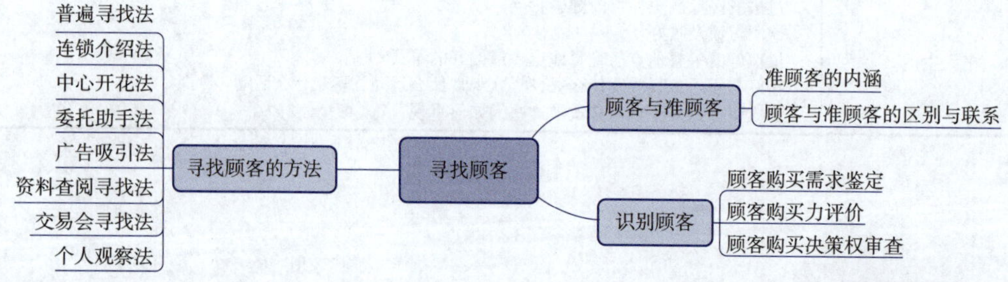

【任务导入】

程功顺利通过了岗前培训，掌握了推销基本礼仪、推销基本原理，初步熟悉了公司的产品情况和客户情况，在市场信息收集能力和口才方面也取得很大的进步。

动画：寻找顾客导入

今天是程功正式上岗的第一天，公司人事部门给他配发了工牌，销售部给他分配了销售区域和任务。

程功的销售主管："小程，'磨刀不误砍柴工'，好好研究研究顾客，精准地找到你的顾客，能够让你事半功倍。"

程功："谢谢您的指点，我会努力的。"

然而，万事开头难。程功内心还是充满了忐忑，他打开计算机，打开搜索引擎页面，输入："如何识别顾客？寻找顾客的方法有哪些？"搜索引擎可以帮助他解决问题吗？如果你是程功，会如何分别顾客，如何快速寻找到顾客？

3.1　顾客与准顾客

【经典案例 / 故事】

有一个推销新手工作一段时间后，因为找不到顾客，自认为干不下去了，于是向销售经理提出辞呈。

经理问他："你为什么要辞职呢？"

他坦白答道："我找不到顾客，业绩很差，只好辞职。"

经理拉他到面对大街的窗口，指着大街问他说："你看到了什么？"

推销员一脸茫然，愣了片刻后答道："人啊！"

微课：顾客与准顾客

"除此之外呢？"

"除了人，只有路。"

经理又问："在人群中，你难道没看出有许多准顾客吗？"

推销员恍然大悟，马上收回了辞呈。

启示：顾客来自准顾客，而准顾客满街都是，关键是如何将其找出来。推销高手永远有访问不完的准顾客，推销新手则总是找不到准顾客。

3.1.1　准顾客的内涵

1. 准顾客的含义

准顾客是指既有购买所推销的商品或服务的欲望，又有支付能力的个人或组织。在推销活动中，推销人员面临的主要问题之一就是把产品卖给谁，即谁是自己的推销目标。推销人员在取得有关资料后，要对其进行鉴定，看其是否具备准顾客的资格和条件。如果具备相应资格和条件，就可以将其列入正式的准顾客名单中，并建立相应的档案，作为推销对象；如果不具备相应资格和条件，就是一个合格的准顾客，也不能将其列为推销对象。

2. 准顾客的构成

一般来说，准顾客由以下三类构成：

（1）潜在顾客。潜在顾客有购买意向和购买力，但还没有实施购买行为。他们的数量较多，但对营销人员来说，要准确地将其识别出来并与之建立联系却存在一些困难。这是因为这类顾客相对比较隐蔽。一般来说，除非一位顾客走进推销员的办公室，明确告知自己需要什么产品，咨询价格，并表明了购买意愿，推销员才能够确定这是一位潜在顾客，有成交意向；否则，除非受过专业训练，拥有丰富的销售经验，并且掌握了大量的有效市场数据，推销员才可能通过分析主动发现潜在顾客。

这类顾客的防备心理较强。由于此类顾客尚未实施购买行为，特别是其中一部分顾客属于首次购买，对此类产品缺乏购买和使用经验。在多数产品进入买方市场的今天，顾客的可选择范围较大，顾客在收集市场信息、做出购买决策之前，面对推销员，可能不太愿意表露出购买意图。这为推销员识别出他们增加了困难。

部分顾客的购买潜力需要激发。一些潜在顾客由于多方面的原因，可能自己还没有意识到需要某个产品，或者是不知道某个新产品已经上市，可以解决自己工作、生活中的困难。一旦他们获知了此类信息，就会爆发出购买需求。例如，过去很多家庭愿意把照片送到打印社打印，因为他们认为打印照片的机器专业复杂且成本高，当他们得知新型的打印机打印照片方便且成本低时，他们对照片打印机的需求就有可能被激发出来。

【经典案例 / 故事】

顾客光临公司的销售现场，销售员上前问询时，不少顾客回答："随便看看。"遇到这样的顾客，如果你是销售员，你知道该怎么做吗？对此，有的销售员开始喋喋不休地介绍产品；有的销售员开始询问顾客的私人信息，希望知道顾客关心什么；有的销售员选择了离开和等待，站在一边等顾客叫自己才继续与顾客交流。这三种方式似乎都不能取得好的效果，都把自己放到了被动的位置，不少顾客很快也就离开了。在这样的情况下，推销员应该怎么样处理？

分析提示：这种问题是很常见的。我们自己也当过顾客，可以理解顾客此时的心情和想法。有的顾客希望"自选"，自己来做购买决定，他们不希望被打扰；有的顾客购买目标还不明确；有的顾客对销售员有戒备心理，不想过早暴露购买动机。顾客说"随便看看"，其实是为了掩饰自己的真实购买动机或不安的心情。例如，当一个顾客走近一个手机品牌专柜，销售员立即拿出样品开始介绍，问顾客："你好，请问你需要什么？"或问："你好！请问你需要什么样的手机？什么价位？什么品牌的？需要具备哪些功能？"面对销售员的提问，顾客会有紧张、压迫感，他们会想："是不是一定要买你们的东西？"这时，他们通常会说"随便看看"后紧张地走开。这样其实对买卖双方都不利。买方其实是希望得到商品信息的，以便帮助做购买决策；卖方希望有机会向客户介绍产品。也许卖方的产品恰好就是买方喜欢的，但由于双方的目标都未能实现，成交的机会大大降低。那么，面对准顾客，怎样处理才好呢？首先，要观察、确认哪些是真正的顾客，哪些只是来看看。其次，要正确选择与顾客接触、交流的时机。再次，不要暴露急于成交的企图，使顾客感到紧张、警惕、有压力。最后，使用正确的交流方式。

（2）竞争者的顾客。竞争者的顾客是指已购买或决定购买本公司竞争对手产品的个人或组织。这类顾客中的一部分对品牌、供应商的选择比较专一，无特殊原因，不轻易转换品牌或供应商，也有一部分顾客对此相对比较随意。对于前者，获取比较困难，但他们一旦转变为自己的准顾客，后期的维护成本相对较低，因为他们的忠诚度较高。对于后者相对获取容易，但也容易流失。竞争者的顾客购买需求比较明晰，容易识别，另外，他们对此类产品有购买和使用经验，推销员与他们容易对话，不需要对顾客进行过多的产品介绍。可是，由于此类顾客有过购买经验，甚至有的已经拥有稳定的供应商，对于推销员提出的交易请求，他们比较慎重，缺乏经验的推销员在与他们的谈判中，可能会处于被动位置。

【案例讨论】

竞争者的顾客是一个“诱人的蛋糕”。因此，有些销售人员为了追求短期业绩，不去思考如何培育市场，而是采取一些不良手段“挖”竞争对手的顾客，例如，对竞争对手的产品的缺陷夸大其词、低价引诱顾客与自己交易等。从短期来看，争夺竞争者的顾客比自己开发顾客更快捷，也易见到效果。但这样做后患无穷。这是因为各行有各行的行规，如果破坏行规，会得到同行的抵制；另外，通过恶性竞争得到的顾客群是不稳定的，随时会流失，企业也可能有销售无利润。有的销售人员在获得短期业绩的提升之后，拿到了高额奖励，却让区域市场丧失了长期发展的潜力，一旦后期销售受阻，这些销售人员主动离职，给企业留下一片难以收拾的市场。因此，我们鼓励能给市场带来活力的合法竞争，坚决杜绝破坏市场秩序、违反职业道德的恶性竞争。

讨论问题：如果你的主管要求你去挖掘竞争对手的顾客，你会怎么办？

分析提示：作为销售人员，在竞争的市场上挖掘有潜在价值的客户是很正常的事情，哪怕是来自竞争对手。并不是说竞争对手的顾客都是不能争取的，关键是要采用合适的方法，要充分注意遵守职业道德和法律法规，使用规范的市场操作方式。否则，既不利于个人职业生涯的长期发展，又有损企业利益。

（3）中止交易的顾客。中止交易的顾客是指由于种种原因，曾经与公司有过交易历史，但没有继续购买本企业产品的顾客。这些顾客中相当大的一部分存在重新被激活的潜力。事实上，许多老顾客都在期待推销人员的再度拜访，推销人员需要鼓起勇气再次拜访他们，并从中探究他们再次购买或不再购买本企业产品的真正原因，制定满足他们需求的对策。

【经典案例 / 故事】

小刘在某汽车轮胎销售企业工作，负责 AH 省北方分公司的产品销售，工作业绩突出。销售公司李总感觉 AH 省南方分公司的产品销售一直不见起色，原来的区域经理工作能力不佳，于是决定调小刘去南方分公司担任区域经理，希望能打开局面，挖掘市场潜力，提升南方分公司的业绩。如果你是小刘，到南方分公司上任后，在整理、发掘客户资源方面，你打算做些什么？

业务分析：从背景来看，首先，小刘是一位有经验的推销员；其次，南方市场对公司来说不是新的市场，而是已经进入但做得不理想的市场；最后，虽然小刘在北方分公司业绩很好，但南北方市场特点有差异，顾客资源不能共享。基于以上原因，小刘需要利用自己对产品、行业熟悉的有利条件，在南方市场重新建立自己的销售网络。（说明：这里暂未考虑南方市场业绩不佳的原因。）

业务程序：对与南方分公司保持业务关系的已有客户资料进行分析，进行筛选与淘汰；对与公司中断交易的客户进行分析，考虑有无重新激活这些客户的价值与可能；对南方市场销售轮胎的客户资料进行收集整理，研究有无可能建立关系（包括销售竞争对手产品的客户）；进行客户拜访巩固已有客户，逐渐开发新客户，淘汰不良客户。

业务说明：本例中，对客户资料的收集、研究与管理非常重要，需要具备相当的经验与能力。一部分资料可以从南方分公司的财务部门、售后服务部门获得，其他资料需要通过客户拜访取得。

【思政故事】

胡雪岩的钱庄开业不久，驻杭州绿营兵的“千总”罗尚德就存入 1.2 万两银子，却既不要利息，又不要存折。

罗尚德之所以将银子存入胡雪岩的钱庄，且既不要利息又不要存折，一是因为他相信钱庄的信誉，同乡刘二经常在他面前提起胡雪岩，而且每次提起都赞不绝口；二是因为自己就要上战场，生死未卜，又无亲眷相托，存折不带在身上比较好。胡雪岩得知这一情况后当即决定：照规矩以三年定期存款的利息计算，三年之后来取，付本息共计 1.5 万两银子，并办理了一个存折，交由钱庄负责人代管。

后来，罗尚德阵亡战场，他在生前委托两位同乡将自己在钱庄的存款提出来，转至老家。这两位老乡手头没有任何凭证，他们原以为会遇到钱庄的刁难，不想钱庄在证实罗尚德已故且他们确实是罗尚德的同乡后，马上就为他们办理了手续，并如数照付。

钱庄在照付了罗尚德的存款后，引来了大批的人来此存款。原来，回到军营后，罗尚德的两位同乡讲述了取兑银子的经历，钱庄的声誉一下子在军营中传开了。为此，许多官兵都心甘情愿地把自己的积蓄长期存入胡雪岩的钱庄。

胡雪岩诚信经商的故事告诉我们：做生意如同做人，都要求讲究信用。推销人员与客户沟通时要想赢得客户的信赖，诚信才是最佳方法。《老子》中说：“信不足焉，有不信焉。”诚实守信，以诚相待，是所有营销学上最有效、最高明、最实际也是最长久的方法。

3.1.2 准顾客与顾客的区别与联系

准顾客与顾客是相对而言的。准顾客指有可能购买本企业产品和服务的个人或组织；顾客指正在与本企业保持交易关系的个人或组织。

顾客需求的永无止境性、复杂多变性，竞争对手的存在，企业拥有资源的有限性等因素，决定了任何一个企业或组织都不可能拥有市场上的所有顾客，也不可能永远满足顾客不断变化的需求，顾客的流失是经常发生的。从推销员的角度来看，应当正确处理两者之间的关系。首先，现实顾客是企业生存的根本和基础，能够给企业带来直接的销售和利润，也是推销员证明自己价值的要素，因此，保持稳定的顾客数量是非常重要的，不论是选择正面竞争策略，还是选择迂回防御策略，都需要把大量的准顾客化为现实顾客。

顾客与准顾客之间存在着相互影响、相互转化的关系。顾客购买行为、购买评价影响准顾客的未来决策；把准顾客转化为顾客是推销员的目标之一。

【案例讨论】

判断准顾客真的很不容易，销售员王军最近因此陷入了苦恼之中。

刚从大学毕业的王军是M公司的员工，在总部接受了一个月的培训，参加了国庆期间全国大规模促销活动的策划与组织工作，对产品和市场都有一定程度的了解，现在他被派往四川分公司工作。到四川后，分公司经理安排他负责川南四个县的销售。M公司的产品主要销往二线城市及县、乡市场，这个层次的市场竞争非常激烈，十多个知名品牌的几十款产品在市场上竞争，这还不包括大量知名度不高的地方品牌。M公司的产品属全国知名度较高的品牌，市场占有率还不错，但在重视价格竞争的县、乡级市场，M公司面临的压力也是非常大的：论品牌、知名度与美誉度，比不上全国一线品牌（如H公司的产品），无法提高售价；论价格，拼不过地方品牌，因为它们的成本低。在这种情况下，M公司的一些经销商对M公司的产品保持着复杂的心态：既希望利用M公司的产品提升自己企业的档次；又希望M公司的产品价格能低一点，使自己有更多的利润空间。经销商吴某就是这种类型的客户。

据王军调查，吴某是该县的一个经营大户，其年销售额居该县第二位。吴某主要经销M公司的竞争对手H公司的产品，是H公司在本县的总经销商。但是，吴某多次主动与M公司四川分公司联系，表示希望代理M公司的产品。以前吴某曾经从其他渠道获得一批M公司的产品进行销售，对M公司的产品有一定的了解。但四川分公司从来没有与吴某建立直接、正式的交易关系。

王军到了四川，吴某的问题马上摆在了眼前：是否把吴某纳入自己负责的销售网络中？王军非常犹豫。

吴某强大的销售网络与销售队伍是最吸引王军的地方。毕竟全县第二的销量，任何一个公司都不会轻视这样的经销商：拥有吴某这样的大客户，就等于拥有了一个巨大的销售网络。新产品上市、促销活动的开展等活动，都可以轻易地铺开。从推销员的角度来看，马上就可以拥有稳定的销量和业绩。吴某本来就是销售此类产品的，手下的销售队伍实力很强，熟悉产品，可以省掉很多产品销售培训工作。从这个角度来看，吴某应该是一个优质的潜在客户。况且，吴某自己有很强的合作意向，这对王军来说，也是一件好事。

可是，王军也有一些犹豫和担心。首先，由于吴某的实力很强，他会要求上游厂家给予独家代理权。也就是说，如果选择了吴某，那么王军就要放弃目前保持业务关系的其他三个经销商。虽然那三个经销商的实力都远不如吴某，但发展的潜力还不错。王军很难做取舍。其次，选择吴某，目前的销量肯定会上升，但若放弃另三个经销商，由吴某在该县独家经销，当销量上升之后，会不会受制于吴某？若吴某在明年的合同中提出更多的利益要求，该怎么办？最后，吴某同时也是H公司的总代理，他为什么会与本公司联系？是不是他与H公司的合作出了问题？如果不是，那么他打算怎样处理本公司产品与H公司产品的关系？到底该怎么办？王军陷入了深深的思考之中……

讨论问题：如果你是王军，你会怎么办？

对许多推销员来说，这都是一个难以决断的问题。面对这样的顾客，首先，应当收集足够的信息，对顾客的经营现状、经营理念进行分析，必要时应该正面接触交流，研究该顾客的中、长期规划，看是否与本公司的经营目标相吻合；其次，本公司的短期经营目标是否要求迅速提升销量，如果是，那么可以考虑与吴某尝试短期性合作，但双方签订的合同一定要反复斟酌，严格执行合同，同时要注意联系其他潜在顾客，以防陷入被动。总之，一定要分析吴某的高市场占有率是怎样形成的，如果存在重大隐患，则宁可放弃这个客户。

3.2 识别顾客

【经典案例 / 故事】

一位推销人员新到一个地区开展推销活动，在与顾客直接见面之前，他会到顾客的经营现场或者生产现场参观，如果看到顾客的企业生产一派繁忙，管理井然有序，而且干群关系融洽，人人表情愉快，就可以判断该顾客不仅有需求，而且需求有更大的发展。到消费者中进行调查了解，然后到中间商的销售现场看看，一位有经验的推销人员可以大致判断出中间商的需求状态。

这位推销人员在某次与人打牌的过程中，发现其中一位男士就是向其企业订购大批产品的一个公司的经理。他回公司后，要求不要发货给此企业。不久，这位公司经理因涉嫌多项罪名被逮捕，这家公司其实早已负债累累。其他债权人纷纷赞扬这位推销人员有先见之明，推销人员却说其实很简单，他在打牌时通过观察发现这位公司经理生活奢华，整天与人打牌，由此认为他根本没有时间和心思做生意，也不可能对公司实施精细管理。那么他为什么会有那么多钱呢？这不说明有问题吗？

经过寻找，推销人员在获得一定数量的潜在顾客之后，还需要对准顾客资格进行审核认定，看其是否具备准顾客资格。

识别顾客，就是对顾客进行审查、评价，分析该顾客是否可能成为本企业的准顾客，可能成为本企业的哪一类准顾客，评价他们的价值和潜力，以决定下一步行动的过程。

顾客资格审查又称顾客资格鉴定，指依据推销产品的使用价值、价格和其他特性，对潜在顾客需求、购买能力、购买决策权等方面的情况进行全面的鉴定与审核，排除其中暂时不具备购买行为的顾客，从中确定准顾客名单的过程。顾客资格审查并非与寻找准顾客截然分开，实际上它贯穿于寻找顾客过程的始终。

准顾客资格审查主要包括对顾客购买需求鉴定、顾客购买力评价和顾客购买资格审查三个方面。只有具备以上三个条件，才是合格的准顾客。

3.2.1 顾客购买需求鉴定

顾客购买需求鉴定是识别顾客首先要做的事。顾客存在真实的需求，是成功销售的基础。正确判断顾客的需求及其规模，是推销员的一项重要的基本素质。只有正确判断顾客的真实需求，有针对性地展开一系列销售活动，才有可能实现销售；否则，即使推销员作出了大量的努力，顾客也认可了企业的产品和服务，但顾客没有切实的需求，他们也是不可能作出购买决定的。

在分析顾客需求的时候，推销员应该知道，顾客的需求有现实需求与潜在需求。现实需求是顾客已经感觉到的需求，并且拥有相应的购买力；潜在需求需要激发才能体现出来。推销员应同时分析这两方面的需求。分析顾客需求还需要对顾客需求的规模即顾客可能购买的数量进行分析。这样做是为了评价准顾客的价值,在资源有限的情况下（如推销员数量、库存产品、配送能力等），决定优先满足哪个顾客的需求。

总之，顾客需求分析需要用动态的、长期的视角。有时，顾客由于某种原因，暂时不准备购买，对这样的顾客，推销员应该准确分析、正确对待。例如，分析暂时不能购买的原因是因为经费紧张还是暂时需求并不强烈等。不能因为顾客已经明确告知不能购买，就放弃顾客，这样有时会失去有价值的顾客。

3.2.2　顾客购买力评价

顾客购买力是指顾客的支付能力。如果顾客没有支付能力，即使他对产品表现出了较大的兴趣与需求，也不可能实施购买行动，或者是无法立即实施购买行为。

在评价顾客支付能力的时候，推销员易犯两个极端的错误。第一种情况是过分强调支付能力，这样做的结果是不利于拓展销售局面，也有可能丢掉有价值的客户，因为顾客的支付能力的表现形式是多种多样的，特别是在面对组织客户的时候。第二种情况是对评价顾客支付能力的重要性认识不足，急于达成交易，形成了经营风险，在一些以信用形式的交易中可能会出现这些问题，如先发货后付款的交易形式。

3.2.3　顾客购买决策权审查

对于顾客，除了要进行需求购买力的审查，推销员还要看顾客是否具备购买决策权，这是十分重要的一点。具体表现在以下两个方面：

1. 购买决定权

不论是家庭消费品的购买，还是企事业单位的采购活动，购买决定权往往掌握在少数人的手中，其他人只是起到收集、传递信息，提供决策参考建议的作用。面对顾客时，推销员要判断顾客是否具有决策权。当然，对顾客中提参考建议的角色也应足够重视，他们的意见会影响最终的购买决策。

2. 符合某些产品特殊销售对象的要求

有些产品销售，如烟、酒、药品等，需要购买者符合特定的要求，否则购买行为无效。销售者还可能要承担一定的法律后果。

【经典案例 / 故事】

某客户第一年以先款后货的形式与某公司交易，保持了良好的交易记录。第二年，该客户提出以信用的形式交易，每笔交易先付 20% 的货款，余款提货后 1 个月内付清。如果你负责管理这个客户，这时你会怎么办？是拒绝还是同意？

这在实践工作中是一个非常棘手的问题。如果同意改变交易形式，可能会增加公司的财务风险；另外，面对这样的客户，如果维持原价，公司的财务费用会增加，因为资金被该客户占用；如果调高价格，客户可能心理上不能承受，或者导致本公司产品的竞争力下降。反之，如果不同意改变交易形式，客户可能会产生不满，导致客户流失。

这里首先要对客户进行客观的评价，分析对方提出这个要求的根本性原因；其次根据评价的结果作出决策。

说明：评价客户应该从以下几个方面进行：客户的资金情况、支付能力，客户的经营情况、客户的负责人是否发生变动等。原则上，最好不要同意该客户的要求，但可以就其他交易条件一些让步，如送货上门、价格折扣等。

【案例讨论】

某网络设备公司专业代理销售某品牌系列光盘服务器，该产品最大的特点是以较低的成本实现海量数据的网络存储。该产品还有一个特点：以极高的速度把存储在光盘的数据以镜像的形式存储于服务器的硬盘中，可以同时支持大量用户并发访问。该产品可以广泛应用于对低成本网络存储有强烈需求的企事业单位，如电信、学校等单位。

小宋负责该公司产品面向政府、事业单位的销售。两笔订单让他记忆深刻。

第一笔销售来自L县一中。现在许多中小学都在进行信息化建设。中小学的信息化工程包含的内容很多，主要有卫星网络教学、教学机房建设、智能化布线、数字图书馆等。由于涉及财政拨款，要求较高，基本以招标的形式进行。该公司是个小公司，以代理产品销售为主，没有做项目的资质，当然无法直接参与投标。小宋得知L县一中项目招标的事之后，马上联系了KDXF公司的工程部，向工程部经理通报了这一信息，然后要求把自己的产品作为配套项目的必需硬件（数字图书馆），做进标书之中。KDXF公司是上市企业，实力很强，最终项目中标，小宋也实现了产品的销售。

第二笔销售来自A省统计局。统计部门有大量的数据需要存储，而且这些数据不仅需要安全存储，还需要很方便地检索查询，这是光盘服务器的强项。这笔订单小宋前年就在联系，拜访省统计局信息中心分管领导，向省统计局信息中心负责人演示产品。感觉对方已经很感兴趣了，但是最终没能成交。对此，小宋没有放弃，而是继续与顾客保持联系。第二年，小宋早早拜访客户，可是事出意外，交易又没能达成。第三年，小宋仍然没有放弃这个客户，一直保持联系，终于成交。

讨论问题：请分析小宋这两笔成功订单的根本原因。

分析提示：在第一笔交易中，小宋的公司虽然没有能力直接接触最终用户，但是通过合作伙伴，间接获得了有价值的潜在顾客。在第二笔交易中，顾客已经明确告知没有购买力，从判断准顾客的标准来看，这已经不属于准顾客了，但小宋没有轻易放弃，而是分析了顾客没有购买力的原因，长期跟踪顾客，先后用了三年时间，做成了这笔交易。由此可见，识别顾客、评价顾客是一份细致的工作，需要推销员具备较强的逻辑思维与判断能力，只有结合丰富的工作经验才能得出正确的结论。

3.3 寻找顾客的方法

寻找顾客有很多方法，但其基本思路是由近及远，先易后难。首先，要在自己的熟人中发掘销售机会；其次，请现有顾客介绍新顾客；最后，在更广阔的范围内寻找，即从市场调查走访中寻找顾客。下面介绍几种寻找顾客的常用方法。

3.3.1 普遍寻找法

普遍寻找法也称地毯式寻找法。普遍寻找法所依据的原理是“销售平均法则”，即认为在被访问的所有对象中，必定有推销人员所寻找的潜在顾客，拜访的客户越多，成功概率越大。其方法的要点是，在业务员特定的市场区域范围内，针对特定的群体，用上门、邮件或者电话、电子邮件等方式对该范围内的组织、家庭或者个人无遗漏地进行寻找与确认的方法。比如，将某市所有的宾馆、饭店作为普遍寻找对象等。

普遍寻找法的优势。

（1）地毯式的铺开不会遗漏有价值的顾客。

（2）寻找过程中接触面广、信息量大，各种意见和需求、顾客反应都可能收集到。

（3）可以锻炼推销人员，积累产品推销工作经验。

（4）可以让更多的人了解到自己的企业。

动画：如何寻找目标客户

该方法被广泛应用于各行各业。如服务保险、日用快销品。

普遍寻找法的劣势：

（1）成本高、费时费力。

（2）容易导致顾客的抵触情绪。

【案例讨论】

吴女士是一家保险公司会员，20×× 年7月该保险公司推出答谢新老客户旅游活动，每人自费出580元，余下旅游团费保险公司补足。由于保险公司告诉吴女士有两个名额，因此吴女士决定带朋友郭女士前往。7月21日，二人从嘉兴出发。到达旅游目的地的第二天，吃过早饭后，吴女士和郭女士便被导游带到了一处珠宝店，导游要求游客待90分钟。展柜里面全是14K金首饰，价格不菲，吴女士及朋友均未购买。90分钟过去了，导游仍不让她们出去。随后，导游将吴女士和郭女士推进另一处珠宝店，说：“这处便宜，应该做点贡献。”但吴女士和郭女士仍未消费。

讨论问题：导游的做法有何不妥。

分析提示：获取顾客的前提，是遵守法律法规和职业道德，不能以欺诈、强迫的方式来获取顾客。如果这样做，容易引起顾客的反感，甚至会触犯法律法规。

3.3.2 连锁介绍法

微课：连锁介绍法

【经典案例 / 故事】

曾推销过13 000多辆汽车，创吉尼斯世界纪录的美国“汽车推销大王”乔·吉拉德曾自豪地说：“‘250人法则’的发现，使我成为世界上最伟大的推销员。”

乔·吉拉德做汽车推销员不久，有一次从某葬礼主持人那里偶然了解到，每次葬礼，来祭奠死者的人数平均为250人左右。又有一天，吉拉德参加一位朋友的婚礼，从婚礼主持人那里得知：每次婚礼，新娘方大概有250人参加婚礼，新郎方大概也有250人参加婚礼。这一连串的250人，使乔·吉拉德悟出一个道理：每一个人都有许许多多的亲朋好友，甚至远远超过250人这个数字，而250人只不过是个平均数。

因此，对于推销人员来说，对任何顾客都须待之以诚，无论其买还是不买你的东西，因为每位顾客不仅可以使你失去许多，而且可能为你带来许多。如果你得罪了一位顾客，也就得罪了另外250位顾客；如果你让一位顾客难堪，就会有250名顾客在你的背后为难你；如果你赶走一位买主，就会失去另外250位买主；只要你不喜欢一个人，就会有250人不喜欢你。这就是吉拉德的250人法则。也就是我们要介绍的连锁介绍法。

应用连锁介绍法，推销员可以通过他人的直接介绍或者提供的信息寻找顾客，可以通过熟人、朋友等社会关系，也可以通过企业的合作伙伴、顾客等，由他们进行介绍，主要方式有电话介绍、口头介绍、信函介绍、名片介绍等。利用这个方法的关键是，推销人员必须注意培养和积累各种关系，为现有顾客提供满意的服务和可能的帮助，虚心地请求他人的帮助。口碑好、乐于助人、与顾客关系好、被人信任的推销人员一般都能取得有效的突破。连锁介绍法被销售界认为是最好的寻找顾客的方法。

连锁寻找顾客法的优点：

（1）利用连锁寻找法寻找新顾客，可避免推销人员的盲目性，提高推销的成功率。

（2）由于有他人的介绍或者成功案例和依据，可减小成交障碍，容易取得被介绍顾客或新顾客的信任。

（3）可以节省大量的费用、时间、精力。

连锁介绍顾客法的缺点：

（1）如果顾客或朋友不愿意介绍，推销人员的推销工作容易陷入被动。

（2）由于不知道现有顾客或朋友可能介绍的是哪些新顾客，事先难以做出准备和安排，有时不得不在中途改变访问路线，容易打乱整个访问计划。

在使用连锁介绍法时应注意以下几方面：

第一，应善于利用各种自己熟悉的关系，并据此编造一本名册，按照名册选择那些适合购买自己所推销产品的人进行拜访。

第二，与每个人洽谈时，应有计划地请求对方介绍两三位顾客。

第三，应注意了解和掌握每位顾客的背景情况。

3.3.3 中心开花法

微课：中心开花法

中心开花法是指推销人员在某一特定的推销范围内发掘出一批具有影响力和号召力的中心人物，并在某些中心人物的协助下，把该范围内的个人或组织变成准顾客。

中心开花法的理论依据是“光辉效应”。人们对于在自己心目中享有一定威望的人物是信服并愿意追随的。因此，一些中心人物的购买与消费行为，就可能在其追随者心目中形成示范作用与先导效应，从而引发追随者的购买与消费行为。在许多产品的销售领域，影响者或中心人物是客观存在的。特别是对于时尚性产品的销售。只要确定中心人物，使之成为现实的客户,就很有可能引出一批潜在客户。中心开花法实际上是介绍寻找法的一种推广应用。

中心开花法的优点：可以避免推销人员重复单调地对每一个潜在顾客进行寻找与推销，只需对中心人物进行寻找，从而可节省大量的时间与精力；可以扩大商品的影响，企业可以借助中心人物的名声提高产品的知名度，使企业能广泛开拓市场。

中心开花法的缺点：将过多的希望寄托在中心人物身上，会增加推销的风险，并且在实际工作中发现,选择真正的中心人物也不是一件容易的事。如果选错了客户心目中的“中心”人物，就有可能弄巧成拙，既耗时间又费精力，最后往往贻误推销时机。

【经典案例 / 故事】

在日本的牛奶糖市场上，一向是被“森永”与“明治”这两个糖果巨人所主宰，其他小品牌大多只能拣些糖果屑吃吃。如果是新生品牌，想要求得生存就更加困难了。

“古力果”糖果公司的老板江崎利一创业之初，面临的就是这种恶劣的环境。糖果类商品的主要战场就是零售店内的陈列架，不能在架上占得一席之地，商品即宣告死亡。然而货架是有限的，一物进必有一物出，因此，大阪市内的零售店都不愿意为了这个毫无知名度的商品挤掉其他品牌。尽管业务员费尽口舌，尽管古力果的质量好且价格便宜，店主也不愿意把它放上陈列架,四处奔波的结果却换来了一场空。江崎利一知道这样下去不是办法，左思右想，体会到必须“在决定性的地点拥有强大的兵力”。江崎利一想到：“石头一定是从山顶上一路滚下去的。一定要先打入一家大商店，在这家大店站稳脚跟后，小商店必定也能够接纳，甚至不必去推销，他们也会自动找上门来。”江崎利一心目中的“决定性的地点”是大阪北滨地区的三越百货。赫赫有名的三越百货起初也不理睬古力果这个名不见经传的新品牌，一次、两次、三次……三越百货毫不动心。但是，江崎利一仍然以强大的兵力一次又一次地进行推销，努力了二十多次后，三越百货终于被他的热情和坚持所感动，答应在店内试销古力果的产品。在三越百货摆放古力果的产品之后，大阪市内的其他大商店也陆续跟进了。江崎利一见机不可失，立刻在《朝日新闻》和《每日新闻》上大打广告：“营养糖果‘古力果’，三越百货及各大糖果店均有售。”古力果的业务员便拿着这份报纸广告到各零售店去，说服了众多的店主，迅速地抢占了一家家零售店的货架。集中火力，强力攻击，古力果终于大放异彩,一步步登上了日本糖果霸主的宝座。如果不是当初的中心开花式推销方式，今天市场上可能都还不知道有古力果这种商品呢！

中心开花法比较适合新产品、高级消费品或为企业创造名望的产品。例如，推销新品高级洗发水，可到理发店去销售，利用理发师的推荐来寻找顾客。此方法通常配合其他方法一起使用。

3.3.4　委托助手法

委托助手法也称推销助手法或推销信息员法。所谓委托助手法，就是推销人员委托有关人员寻找顾客的方法。

在西方国家，有些公司专门雇用一些“低级推销人员”寻找顾客，以便让那些“高级推销人员”集中精力从事实际的销售活动。这些“低级推销人员”往往采用市场调研或提供免费服务等措施，对某些可能性比较大的销售地区发起地毯式访问。一旦发现潜在顾客，立即通知“高级推销人员”安排销售访问。也有一些企业或推销人员专门找特定行业、特定职业的工作人员为其寻找潜在顾客。此法比较适用于寻找耐用品和大宗货物的顾客，如房地产、一批订具或一批西瓜等。在国内的企业，就是业务员在企业的中间商中间，委托相关人员定期或者不定期提供一些关于产品、销售的信息。另外，老推销人员有时可以委托新推销人员从事这方面的工作，对新推销人员也是一种有效的锻炼。

3.3.5 广告吸引法

广告吸引法指推销人员利用各种广告媒介，把有关产品与服务等推销内容直接传递给顾客，刺激与诱导收阅广告的受众来询问，推销人员从中寻找顾客的方法。例如，通过媒体发送汽车产品的广告，介绍其购买方式、地点、优惠等，然后在目标区域展开活动。

广告吸引法的优点：

（1）传播信息速度快、覆盖面广、重复性好。

（2）比普遍寻找法省时省力。

广告吸引法的缺点：

（1）需要支付高额广告费用。

（2）目标顾客对广告的真实性有顾虑。

（3）针对性和及时反馈性不强。

根据传播方式的不同，广告可分为开放式广告和封闭式广告两类。开放式广告又称被动式广告，如电视广告、电台广告、报纸杂志广告、招贴广告、路牌广告、电梯广告、网络广告等，当潜在对象接触或注意其传播媒体时，能看见或听到此类广告。封闭广告又称主动式广告，它直接传至特定的目标对象，与开放式广告相比，具有一定的主动性，如邮寄广告、电话广告等。一般来说，对于使用面广泛的产品，如生活消费品等，适宜运用开放式广告寻找潜在顾客；对于使用面窄的产品（如一些特殊设备、仪器等）和潜在顾客范围比较小的情况，则适宜采用封闭式广告来寻找潜在顾客。

利用广告吸引寻找顾客通常是企业主体行为，很难成为推销员个人寻找顾客的工具，因为它涉及公司的战略安排、资金的大量投入、专业团队的合作。然而，随着自媒体的快速发展，广告成为个人寻找顾客的有力武器，逐渐被销售人员广泛使用。销售人员可以使用零成本或者成本低廉的微信、微博、论坛、搜索引擎、QQ、抖音等网络工具进行营销传播，达到吸引顾客、获取顾客的目的。目前微信营销、抖音营销、社群营销已经成为高效营销方式。推销人员也要加强学习，掌握先进的营销工具，与时俱进。

3.3.6 资料查阅寻找法

资料查阅寻找法又称文案调查法，是指推销人员通过收集、整理、查阅各种现有文献资料，来寻找准顾客的方法。这种方法是利用他人所提供的或机构内已经存在的资料，这些资料可帮助推销员较快地了解大致的市场容量及准顾客的分布等情况，然后通过电话拜访、信函拜访等方式进行探查，对有机会发展业务关系的客户开展进一步调研，将调研资料整理成潜在客户资料卡，这就形成了一个庞大的客户资源库。

推销人员经常利用的资料有：① 统计资料，如国家相关部门的统计调查报告、统计年鉴、行业在报刊或期刊等上面刊登的统计调查资料、行业团体公布的调查统计资料等；② 名录类资料，如客户名录、工商企业目录、产品目录、同学名录、会员名录、协会名录、职员名录、名人录、电话黄页、公司年鉴、企业年鉴等；③ 大众媒体类资料，如电视、广播、报纸、杂志、等大众媒体；④ 其他资料，如客户发布的消息、产品介绍、企业内刊等。

资料查阅寻找法的优点：资料查阅寻找顾客既能保证一定的可靠性，也可以减小工作量、提高工作效率；可以降低信息获取的成本，节省时间和精力；可以最大限度地减少业务工作的盲目性和顾客的抵触情绪；可以展开先期的顾客研究，了解顾客的特点、状况，提出适当的顾客活动针对性策略等。

资料查阅寻找法的缺点：难以获得及时的顾客资料；有时资料信息量太大且杂乱，相当一部分推销人员不会或不方便查阅；推销人员要考虑所查资料的准确性。

目前，可以利用的搜索工具有很多，如网上搜索、书报杂志搜索和专业杂志搜索。网上搜索对于现代人来说，是最简单、最快速、最重要的搜索方法之一，也通常是推销人开始寻找客户的最佳选择。可以通过搜索引擎用关键词进行搜索，不建议固定用一个引擎。同样的关键词在不同的搜索引擎上会得到不同的搜索结果。

此外，可以通过企业网站、专业 QQ 群、行业协会、统计年鉴、俱乐部会、广告和电话黄页等进行搜索。

3.3.7　交易会寻找法

交易会寻找法是指利用各种交易会寻找准顾客的方法。国际国内每年都有不少交易会，如广交会、高交会、哈洽会、中小企业博览会等。充分利用交易会寻找准顾客、与准顾客联络感情、沟通了解，是一种很好的获得准顾客的方法。

微课：交易会寻找法

参加展览会往往会让销售人员在短时间内接触到大量的潜在客户，而且可以获得相关的关键信息，对于重点意向的客户也可以作重点说明，约好拜访的时间。例如，假如想获得在印刷机械行业的潜在客户，那么可以参加国际印刷机械展，你将在那里遇到中国乃至世界上最著名的印刷机械制造商。几乎所有的大厂商都会参加展览会，你只需要去看一个展览会，就会得到这个行业内几乎最有价值的那部分潜在客户。经常去参观某个行业的展览会，你甚至会发现几乎每次你都可以看到那些准顾客，这对以后向客户推销是非常有利的。

销售人员应该在每年的年末罗列未来一年相关行业的展览会，然后贴在工作间的醒目处，并在日程表上进行标注，提醒自己要抽时间去参加。

利用交易会寻找法应注意的问题：

第一，要得到潜在客户相关人员的名片。

第二，在尽可能的情况下与这些潜在客户现场技术人员交流，明确主管人员。

第三，在展览会结束后，尽快取得联系，免得记忆失效而增加后期接触难度。

第四，将客户的产品资料拿回来仔细分析，寻找机会。

交易会寻找法的优点是效率高。这种方法能在最短时间接触到最多的准顾客。因为参加交易会的人本来都对该行业有兴趣，对有兴趣的顾客，推销人员可以充分展示。该方法的缺点是费用较高。参加交易会要给主办单位交一定的展位费。

3.3.8 个人观察法

微课：个人观察法

个人观察法指推销人员根据自己对所接触的个人或组织的直接观察寻找顾客的方法。例如，一位汽车推销员整天开着汽车在航空工业部区的街道上转来转去，寻找旧汽车，当他发现一辆旧汽车时，就通过电话和该汽车的主人交谈，并把旧汽车的主人看作一位准顾客。再如，有一位人寿保险代理很善于察言观色，有一次，他同其他推销员在一起吃午餐，旁边一位老人在滔滔不绝地谈论自己的孙子，十分得意。这位人寿保险代理认为这位老人很可能会为孙子购买人寿保险，从而把他列入了准顾客名单。修理自行车的人注意观察骑自行车的人，修鞋工人则注意观察行人的双脚，他们都采用了个人观察法。

用个人观察法寻找顾客，要求推销人员具有良好的职业意识，即随时随地挖掘潜在顾客和敏锐的观察能力。有了这种意识，推销人员就能在别人不注意的时间和地点找到顾客。

利用个人观察法寻找顾客的关键在于培养推销人员自身的职业灵感。一名优秀的推销人员应该善于寻找新顾客。潜在的顾客无处不在，有心的推销人员随时随地都可以找到自己的顾客。使用个人观察法时，推销人员首先要善于用眼睛看，即用眼睛去观察一切可以得到的信息，不同的出版物，如杂志、报纸和贸易评论等都可以提供目标顾客。其次，推销人员要善于用耳朵听，从广播或别人的谈话里发现信息，有时一位朋友无意中谈起的一条信息，也可能会对寻找顾客起到良好的作用。此外，在利用个人观察法寻找顾客时，推销人员必须具有主动精神，必须充分调动各种感觉器官。

个人观察法是其他各种方法的基础，因为其他任何方法的运用实际上都离不开推销人员的观察。运用个人观察结果寻找顾客，可以使推销人员直接面对市场和顾客，对提高推销能力、积累推销经验有很大帮助。

【案例讨论 1】

健身俱乐部会员开发

王强是大学三年级的学生，他在某健身俱乐部做暑假工。王强的工作是出售会员卡。该健身俱乐部提供保龄球、羽毛球、网球、高尔夫和台球场地，设备齐全的健身房、游泳池、蒸汽桑拿浴、更衣室、餐厅酒吧、停车场、购物中心等多维服务。会员证每人每年 3 000 元，双人每年 5 600 元，家庭每年 7 500 元。王强希望通过暑假工增加自己的社会实践经验，并赚取下学期的学费。下面是王强与俱乐部经理朱利有关这份工作的谈话。

朱利：我已经把有关俱乐部以及会员证的情况都告诉你了。我给你足够的会员表格和俱乐部简介。你的报酬是从会员证的销售中提取 10% 的佣金。如果你每天卖出一张会员卡，那么你一个月就可以挣 3 000 元。

王强：我自己负担自己的开销吗？

朱利:对,你自己负担各种开销。不过你可以使用俱乐部的设备,包括我们的电话和电脑。

王强：那么我的工作从哪儿开始呢?

朱利：这是你自己的事。不过，最重要的是与尽可能多的人保持联系。十个人中可能有八个人对健身不感兴趣，一个人已经加入了其他健身俱乐部。所以，真正属于你的潜在顾客也许十个人中只有一个。

讨论问题：

1. 王强应该把精力放在哪个目标群体上?
2. 请你为王强提供几个寻找俱乐部会员的好办法。
3. 王强在与潜在顾客接触之前应做好哪些方面的准备工作?

【案例讨论 2】

找到目标客户

日本的索尼公司在全球大名鼎鼎。大家都知道，索尼公司是凭借磁带、录音机起家的。但是，就像所有白手起家的著名企业一样，它在刚刚创业时，也有一段比较艰苦的岁月。索尼公司生产第一代录音机是在 1950 年。这种新玩意儿外表看起来又笨又大，不方便人们搬运。但它却是设计人员卓越智慧和辛勤汗水的结晶，具有优良的性能。这一点让索尼公司的创始人盛田昭夫自信极了，他想就凭产品的这种史无前例的功效和性能，投放市场后肯定会很有销路。然而，没过多久，他发现自己的美梦破灭了。他原以为，客户们只要一看到它，就会争着购买。但是，事实上，1950 年日本经济萧条，人民生活水平较低，虽然经过索尼公司的大力宣传，有不少人也觉得它既新鲜又刺激，但大部分老百姓整天发愁的不是怎么玩，而是怎样填饱肚子。于是，盛田昭夫的索尼公司一度陷入困境。盛田昭夫陷入了深深的思考之中。

怎样才能打开市场，让人们需要它，或者说怎样找出真正需要它的人呢?有一天，盛田昭夫邀请一位政府高级官员到家中做客。闲谈之中，这位官员脸上露出焦虑的神情，他说："唉!国家的局势一直不太安稳。各个地方的犯罪率直线上升，各级法院的速记员每天都是忙得死去活来，唉!工作量太大了呀!这实在叫人担心。"盛田昭夫也不住地点头，他同样是愁眉苦脸，一副痛苦的样子。"是啊，战争给我们带来了太多的灾难，真希望从此以后人们不要再受战乱之苦了。"等那位政府官员走了以后，盛田昭夫又感叹起自己的生意。他可真发愁："现在这样一种社会状况，产品可怎么卖出去啊?"忽然，盛田昭夫念头一动："对了，法院的速记员整天都忙得团团转，那他们可以用我们的录音机来帮助提高工作效率，减轻工作负担嘛!"第二天一早，盛田昭夫就迫不及待地带上一台录音机，跑到附近一家法院，找来几位速记员，当场拿出录音机演示。这些工作人员个个欣喜若狂，他们全都强烈要求订购这种新式录音机。

看到这种情况，盛田昭夫真是喜出望外。他一下觉得精神百倍，接连又跑了多家法院。他一遍一遍地给人们讲解录音机的功能和用途，一遍一遍地给他们演示录音机的神奇效果，功夫不负有心人，这一天，盛田昭夫共销售出去 20 多台录音机。

从法院回家之后，盛田昭夫的思路逐渐开阔起来了。他想："难道除了法院就没有其他地方用得上录音机了吗?"

突然，盛田昭夫想到了学校。日本把英语列为各级学生的必修课，因此，人们都努力地学习英语，而对于语言，说和听都是关键环节。于是，盛田昭夫到教育部门游说，同样边讲解边演示，教会他们用磁带和录音机听录音，然后反复练习听力及发音。这一招果然灵验，许多教育界人士认为这是个学习英语的好办法。实践证明：这确实是学习英语的好工具和好帮手。不久以后，全日本几乎所有的学校在英语教学中都使用了录音机。盛田昭夫的录音机因此被抢购一空。这在当时的商界堪称奇迹，索尼公司由此迈入了一个新的发展阶段。

讨论问题：

1. 盛田昭夫用什么方法找到的客户？
2. 盛田昭夫如何确定准顾客？

互动测验

任务三：互动测验

[单选题]

1. 某快速消费品企业招聘了一批新业务员，分片区让他们按照街道左转—左转—左转—左转挨家挨户地推销产品，这种寻找客户的方法是（　　）。

A. 普遍寻找法　　B. 中心开花法
C. 委托寻找法　　D. 广告寻找法

2. 关于利用中心开花法寻找顾客的说法正确的是（　　）。

A. 将希望寄托在中心人物身上不至于增加推销风险
B. 找对中心人物可以节省时间和精力
C. 发现中心人物是一件容易的事情
D. 中心开花法是广告寻找法的一种

3. “销售始于售后”是强调（　　）。

A. 把潜在顾客变为目标顾客　　B. 把目标顾客变为顾客
C. 把顾客变为满意顾客　　D. 把目标顾客变为潜在顾客

4. 需要某种商品且有购买能力的个人或组织被称为（　　）。

A. 引子　　B. 推销员　　C. 推销对象　　D. 准顾客

5. 推销人员对推销对象的情况一无所知或知之甚少时，直接走访某一特定区域或某一特定职业的所有个人或组织，以寻找准顾客、潜在顾客的方法，称为（　　）。

A. 普遍寻找法　　B. 连锁介绍法
C. 中心开花法　　D. 个人观察法

6. 推销人员在访问现在顾客时请求为其推荐可能购买同种商品或服务的准顾客以建立一种无限扩展式的链条，称为（　　）。

A. 普遍寻找法　　B. 连锁介绍法
C. 中心开花法　　D. 个人观察法

7. 中心开花法的关键是找出（　　）。

A. 营销机构　　B. 推销对象
C. 营销企业　　D. 中心人物

8. 利用推销人员自身与社会各界的种种关系寻找准顾客潜在顾客的方法称为（　　）。

A. 个人观察法　　B. 普遍寻找法

B. 连锁介绍法　　C. 中心开花法

9. 推销人员根据自身对周围环境的直接观察、判断、研究和分析寻找准顾客潜在顾客的方法称为（　　）。

A. 普遍寻找法　　B. 个人观察法

C. 中心开花法　　D. 委托助手法

10. 推销人员利用各种广告媒介寻找顾客的方法称为（　　）。

A. 关系网编织法　　B. 普遍寻找法

C. 广告拉动法　　D. 连锁介绍法

[多选题]

1. 下面说法正确的是（　　）。

A. 潜在顾客是目标顾客

B. 潜在顾客就是有购买欲望和购买能力的顾客

C. 潜在顾客还不等于目标顾客

D. 只有经顾客选择，对其进行评价和资格审查后，才可能成为目标顾客

2. 顾客资格审查主要包括（　　）。

A. 顾客购买支付能力　　B. 顾客购买的决策权

C. 顾客购买需求　　D. 顾客购买动机

3. 寻找准顾客潜在顾客的主要方法有（　　）。

A. 普遍寻找法　　B. 连锁介绍法

C. 中心开花法　　D. 关系网编织法

4. 顾客资格认定主要包括对顾客的（　　）的认定。

A. 需求　　B. 消费能力　　C. 购买决策权　　D. 购买能力

5. 广告拉动法寻找准顾客潜在顾客（　　）。

A. 运用的是顾客推荐原理　　B. 适合于市场需求量大的商品

C. 适合于目标市场广阔的商品　　D. 是“拉引”与“推动”策略的结合

6. 准顾客应该具备的条件是（　　）。

A. 顾客购买支付能力　　B. 顾客购买的决策权

C. 顾客购买需求　　D. 顾客购买动机

7. 利用连锁介绍法寻找潜在客户的是（　　）。

A. 工作关系　　B. 同学关系　　C. 社团关系　　D. 报刊杂志

8. 顾客的档案情况应该包括（　　）。

A. 基本情况　　B. 联系方式　　C. 经济情况　　D. 购买情况

9. 对顾客购买力的鉴定包括（　　）。

A. 推销对象有无支付能力　　B. 推销对象是否想购买推销品

C. 推销对象有无筹措资金能力　　D. 顾客对推销品的需要量

10. 属于连锁介绍法优点的是（　　）。

A. 可以尽快产生推销业绩　　B. 不利于自信心的培养

C. 有利于提高工作效率　　D. 可以弥补推销技巧不足

[判断题]

1. 对于推销员来说，终止交易的顾客不再具有价值。（　　）

2. 要成为优秀的推销员，需要了解产品、顾客、行业和企业，最好以专家的形象面对顾客。（　　）

3. 普遍访问法可以高效地发现目标客户。（　　）

4. 采用普遍寻找法时准顾客潜在顾客的数量与走访的人数成反比。（　　）

5. 中心开花法的关键是找出中心人物。（　　）

6. 利用个人观察法寻找顾客的关键在于培养推销对象的灵感和洞察力。（　　）

7. 利用推销人员自身与社会各界的种种关系寻找准顾客的方法称为中心开花法。（　　）

8. 资料查阅寻找法与个人观察法从根本上说均属于市场调查方法。（　　）

9. 寻找准顾客潜在顾客只存在于推销过程的开始阶段。（　　）

10. 中心开花法实际上也是一种连锁介绍法。（　　）

[讨论题]

1. 假设销售某种产品，价格在 5 000 ~ 10 000 元之间，主要顾客是小零售商，由于你对此地比较陌生无法亲自去接触他们，你将如何把他们变成你的潜在顾客？

2. 试述如何对准顾客资格进行认定。

【技能实训 1】

模拟手机销售

□实训目的

通过观察与沟通，快速了解顾客需求。

□实训要求

模拟营业员的角色，通过观察、沟通与分析，识别顾客，发掘顾客的真实需求，模拟手机销售（零售）。

□实训步骤

1. 指定一名学生模拟营业员。
2. 指定另一名学生模拟新入学的大学生。
3. 通过营业员与顾客的交谈，快速定位顾客的需求，推荐合适的产品。
4. 教师对结果进行点评。

□实训评价

考核对角色任务把握的准确性，对营业员来说，评价他是否准确判断出真实顾客，并做出正确的反应；对顾客来说是否实现了预定的目标。学生之间互评、教师对学生表现进行点评，并将评价结果计入学生平时成绩。

【技能实训 2】

寻找物流客户训练

□实训目的

调查和观察客户、寻找客户，掌握并灵活运用寻找客户的方法。

□实训要求

1. 班级学生分组，每组人数应不多于五人。
2. 以小组为操作单元，拟订出寻找顾客的方案。

□实训步骤

1. 各小组操作物流产品或服务力求不同，运用不同的方法寻找客户。
2. 撰写行动方案。

□实训评价

学生小组之间互评、教师对各小组的代表方案进行点评，并将评价结果计入学生平时成绩。

任务四　百闻不如一见——接近顾客

【学习目标】

知识目标

1. 了解约见顾客的含义和作用；
2. 熟悉约见顾客的内容；
3. 掌握约见顾客的方法和技巧；
4. 了解接近顾客的含义与目标；
5. 熟悉接近顾客应准备的内容；
6. 掌握接近顾客的方法。

能力目标

1. 能够准确地描述约见顾客的内容；
2. 能够根据实际情况使用约见顾客的方法和技巧接近顾客；
3. 能够准确地描述接近顾客的准备内容；
4. 能够根据实际情况有效使用接近顾客的方法接近顾客。

思政目标

1. 培养学生诚实守信、不怕挫折、服务他人的工作精神；
2. 培养学生推销职业中的遵纪守法意识和职业伦理意识。

【知识结构】

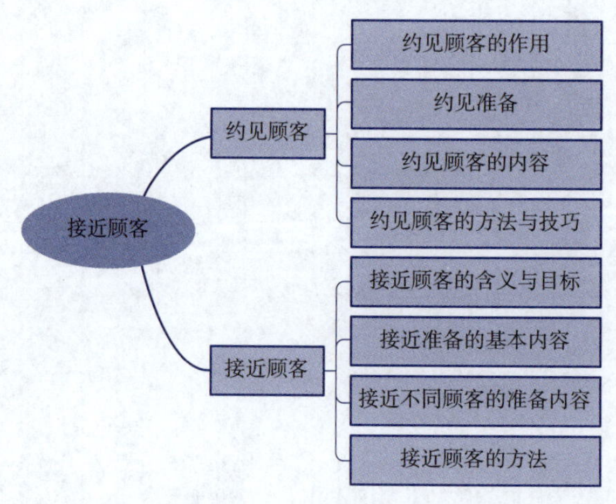

【任务导入】

程功通过网络信息查询得知一家知名的培训学校正在装修，培训学校规模很大，标准的教室有二三十个，净化水设备应该是他们的必备设施。可是，这样的机构客户如同一个硕大的丸子无从下口。

程功拿起了电话打给主管：“主管，我查到本市一家培训学校正在装修，我想他们是一个很大的潜在客户，但是我不知道找谁谈，也不知道怎么找，还请你给指点指点。”

主管：“这种组织客户，你首先要了解他们的组织结构，才能判断去找什么人；确定了找什么人，才能获取联络方式。上门之前最好做好约见工作，否则很大概率会吃闭门羹。获取见面机会后还要选择合适的接近方法接近对方。”

程功：“都有哪些接近顾客的方法，传授传授！”

主管：智慧树“人员推销实务”在线课程，你可以先看一看。注意别生搬硬套，要结合实际因地制宜地使用。

如果你是程功，在约见顾客之前会做哪些准备？如何约见顾客？你会采用何种方法接近顾客？

4.1 约见顾客

约见是指推销人员事先征得顾客同意，在一定的时间和地点，以一定的方式接见或访问顾客的过程。约见作为接近的前奏，并不是推销必须经过的步骤，但在讲究现代商业礼仪的今天，人们越发重视自己的私有空间和自控时间，不约而见的推销行为往往被人诟病。因此，约见成为专业的推销过程中的重要一环。

4.1.1 约见顾客的作用

1. 约见顾客是正面接触顾客的开始

虽然在寻找、确认准顾客名单时，推销员已经对潜在顾客群开展过研究与分析，但是到约见顾客之前，推销员还没有与顾客有过实质性的接触，推销员对顾客的认识是不完整的，甚至是片面的。只有双方产生实质性接触，建立双向沟通渠道之后，面向顾客的推销活动才真正开始，推销员才能检验之前对准顾客的分析是否正确，是否需要调整营销策略等。约见活动就是这种实质性接触的第一步。

2. 约见顾客有助于接近顾客

约见是推销员事先征得顾客同意接洽的过程。除非在特殊情况下，否则“不约不见”应当成为推销员的职业习惯，因为推销员是以顾客为中心开展工作的，顾客有自己的作息时间、工作节奏、日程安排，“不约而见”可能会因为与顾客的工作、生活相冲突而遭到拒绝，或即使勉强会面，顾客可能也会心不在焉，效果不佳。因此，为了成功地接近顾客，一般需要事先约见，以赢得顾客的信任和配合。

【案例讨论】

一般情况下，要求销售员在拜访顾客之前，一定要约见顾客，即按正常的商业流程、商业礼仪来操作。但是，商业活动毕竟不同于工业生产活动。工业生产活动中，操作人员主要与设备、生产线等打交道，他们基本上清楚地知道每个生产环节的下一环节是什么，该做什么样的准备，可能会发生什么问题；商业活动却是在与市场打交道，推销员永远不可能精确地知道下一步会发生什么，哪怕是在签订销售合同之前的一秒钟，谁也不敢确保谈好的订单不会丢掉。因此，虽然理论上要求推销员最好“不约不见”，但是在一些特殊情况下，推销人员可以打破这个原则，在没有约见的情况下，直接上门拜访顾客：

（1）对于新开拓的市场，推销员缺乏第一手数据和资料，在亲自走访、调查市场的时候，调查了解、拜访顾客的工作可以一次完成，这样做的好处是效率高。不过这样做也可能有风险，如对顾客的经营情况可能了解得不全面等。

（2）在一些经济欠发达的地区和规模较小的乡镇企业、个体企业，在没有事先约定的情况下，也可根据现场实际情况，灵活决定是否进行拜访。此类顾客往往也已经习惯于推销员的“不约而见。”

（3）对于一些非常熟悉的老顾客，有时也可以直接拜访。当然，前提是对顾客的个性、工作习惯等已经有了充分的了解。

（4）对于一些对本企业产品有成见或是需求还没有激发出来的顾客，可以考虑直接拜访，因为如果事先约见，反而可能遭到拒绝。

（5）某些情况下，来不及约见，或是不需要约见，就可以直接拜访顾客。例如，零售商店开业前的招商（此时实际上是零售商店在约见供应商）；或是顾客对本企业有重大误解，即将与竞争对手签约，推销员希望做最后的努力等。

对顾客来说，推销员的“不约而见”可能比较突然，但对推销员来说，“不约而见”的背后，却是事先做了大量的准备工作，并不是一时头脑发热的“随机性拜访”。

讨论问题：既然“不约不见”和“不约而见”都在推销活动中被使用，那么在具体实践活动中应怎样把握？举例说明。

分析提示：实践活动中，仍需以“不约不见”的原则为主，只是在一些特殊的场合下，才可使用“不约而见”，而且应尽量少用。

3. 约见顾客有助于做好充分的准备

约见顾客的过程，是与顾客初步接触的过程。在这个过程中，推销员通过观察和分析，能了解到客户更多的情况。例如，使用电子邮件约见顾客时，收到顾客对邮件的回复后，通过顾客在邮件中的措辞，可以大致揣摩顾客性格、受教育程度；通过电话与顾客预约时，从顾客说话的内容、声调、语速、口音等方面，可以对顾客有初步的感性认识；通过顾客对约见邀请的回复，可以看出顾客对本产品的重视程度和关注的重点。获取这些信息，在推销员接近顾客的时候，可以准备得更充分一些，增大推销活动的成功率。

4. 约见顾客有利于提高效率

推销员虽然看起来工作时间灵活，但实际上有效工作时间极其宝贵，这是因为约见顾客要以顾客的工作、生活节奏为主导来寻找时间和机会。即使推销员愿意加班工作，用工作外的时间多拜访一些顾客，也无法要求顾客加班。因此，推销员可利用的有效时间其实并不多，这就要求推销员高效率地工作。通过约见，制订合理的工作日程表，既可以增加销售工作的计划性与有效性，也便于随时检查计划执行的情况。从顾客的角度来看，被约见的顾客也可以做好充分的准备。例如，事先安排好合适的时间，使面谈时不受打扰；准备好要了解的问题，使面谈的内容更具针对性；安排合适的人同时参加面谈，避免推销员向顾客的不同部门反复解释同样的问题。因此，约见顾客对买卖双方来说，都可以提高工作效率。

4.1.2　约见准备

微课：约见准备

推销访问的成败在其尚未正式约见之前就已确定。访问对象是否愿意与推销人员见面，在很大程度上取决于约见的方式方法、时间地点以及被约见者心态等因素。为避免访问遭到拒绝，并取得预期的约见成果，推销人员正式约见之前应当做好一些必要的准备工作。

1. 材料准备

约见前，要对被约见者的整体情况进行充分调查和了解，从而使约见取得应有的成效。被约见者整体情况材料的主要内容包括。

（1）被约见者的职业、收入及生活水平、社会地位。

（2）被约见者的年龄、经历、籍贯等。

（3）被约见者的性格、爱好及生活习惯。

（4）被约见者的家庭状况和交际范围。

（5）被约见者对访问者的了解程度及信誉评价。

（6）被约见者最感兴趣和最关心的问题。

（7）被约见者的工作态度与业绩。

2. 语言准备

语言准备的重点是开场白的准备，严格地说，是如何得体地说好第一句话。我们只对用语作以下要求：

（1）切忌急于转向正题。

（2）用语随和且不失庄重。

（3）激发对方非谈不可的欲望。

3. 心理准备

约见难免遭到拒绝。拒绝的形式有时会是直截了当的逐客，有时会是间接婉转的推辞，有时还可能是不负责任的应酬，破除各种拒绝最有效的办法只能是：坚定信心，百折不挠，耐心说服，以礼待客。推销人员必须坚定必胜的信心，准备好几套说服顾客的方案，依次运用，直至被约见者愉快地接受预约，获得约见成功。同时，要善于抓住对方心理，如好奇心理、好胜心理、探秘心理、自尊心理、表现心理等，对症下药。

4.1.3 约见顾客的内容

约见顾客作为接近顾客的前期准备工作，如何做取决于后期销售活动开展的需要。推销员应该根据每一次约见顾客的具体情况来决定约见内容。一般来说，推销员在计划约见顾客时，要考虑以下几个方面的内容：

1. 确定约见对象

约见顾客，首先要解决的是“约见谁”的问题，即确定约见对象。约见顾客的目的是接近顾客最终达成交易，因此，约见对象应当是有决策权的人，或者是对决策者有重要影响力的人，应当避免把大量的精力花费在无关紧要的人物身上。

对于个人客户，约见对象通常比较容易确定。对于组织客户，如果是小型组织客户，如几个人的小型公司，通常大小事务都是由企业总负责人亲自决策，那么可以直接约见企业的总负责人；如果把大量时间花费在其他业务人员身上，常常会浪费大量的时间，甚至可能会得到相反的结果。如果是大中型组织客户，这样的组织机构比较健全，分工明确，需要推销员找到合适的部门负责人。

一般来说，对于组织机构较为健全的客户，在选择约见对象时，可以采取两种策略：

（1）高层约见。在可能的情况下，尽量约见客户中职位较高的成员。这种方式的好处是直接与对方较高职位的成员见面，虽然他有可能不会负责具体购买事宜，但可能会是最终作出购买决策的人；另外，由他引见负责具体购买事宜的部门负责人，可能会引起该部门负责人的重视，使推销员少走弯路，效率较高。这种策略的缺点是：首先，高职位的成员不易约见到；其次，可能会引起部门负责人的反感；最后，推销员不太容易知道哪个高职位的成员分管此项购买事务，需要有充分的信息保障。

（2）逐级约见。首先约见直接负责购买事宜的经办人员，在产品取得该经办人员认可之后再由此人引导约见其上级领导。这样逐级约见直至见到最终决策者。这种方式相对比较稳妥但效率较低，有时可能会损失交易的机会，特别是在面临激烈竞争的时候。

以上两种策略各有利弊，需根据实际情况选定。

【经典案例 / 故事】

小吴是某教育软件公司的销售员，该公司的核心产品是高校图书馆管理软件。一天，小吴得知某高校计划升级该校图书馆的管理信息系统，决定去拜访该客户，争取产品销售机会。如果你是小吴，你打算怎样约见拜访这样的客户？

业务分析：高校是一类特殊的顾客，由于多种原因，与此类顾客交易不同于与企业客户交易，程序比较复杂。小吴将要面对的高校的图书馆已经使用过管理信息系统，该顾客拥有此类产品的认知与体验，沟通起来应该能找到共同语言，这一点对小吴是有利的。不过，此类顾客很可能会习惯性地把新系统的性能、参数、操作习惯与原有的管理系统进行比较，这种比较有可能会给小吴的销售活动带来困难。

业务程序：小吴在决定约见与拜访客户之前，需要做以下几件事。

（1）了解该高校对本产品的购买模式：是采用招标的形式，还是直接由相关人员直接做出购买决策？这一点决定了小吴后期应该做的工作重点。

（2）确定本次购买活动的购买决策者与影响者是谁，分别拥有多大权力。

（3）调查该校以前用的图书馆管理软件是什么样的：是该校自己开发的，还是购买的商品化软件？为什么要升级？目前使用中有什么问题？对新的软件可能会有什么样的要求？

业务说明：了解了以上这些问题之后，小吴就可以设计约见顾客的方法了。他可以从图书馆的一般工作人员、信息中心管理人员入手，到图书馆的领导，再到学校领导，这样层层拜访约见、演示产品，也可以直接拜访校、图书馆领导，再由他们召集图书馆的一般工作人员、技术管理人员来评价本公司的产品。两种方法各有利弊。在实际工作中，第二种方法用得可能会多一些。在约见、拜访以上各类人员时，小吴应该明白，不同的角色对本产品的要求、期望是不同的，关心的重点也不同，小吴要满足他们的需求，重点要关注决策者和对决策者有重要影响力的人对本产品的要求。

考核要点：对组织客户的购买决策过程是否了解，决定了销售的成败。

假设你是小吴，现在知道该高校有以下人员可能会对本次交易产生影响，你在约见校长（或分管图书馆事务的副校长）、图书馆馆长、图书馆一般工作人员以及图书馆信息部主管时，应该重点强调你的产品的什么特点？

要点分析：一个组织中，不同的角色职责不同，关注的重点也会不同，如果小吴用同一种方式介绍产品，可能有的角色会比较满意，有的角色可能就不满意。例如，向图书馆的一般工作人员强调本产品技术的先进性，列举各种指标和参数，听者可能根本听不明白，因为这些与其知识背景不相符合。

理解要点：对于不同角色，应该从他们的工作岗位、工作内容，对领导、下属所承担的责任等来分析他们最关注什么。然后从本产品的特色中挖掘与之相关的内容，传递给对方。例如，这个案例中，图书馆的一般工作人员可能最关注本软件的运行速度与易用性，因为这直接影响他们的工作效率和工作强度，对产品使用了什么技术、产品的售价和性价比等可能不会关心太多；图书馆后台信息部主管在评价该产品时，可能最关注此产品使用的核心技术是否足够先进（与原来所用的软件以及他所了解的其他公司开发的软件相比）。日常维护是否方便、售后服务是否完善等，因为这与他的职责直接相关。当然，以上只是一般性的特点，也不排除出现例外情况。例如，校长在学术方面的研究领域可能正好就是信息技术，对技术参数也很关注。这些内容推销员在约见顾客之前就应该做到心中有数，在拜访中也要注意聆听顾客提出的问题，随时作出调整。

说明：面对顾客，各种情况都可能发生，应当灵活处理。比如，前面提到的一些方法和原则，可以在单独约见顾客组织中某人时使用，但有时可能会出现集体约见的情况，在这种情况下，可能会产生一些矛盾。例如，如果向图书馆后台信息部主管陈述本产品的技术先进性，旁边的校长听到后可能会想：信息技术更新很快，技术的先进性可能意味着投资较大，投资的贬值速度也会较快。遇到此类情况，推销员应该怎么办？请同学们思考。

2. 确定约见事由

在约见顾客的时候，需要向约见的对象说明拜访的事由，特别是进行陌生拜访时。一般来说，约见事由有以下几种：

（1）推销。在事先已经明确顾客有某种需求之后，直接告诉顾客希望拜访并介绍、演示、推荐某种产品。这种方式传递的信息简单明确，对确有需求的顾客来说，容易激发起其兴趣。不过这种方式也会有一些缺点，特别是在以下几种背景下，易遭到拒绝：

第一，顾客的需求尚未激发出来，即顾客没有意识到自己有此项需求。

第二，顾客的需求已经明确，但是短时间内有大量的推销员提出约见的要求，顾客不胜其扰，感到厌烦了。

第三，顾客对推销员介绍的产品曾经有过不好的购买体验，如特定制造商、品牌、产地或使用了某种专门技术的产品。

针对这些缺点，推销员应该使用沟通技巧与约见策略，改变顾客对产品的认识，消除误解，获得接近顾客的机会。有时候，适当隐藏真实意图，使用其他约见事由，接近顾客的可能性会更大一些，但使用这种方式不能使顾客有受到欺骗的感觉。

（2）市场调查。相比直接推销，这种方式要含蓄一些。不论销售员真实的拜访目的是不是推销，都可以考虑使用这种事由。从顾客的角度来看，这种方式不以直接推销为目的，顾客的戒备心理要小得多，可能会愿意向推销员多透露些信息，双方的沟通平台容易构建起来。在双方建立信任之后，基于对顾客的了解，选择适当的机会推介合适的产品，成功的希望就会大一些。另外，市场调查取得的数据也能为企业决策提供帮助。

（3）提供服务。这种事由容易吸引顾客关注，特别是提供免费服务。顾客比较关心自身的利益，与之相关的事情他们可能会愿意花时间看一看，听一听。例如，复印机销售商对老客户提供定期上门保养服务；某教育培训机构为学生提供免费试听、试学服务。提供这些服务，既有可能直接带来新的购买者，也可以提升在老顾客心中的口碑与形象，间接获得或维护了顾客。不过，这种方式如果设计、处理不当，或是被滥用，有可能被顾客视为销售行为，引起顾客的反感。

（4）办理业务。这种事由一般用于对老顾客的约见。如签订下一年度的销售合同、办理货款结算、处理矛盾与问题、推介新品等。

（5）一般性走访。一般性走访包括收集市场信息，加强与顾客之间的联系，联络感情，发现市场中的问题。没有特定目的的走访，不以直接销售为目的，可以让顾客少一些“被推销”的压力。

【案例讨论】

在约见顾客时，究竟是否应该直接告诉顾客自己是来推销产品的呢？有时直接告诉顾客，很可能会被顾客拒绝，而用虚假的借口获取顾客的信任，在拜访中被顾客识别出推销的目的，又会让顾客有受骗的感觉。

讨论问题：对于一些“间接”约见顾客的方法，怎样使用才不会引起顾客的反感？

分析提示：要遵守职业道德，真诚对待顾客，发掘顾客的真实需求，在建立信任之前，不要急于表现出强烈的销售欲望。

3. 确定拜访时间

确定拜访时间是约见顾客的一个重要内容，时间的选择可能会决定一次拜访的效果。

拜访时间的确定应当尊重拜访对方的实际情况，选择适当的时间。在决定拜访时间的时候，需要考虑以下几方面的因素：

（1）顾客的工作节奏与习惯。在拜访顾客的时候推销员都希望能有较长的连续时间段，不受打扰地与顾客交流。如果时间选择不当，可能顾客（或是推销员自己）不断地被打扰，交谈不断地被打断，或是顾客一边交谈，一边还在想其他事情，这些都会影响顾客拜访的效果。因此，推销员应当充分了解顾客的工作节奏与习惯，选择合适的时间拜访。

（2）顾客的心理时间规律。具体的拜访对象作为自然人，会有喜怒哀乐等各种情绪变化，情绪不同，拜访的结果也大不相同。推销员应当学会理解顾客在不同情绪、心态下作出的反应，因为这种反应可能不代表顾客的真实想法。更好的办法是利用这种情绪变化，选择有利的时间拜访顾客。

（3）顾客面临的问题。顾客在遇到问题时最希望看到当然是能提供帮助的人。推销员如能以这种角色出现在顾客面前，一定是很受欢迎的。例如，顾客当前的供应商供货能力不足的时候，推销员以新供应商的身份拜访顾客，自然会受到欢迎。

【案例讨论】

据英国《金融时报》报道，加拿大心理学家麦吉尔大学教德比·莫斯考维茨曾做过一个有趣的研究，根据人一周的行为规律画出了一幅一周工作节律图。她认为，人的一周是有规律性的。周一到周五，工作节律大不相同，前半周人的精力旺盛，态度和行为比较激进；后半周人的精力逐渐下降，却更易通融。

1. 星期一：非诚勿扰

针对职场人群的调查显示，42% 的职场人士不希望自己在星期一被打扰。如果这个时候去拜访客户，往往会失败。大家都在应付堆积了两天而杂乱的工作，没有人会有心情听你描述某个计划和方案。尤其是在星期一的早晨，可能你的客户正因为股市开盘遭遇“黑色星期一”而恼怒，你的出现只会让他感到厌烦。

据德比·莫斯考维茨教授的实际观察，星期一是员工请假的高峰日。

2. 星期二：牛仔很忙

刚刚挨过紧张、纷杂的星期一，很多事情好像缺乏一个清晰的脉络，英国某保健品公司研究人员格拉后姆·瓦特斯说：“人们通常认为周一是整周中最糟糕的一天，但现在看来似乎不是这样。部分白领会轻松度过周一。他们和同事闲扯周末见闻，同时调整精力准备进入工作状态。到了周二，他们开始走出闲散状态，着手处理遗留的电子邮件，安排本周工作计划，压力也随之而来，工作量和压力水平都将达到峰值。”调查显示，大部分人在星期二通常会放弃午休时间，加紧工作。

从德比·莫斯考维茨对人一周行为规律的研究报告看，星期二是主导性最高的时候。星期二工作效率最高，产出最大。

3. 星期三：“超人总动员”

星期三是一周的转折，延续了星期二的忙碌。星期三职场人士已经完全适应了忙碌的工作状态，星期三的职场人士可以和“超人”“媲美”。同时，星期三处在一周工作日的正中间，上一个周末的快乐已经远去，而下一个周末似乎还遥遥无期，人们仿佛坠入“工作泥沼中”，心理兴奋度会出现下滑。

据德比·莫斯考维茨分析，星期三的精力最旺盛，且思路活跃，最具创造性。莫斯考维茨指出，这一天是制订战略、开展“头脑风暴”的最佳时间，也是决策技能最能得到发挥的时候。此时的人都会寻求一种平衡。在处理了两天内部事务之后，在星期三人们或许更希望和外界做一种交流以达到平衡。有鉴于此，她建议这一天可安排会议。

4. 星期四：黎明前的黑暗

在经过了前三天高效率的工作后，职场人士已经身心疲惫，生理和心理都受到挑战。有人说，星期四属于“黎明前的黑暗”，就好比熬夜的人，凌晨四五点往往是最难熬的时候，跨过这道坎，便又海阔天空了。据德比·莫斯考维茨分析，星期四的时候，人相对比较通融，这种时候去拜访客户，最有可能成功。

5. 星期五：“胜利大逃亡”

星期五了，你不妨留意一下，这一天里你完成的工作，在数量、质量上是否比平时都要高？一些在平时看来有些棘手的事情，在这一天里却比较容易解决。如果你是个最不情愿加班的人，碰到这天你会不知不觉地干过了点，直到有电话邀请才把你唤醒，你还会惊叹：“时间过得真快啊！”

德比·莫斯考维茨发现，星期五最容易冒险。这一天参加其研究的人员喜欢进行高风险的投资。另外，在星期五，人们总希望一周事一周清，为一周内的事情来个了断。

讨论问题：本案例对一周五天中办公室工作人员的一般工作状态的变化做了总结，这对你有什么启示和帮助？

分析提示：从案例中可以知道，每个人的工作状态、心理活动都存在一定的周期性，了解并利用这种周期性，可以加大推销活动成功的概率。不过，以上只是总结了一般性规律，面对具体的顾客时，还需要结合实际情况进行分析。

4. 确定约见地点

不同的约见地点，条件不同，氛围不同，对拜访效果的影响也不同。在选择约见地点时，要本着方便顾客、有利销售的原则，为推销洽谈创造有利的条件。通常推销员可选择的约见地点有以下几种：

（1）顾客的工作场所。这是最常见的约见地点，实际上就是推销员登门拜访顾客。这种方式的好处是可以最大限度地方便顾客，体现对顾客的重视与尊敬，让顾客在熟悉的环境中洽谈，消除顾客的紧张感。这种方式的缺点是推销员必须做好充分的准备，准时赶到洽谈地点，带齐相关的资料；由于是在陌生的环境中洽谈，没有受过良好训练的推销员可能会有较大的心理压力；此外，由于是在顾客的工作场所，顾客受到打扰的可能性比较大，这是推销员无法控制的。

（2）推销员的工作场所。即邀请顾客来访，这可以充分展示自己公司的实力与特色，减小顾客被其他事务打扰的概率，推销员的心理压力也会较小。但是，顾客需要有较长的连续空余时间才能完成来访，这对有些顾客来说可能难度较大；另外，顾客在推销员的工作场所洽谈，可能会由于身处陌生环境而产生戒备心理，不利于洽谈的成功。

（3）公共、社交场所。选择在此类场所约见，有利于双方放松心情，减少压力。但有些公司可能会对职员参与的社交活动有所限制，如有的公司规定采购人员不得接受供应商的宴请等。

（4）居住场所。此类约见地点在国内商务活动中用得不多，这是由于人们有保护个人隐私，区分工作与生活空间、提升生活品质的要求。除非双方特别熟悉，或是以个人、家庭为销售对象，否则一般不宜选择这种约见场所。

以上是约见顾客的常用的物理空间地点，除此之外，使用高科技手段的网上约见、召开视频会议等，都是可供推销员在约见顾客时选择的约见方式。推销员在确定约见地点时，要考虑业务类型、与顾客的关系、各地的风俗习惯、相关法律法规等影响因素，正确选择约见地点，促进交易的达成。

【思政故事】

中国自古就是礼仪之邦，传统上很注重礼尚往来。“仁、义、礼、智、信”，其中“礼”是中国儒家思想经典、辉煌的一页。它的影响深远。相传，春秋时期，孔子收弟子开坛讲学，引起了鲁定公的重视，经常邀其到宫中讲学。季府的总管阳虎特地去看望孔子，并特地给孔子留下礼物，由此得到了孔子的回访。

4.1.4　约见顾客的方法与技巧

微课：约见方法

1. 约见顾客的方法

现代营销活动中常见的约见顾客的方法主要有以下几种：

（1）当面约见。当面约见是指推销员与顾客面对面地确定拜访与洽谈的具体时间、地点、方式等事宜。

当面约见的优点：

第一，有利于发展双方关系，加深双方感情。

第二，有助于详细了解顾客的有关情况，做好进一步的拜访准备。

第三，可以防止走漏风声，有助于保守商业秘密。

第四，简便易行。

当面约见的缺点：

第一，存在着一定的地理限制。

第二，效率不高。

第三，虽然简便易行，但容易产生误会。

第四，如果遇到顾客拒绝，推销人员会陷入被动，不利于下一次的接近和拜访。

（2）信函约见。信函约见是指推销员通过商业信函约见顾客。这里所说的信函包括纸质信函（如个人书信、会议通知、广告函件）和电子信函（如电子邮件）。信函，特别是纸质信函，相对于电话来说更加正式，更能体现对被约见者的尊重。

信函约见的优点：

第一，简单易用，成本低廉，可直接到达顾客手中。

第二，信函一般由顾客亲自拆阅，有利于推销员接近顾客。

第三，信函内容经反复斟酌，可以避免面谈时言语中的不当之处。

第四，可避免当面约见顾客时的人为阻碍。

信函约见的缺点：

第一，耗时过长。

第二，信息反馈不及时。

第三，无法当面解释，可能会给顾客留下疑惑。

第四，不适于快速约见。

推销约见顾客的信函最好亲自书写，以表示对顾客的重视与尊重。书写时最好遵循以下几点原则：内容准确、简明扼要、重点突出、文笔流畅、字迹工整。约见信要讲形式，更要讲内容，最好在众多的信函中脱颖而出，做到字字传情，句句真诚，行行可信。不可愚弄敷衍顾客。

（3）电话约见。电话约见是指通过电话联系、约见顾客。是现代推销活动中最常使用的沟通方式之一。

电话约见的优点：

第一，及时迅速，可使推销人员随时约见推销对象。

第二，短时间内可以约见大量顾客。

第三，灵活方便，可以反复约见。

第四，能够及时反馈顾客的意见和要求。

第五，节省成本。

电话约见的不足：

第一，不太容易得到顾客信任。

第二，缺乏肢体语言沟通，捕捉不到顾客面部表情，得不到真实的信息反馈。

第三，容易被拒绝。

电话约见时，由于顾客只闻其声，所以推销人员的重点应放在“话”上。电话约见，时间不宜过长，应尽量做到出言从容，语调平稳，口齿清晰，重点突出，说理充分。推销人员必须事先做好用语准备。掌握电话约见的技巧，精心的设计语言脚本，用最短的时间消除顾客的陌生感，用最短的时间引起顾客的注意，激发顾客继续交流下去的兴趣，用最诚恳的态度，争取约见的成功。

【案例讨论】

给顾客打电话几乎是推销员每天都要做的事情，但并不是每个推销员都知道如何正确地给顾客拨打电话。使用电话约见顾客时，应注意以下几个方面：

1. 打电话前的准备工作

（1）准备一支笔、一张纸，在纸上写下顾客所在公司的全名，顾客的姓名、职务，以防弄错引起顾客不快。

（2）准备记录顾客的信息，如顾客询问但无法马上答复的问题、顾客在电话中告知的联系方式等。

（3）本次通话想要表达的主要观点，最好也简单列举出来写在纸上，以防电话接通后忘记。

（4)其他相关档案放在手边,如产品报价单、库存清单、产品性能介绍等,如果顾客问起,可以从容回答。

（5）估计顾客可能会问的问题，以及这些问题该如何回答。

2. 打电话的时机

打电话时一定要掌握时机，避免在顾客可能不方便的时候拨打电话，如午休时间、吃饭时间、早会时间等。电话接通后，应首先礼貌地征询客户现在是否有时间或是否方便接听电话。如果被告知找的人不在或暂时不方便接听电话，最好能向接电话的人索要该人的联系电话或询问何时再次打过来比较合适。

3. 电话接通

电话接通后，推销员要先问好，并清晰地告诉对方自己的身份，确认对方的身份后，再谈正事。讲话时要简洁明了，少谈与业务无关的话题，杜绝电话长时间占线的现象。

4. 挂断电话

通话结束后，推销员一定要向顾客致谢。例如："感谢您花这么长时间接听电话，希望我们能合作成功，谢谢，再见。"等顾客先挂断电话之后，推销员才可以挂电话，以示对顾客的尊重。

讨论问题：回顾自己打电话的习惯，思考作为商务活动，自己的哪些习惯是不合适的。

分析提示：可从打电话前的准备活动、选择拨打电话的时机、挂断电话的方式等几个方面来分析。

（4）委托约见。委托约见是指推销人员委托第三方约见顾客。第三方是指与顾客关系密切，或对其有较大影响力的人士。也可以是推销人员的同学、老师、同事、亲戚、朋友、上司、同行、秘书、邻居等，也可以是各种中介机构。

委托约见的优点：

第一，克服顾客对推销员的陌生感和不信任心理，容易取得顾客的信任。

第二，有利于获得推销对象的真实信息。

第三，可以节省推销时间。

第四，相对不容易拒绝，提升约见成功率。

委托约见的不足：

第一，推销人员可能没有合适的人可委托。

第二，推销人员的社交半径未必与目标顾客有交集。

第三，委托人与推销人员或与目标顾客的关系一般，容易导致约见不受重视，且环节众多，延误时机。

因此，委托约见关键是要明确第三方与推销对象的关系。

（5）广告约见。广告约见法是推销人员利用各种广告媒体约见顾客的方法。常见的广告媒体有广播、电视、报纸、杂志、路牌等。利用广告进行约见可以把约见的目的、对象、内容、要求、时间、地点等准确地告知顾客。在约见对象不具体、不明确或者约见对象太多的情况下，采用这种法来广泛地约见顾客比较有效；也可在约见对象十分明确的情况下，进行集体约见。

广告约见法有约见对象多、覆盖面大、节省推销时间、提高约见效率等优点，但也有针对性较差、费用较高、未必能引起目标顾客的注意等不足。

（6）网络约见法。网络约见法是推销人员利用互联网与顾客在网上进行约见和商谈的一种方法。网络的迅速发展，为网上交谈、约见、联络情感提供了便捷的条件。网络约见对象应该具有针对性。网络约见具有灵活性、低成本性、方便性等突出的优点，同时网络约见法由于其虚拟特点，又具有一定的盲目性。

除以上介绍的几种基本方法外，还有其他的约见方法，如登门约见法、名片约见法等。

【经典案例 / 故事】

随着智能手机的普及和移动互联网应用日益广泛，商务人士对手机的依赖程度越来越高，使用手机联系顾客成为日常工作的部分。那么应怎样正确地使用微信约见顾客呢？

（1）相比电话联系，微信是一种非正式的单向沟通方式，并不一定能及时得到反馈，重要、正式的沟通一定要使用电话或其他正式的联系方法。

（2）微信约见顾客，主要适用于老顾客，双方已经比较熟悉，不会引起顾客反感。

（3）微信约见，其实是把主动权给了顾客，因为是否回应微信是由顾客来决定的。这对约见顾客，特别是约见新顾客是不利的。

（4）无论是发微信给新顾客还是老顾客，都一定要记得在微信最后加上自己公司的名称和个人姓名，如果公司名称较长，可以使用简称。

（5）微信比较适合充当电话约见的补充。例如，双方在电话中约好了时间、地点，通话结束后再发一个微信告知对方时间、地点。这样做一方面可以提醒对方，另一方面可以防止双方在电话中因信息传递失真产生误解。再如，约见下午三点钟见面，在两点半时用微信告诉对方，自己已经在路上了，三点钟将准时到达，以提醒顾客提前做好准备。

（6）约见结束，双方分手之后，可以给顾客发一个致谢微信，增进双方感情。

（7）微信有时也可以用来约见新顾客。如拜访新的顾客而没有见到，可以发一个微信告诉对方已于某年某月某日来访未能相见，希望能安排见面的时间等。

虽然微信是一种非正式沟通方式，但用来和客户沟通时，却一定要用正式的语言和格式。措辞需要反复揣摩，要简洁明了，体现对顾客的尊重，信息完整，不会产生歧义，所有信息最好用一条微信说明清楚，尽量不用超长微信。

根据以上内容，请判断以下情况是否适合使用微信约见顾客，并说明为什么。如果适合，请编制出微信内容。

（1）约见陌生顾客。

（2）约见老顾客，提示第二天来访。

（3）邀请顾客参加本公司的新产品发布会。

（4）提醒顾客合同将到期，应该签订下一年的合同了。

要点分析：微信使用很方便，但它是一种非正式的沟通方式，要使用在合适的场合，既要达到预期效果，又要体现出对顾客的足够尊重，同时还要考虑这种方式的有效性。

理解要点：首先，要判断某个场合是否适用手机微信沟通；其次，如果适用，还要仔细斟酌用词以及发送微信的时间；最后，要注意微信发出后的反馈。

说明：微信约见与沟通，一般来说适用于和熟识的老顾客沟通，用于提醒和致谢较多。重要的场合，还是需要使用正式、可靠的沟通方式，以确保沟通效果，并体现对顾客的尊重。

2. 约见顾客的技巧

（1）学会换位思考。对于陌生的电话、不速之客，出于人性的防范本能，在还没有认识到产品的价值之前，多数顾客会拒绝销售人员提出的约见请求。要想成功地约见顾客，一定要学会换位思考，反过来想想顾客为什么要见我们，面对我们会不会有被推销的压力。设法消除这种压力，约见就会变得轻松而容易。

（2）牢记顾客是健忘的。有的顾客每天要面对许多推销员，他们与谁说过什么、答应过什么，自己未必全部记得。因此，在约见以及接近顾客的过程中，顾客以前的承诺未必能实现。例如，答应某日回电话，届时不一定能想起来；同意引见上级主管，到时不一定有时间安排。因此，约见顾客时应充分考虑到这一点，必要时应采取积极主动的态度与方法，而不能被动地等待顾客的回复，因为有可能永远等不到回复。

（3）要有亲和力。不论是当面约见还是电话或其他方式约见顾客，推销员都要表现出充分的亲和力，快速融入顾客的企业文化和工作氛围之中，只有这样才能得到顾客的认可和心理上的接纳。

（4）正确对待第一印象。推销员应当留给顾客合适的第一印象，体现出专业、诚实、可靠等特征；同时，推销员应当防止只凭对顾客的第一印象就作出判断，因为这样的判断常常是不可靠的。

（5）正确处理拒绝。当顾客以直接或间接的方式拒绝推销之后，推销员要保持良好的心态，冷静地思考这种拒绝背后真实的原因，寻找有无再次约见与接近顾客的机会，必要时应当果断放弃没有价值的顾客。

4.2 接近顾客

4.2.1 接近顾客的含义与目标

接近顾客是指推销人员为了同目标顾客进行推销洽谈，而对其进行初步的接触或再次访问，是推销员与顾客正式洽谈的前奏。接近顾客时，推销员的目标是简单介绍自己和企业有关的背景、概况以及被推销产品的特点和利益，引起顾客的注意和兴趣，了解顾客的需要或问题，帮助顾客确定真正的购买动机，提出适当的购买建议，以满足需要，解决问题。接近是双向沟通过程，在实际推销活动中，成功的接近不一定都能促成交易，但成功的交易往往需要成功的接近作为前奏。从销售实践来看，这个阶段最容易被顾客拒绝，因为与陌生人从相识到信任，难以在短时间内完成，推销员若不能在短时间内激发起顾客的兴趣，就会被顾客拒之门外。因此，推销员要做好充分的准备，运用恰当的策略与方法，用最短的时间，使顾客感觉有必要与推销员做进一步的交流，从而获得向顾客推介产品的机会。

4.2.2 接近准备的基本内容

1. 熟悉各种必要的推销礼仪

（1）仪表。推销人员必须注意仪表，除了保持身体健康之外还要注意外表整洁。现代推销观念认为，推销商品首先要推销自己，而要想首先把自己推销出去，必须让顾客喜欢你的外表。

（2）服饰。讲究礼仪就应注意服饰。穿衣修饰各有所好，这里只强调几个忌讳点：

第一，不能穿不得体的衣服。

第二，不要戴太阳镜或变色镜。

第三，饰品不应佩戴太多。

（3）谈吐与举止。避免各种不礼貌的言谈和举止。要注意语言的准确性和规范化，礼貌用语，杜绝语病；要不卑不亢，彬彬有礼，革除一切不良习惯，如摸鼻、舔嘴、挖耳、仰头、摇脚、看表、东张西望、大大咧咧、慌慌张张等。

（4）其他礼节。要讲究打招呼的礼节、递名片的礼节、用电话的礼节，以及饮茶礼节、进餐礼节、跳舞礼节等。

2. 拟出接近各类顾客的具体方式

不同的顾客具有不同的购买习惯、购买方式、购买动机和购买行为。顾客不同，接近的方式也应有所区别。这就要求推销人员对接近顾客的方法多收集、多学习、多总结、多讲究，理出各式各样的方式，接近各式各样的顾客。推销人员还应培养观察生活的习惯，要善于扮演生活中的各种角色，以不同身份去接近不同的顾客，灵活运用各种接近方法。以不同的方式去接近不同类型的顾客，这是接近方法论的一个基本原则。

3. 调整精神状态、培养勇气和决心

推销人员要接近各种各样的顾客，包括热情的顾客和冷漠的顾客、年轻的顾客和年长的顾客等。推销人员在接近顾客的活动中，会遇上各种各样的困难，正视和克服接近中的各种困难，这是现代推销人员应当具备的基本职业品质。为此，推销人员要特别注意预防自卑、知识贫乏、意志软弱、情绪低沉等不良情绪。

面对种种困难，推销人员要有排除万难的勇气，知识、勇气、动力、信心是构成推销人格的四大基本要素。

4. 重温减轻顾客心理压力的法则

按照推销心理学理论，顾客面对推销人员的接近，会产生一种无形的心理压力，于是，可能会设置种种障碍，甚至采取各种干扰手段，阻挡推销人员的接近。这是一种无形的推销阻力。推销人员在接近前要准备各种减压方法，以减轻或清除顾客的心理压力，从而减少接近的困难。

4.2.3 接近不同顾客的准备内容

1. 接近个人潜在顾客的准备

个人潜在顾客作为个体消费者，多数属于非专业的购买者，对产品知识了解较少，易受

到广告、产品演示、折扣、亲友的购买行为等因素影响而产生冲动性购买行为。针对这样的顾客，推销在接近顾客之前，应当在以下几个方面做好准备：

（1）仪容仪表的准备。推销员的外表、着装等必须体现出专业性和可靠性，使顾客相信站在自己面前的是一个专业人士，是值得信任的。只有这样，双方的信任关系才能建立起来。

（2）了解顾客的基本情况。接近之前，应当了解顾客的一些基本情况，如顾客的姓名、籍贯、爱好、工作性质、家庭成员、经济收入与购买力、作息时间表、对类似产品的购买历史与购买评价等，了解这些有利于选择合适的拜访时机与交流主题。

（3）准备适当辅助设备，如用于演示产品性能的模型、多媒体设备、笔记本计算机等。

（4）准备企业和产品宣传手册、推销员的名片、销售合同（对现场交易的顾客）等可以留给顾客的文字材料。

（5）其他。如记录顾客信息的纸、笔，赠送给顾客试用的赠品等。

2. 接近组织潜在顾客的准备

与个人顾客不同，组织客户多数属于专业的购买者，购买产品是为本组织使用或是再次销售。在实施购买行为时，与个人购买者关注的重点有差别。在接近这类客户时，应该做好以下几方面的准备：

（1）仪容仪表的准备。与接近个人潜在顾客相同。

（2）了解顾客的基本情况。如生产经营情况、购买规模与支付能力、信用情况、购买决策者的基本情况、顾客与竞争对手交易的情况、急需解决的问题等。

（3）准备适当的辅助设备。如果是上门拜访，便携式的投影设备能把复杂的产品原理、性能特点等以多媒体的形式形象地展示出来，容易激发起顾客的兴趣，但成本略高。有时候，简单的模型、图表也能起到类似的效果。

（4）企业资质证明材料、企业和产品宣传手册、权威部门的调查报告、媒体相关报道的原件或复印件、老客户的感谢推荐信、价格表、推销员的名片、销售合同等有助于促成交易的材料。

（5）根据已经了解的顾客情况，预先为顾客准备一份简单的采购方案，该方案以解决顾客目前面临的问题为出发点（如降低成本、提高工作效率等）。如果拜访时获得的情况与原先得到的信息基本一致，条件成熟时拿出这份方案，可以体现推销员的专业性和对顾客的关心，增加成交的机会。不过有时候，这种方案可以在拜访现场一边与顾客讨论一边拟订，既体现出是为顾客定制的方案，又可以让顾客高度参与，比较容易获得顾客的认可。

（6）其他。如顾客可能询问的问题与回答方法等。

3. 接近老顾客的准备

除非是开拓新的市场，一般来说，推销员多数时间是在市场上维护老顾客。老顾客和新顾客的约见准备工作有些差别。除了要做好与接近一般顾客类似的准备之外，还需要在以下几个方面做好准备：

（1）查阅最近的交易记录，包括财务情况和购买结构，检查有无遗留争议问题需要解决，以及顾客是否可能会产生新的需求。

（2）如果计划与顾客进行财务结算，需准备好相关发票、收发货单据、合同等资料。

（3）对老顾客的基本资料进行维护和更新。例如，是否使用了新的生产线，采购主管是否更换，是否使用了新的行业标准，等等。不能因为老顾客已经熟识了与之相处就可以随意，推销员对老顾客仍然需要保持足够的尊重，否则会引起对方的不快。如果是面对组织客户，推销员不仅要熟识对方直接的采购人员，最好还要熟识采购人员的主管、领导或其他相关人员（如技术人员），否则一旦顾客更换了采购人员，或发生其他变故，就有可能失去这个顾客。

4.2.4 接近顾客的方法

销售的成败往往取决于接近顾客后短暂的时间内，甚至一瞬间的第一印象就已经决定了结果。接近顾客实际上是与顾客交朋友，建立密切的联系和深厚的友谊。顾客存在着多种类型，如内向型、外向型、理智型、冲动型、固执型、傲慢型、谦和型、诚实型、虚荣型等。不同类型的顾客对交际有着不同的要求，即使同一类型的顾客在细节上也存在着某些差异，推销人员在接近时要分不同情况，灵活采用最适当的方法。

1. 产品接近法

产品接近是指推销人员直接利用所推销的产品引起顾客的注意和兴趣，从而顺利进入推销面谈的接近方法。由于这种方法是以推销品本身作为接近媒介，因而也称实物接近法。

推销人员采用产品接近法，直接把产品、样本、模型摆在顾客面前，让产品作自我推销，给顾客一个接触产品的机会，以产品自身的魅力引起顾客的注意和兴趣，既给了顾客多种多样的感官刺激，又可以满足顾客深入了解产品的要求，这是产品接近法的最大优点。

在采用产品接近法时要注意以下四个方面：

（1）产品本身必须具有一定的吸引力，能够引起顾客的注意和兴趣，这样，才能达到接近顾客的目的。在顾客看来毫无特色的一般商品，不宜单独采用产品接近法。即使推销人员觉得产品新颖独特，而且事实上也的确如此，但若顾客不能立即认识到这一点，也不建议采用产品接近法。

（2）产品本身必须轻巧精美，便于推销人员访问携带，也便于顾客操作。笨重的庞然大物、不便携带的产品不宜采用产品接近法。例如，重型机床、房地产、推土机等就不好采用产品接近法。但是，推销人员可以利用产品模型、产品图片等作为媒介接近顾客。

（3）推销的必须是有形的实物产品，可以直接作用于顾客的感官。看不见、摸不着的无形产品或服务，不能采用产品接近法，如理发、洗澡、人寿保险、旅游服务、电影入场券等都无法利用产品接近法。

（4）产品本身必须质地优良，经得起顾客反复接触，不易损坏或变质。推销人员应准备一些专用的接近产品，平时注意加以保养，以免在顾客操作时出问题，影响推销效果。

2. 介绍接近法

介绍接近法是指推销员通过自我介绍或他人介绍的方式接近顾客。这是最常见的一种接近顾客的方法，每个推销员都应该熟练掌握。

一般情况下，推销员在自我介绍或通过他人介绍引见之后，应该及时出示名片、身份证明、公司营业执照等文件和资料，尽快消除顾客对自己身份的疑虑。推销员也可以借这个机会，索取顾客的名片等相关资料，获取顾客准确的基本信息，便于以后的联系。

通过他人介绍时，介绍人与顾客的关系越亲密效果越好。介绍的形式有当面介绍、写介绍推荐信、电话介绍等。有时候，虽然没有获得某人介绍引见，但在面对顾客时，如果获知顾客与该人关系较好，也可以使用"××公司的××曾经提到过您，他说……"等话语，拉近与顾客之间的心理距离。

3. 利益接近法

利益接近法就是推销员抓住顾客追求利益的心理，利用所推销的产品或服务能给顾客带来的利益、实惠、好处，引起顾客的注意和兴趣，进而转入面谈的接近方法。从现代推销原理来讲，这是一种最有效、最省力的接近顾客的方法。

利益接近法的优势在于以下几点：

（1）符合顾客求利的心理。这种利益接近法迎合了大多数顾客的求利心态，销售人员抓住这一要害问题予以点明，突出了销售重点和产品优势，有助于很快达到接近顾客的目的。

（2）符合商业交易互利互惠的基本原则。顾客购买商品的目的是，通过商品使用价值的实现，从中获得某种利益，而工商企业的销售更是直接以盈利为目的的。

使用利益接近法对产品的要求：产品优势以及推销能带给顾客的利益是实实在在的，而不是夸大其词的。否则就会失去顾客的信任感，或导致推销本身没有实际效益。

使用利益接近法对推销员的要求：利益接近法的接近媒介，是产品本身的实惠，而主要方式是直接陈述，告诉客户购买产品的好处，语言必须引起客户对产品利益的注意和兴趣，才能达到接近的目的。

4. 好奇接近法

好奇接近法是指推销人员利用顾客的好奇心理，达到接近顾客的目的的方法。好奇心理是人们的一种原始驱动力，在此动力的驱使下，促使人类去探索未知的事物。

好奇接近法正是利用顾客的好奇心理，引起顾客对推销人员或推销品的注意和兴趣，从而点明推销品利益，以顺利进入洽谈。好奇接近法需要的就是推销人员发挥创造性的灵感，制造好奇的问题与事情。

在使用好奇接近法时应该注意以下问题：

（1）引起顾客好奇的方式必须与推销活动有关。

（2）在认真研究顾客的心理特征的基础上，真正做到出奇制胜。

（3）引起顾客好奇的手段必须合情合理，奇妙而不荒诞。

5. 表演接近法

表演接近法是指推销人员利用各种戏剧性表演技法引起顾客的注意和兴趣，进而转入面谈的接近方法。利用这一方法，可以迎合某些顾客的求新心理，充分调动顾客的主观能动性，唤起顾客的思想感情，甚至可以产生移情的作用。

采用这种方法要注意以下问题：

（1）表演必须注意戏剧性效果，而且对不同顾客采取不同表演手段。

（2）表演必须自然合理，能打动顾客的心。

（3）努力使顾客融入戏剧中，成为重要角色。

（4）以推销品和与推销有关的物品为道具。

6. 问题接近法

问题接近法是指推销人员利用直接提问的方式引起顾客的注意和兴趣，进而转入面谈的接近方法。这种方法有利于推销人员开口讲话，获取信息，开展重点推销，直接促成交易。采用这一方法应注意：

（1）问题的表述必须明确，避免采用含糊不清或模棱两可的命题。

（2）提出问题必须具体，不可漫无边际。

（3）问题的重点必须突出，扣人心弦，不可隔靴搔痒。

（4）接近问题应全面考虑，迂回出击，不可完全直言不讳，避免出语伤人。

7. 馈赠接近法

馈赠接近法是指推销人员通过向顾客赠送一些小的礼物，引起顾客的兴趣和关注，进而获得推销洽谈的机会。这些小礼物可以是纸巾、钥匙扣、笔、记事簿、印有产品 logo 以及产品信息的购物袋、小包装的产品、产品的模型等。这一方法有利于推销人员亲近顾客，营造融洽的气氛。推销人员采用这种方法时应注意下列问题：

（1）慎重选择馈赠礼品，投其所好。

（2）礼品是一种接近媒介，切忌欺骗顾客。

（3）赠送礼品必须符合国家法令及有关规定，严禁贿赂或变相贿赂行为。

（4）馈赠接近应与馈赠广告同时进行，以扩大产品影响。

（5）接近用礼品要具有一定的实用性。

8. 赞美接近法

赞美接近法是指推销人员通过赞美顾客，利用顾客的自尊心理来引起顾客的注意和兴趣，进而转入正式洽谈的接近方法。

喜欢受到称赞是人们的共性，人们在心情愉快的时候，很容易接受他人的建议。这是本方法的原理。

在使用赞美接近法时应注意：

（1）赞美应该是非清楚，爱憎分明。

（2）赞美应尽量切合实际。推销人员应细心观察与了解顾客，对其值得赞美的地方加以赞美。

（3）赞美时态度诚恳，语气真挚，使顾客感到心情舒畅。

（4）要克服推销的自卑与嫉妒心理，尽量赞美顾客，不要吝惜语言。应注意赞美顾客本人，例如，不仅仅是赞美顾客的衣服好看，而应赞美顾客会选择衣服与懂得颜色搭配。

9. 求教接近法

求教接近法也称请教接近法，是指推销人员虚心向顾客讨教问题，利用这个机会，达到接近顾客的目的的接近方法。这种方法以敬重顾客、满足顾客受到尊重的心理需求为原则，在实际应用中的效果较好。尤其是对个性较强，且有一定学识、身份和地位的专家型顾客来说，这种方法更为奏效。

请教可以是推销品经营方面的问题，也可以是人品修养、个人情趣等方面的问题。不论请教哪方面的问题，推销人员都应谦虚诚恳，多听少说；赞美在前，请教在后；请教在前，推销在后。

在实际推销工作中，多数顾客都有一些擅长的领域，推销员若能登门求教，自然会受到欢迎。例如，“赵工程师，您是电子方面的专家，您看看我厂研制的这类电子产品，在哪些方面优于同类老产品？”“我是这方面的新手，我想知道您是否能够帮助我？”“我的同事说我们公司的产品是同类中最好的，请问您是怎么看的？”

10. 调查接近法

调查接近法是指推销人员借调查研究的机会接近顾客的方法。

推销员在实际应用中，可直接向顾客提出调查要求，并说明调查的目的是了解所推销的产品是否符合顾客的愿望、是否能解决顾客的问题。

由于调查接近法，使顾客看到推销人员认真负责的工作态度，看到推销人员热忱服务的精神，因而，比较容易获得顾客的信任与支持，能成功地接近顾客。调查接近法一般适用于对大型生产资料的推销。使用调查接近法要求做到以下两个方面：

（1）推销人员应以专业性的知识及内行的水平提出具体的调查对象与调查内容。

（2）应尽量消除顾客的戒备心理，以便更多地了解情况。

调查接近法的优势在于：有利于推销人员利用市场调查的机会接近顾客；有利于扩大企业产品的知名度；有利于提高推销人员的专业知识；有利于推销人员了解与熟悉所推销的产品。

11. 聊天接近法

聊天接近法又称“闲谈接近法”或“闲聊接近法”，是指销售人员利用聊天的机会来接近客户的一种方法。在现实生活中，随着休闲时间的增加，到处都可以看到凑到一起闲聊的人群，或谈论天下大事，或议论个人小节，或讲古代传奇，或说今日新闻，等等。销售人员应该成为一个高明的聊天爱好者，以聊天的方式去接近客户。在一定环境下，聊天接近法可以消除接近障碍，减轻客户的心理负担，有助于销售人员接近某些难以正面接近的客户。

在采用聊天接近法时需要注意以下几点。

（1）选择适当的话题，围绕着销售重点聊天。

（2）积极引导，让客户发言。

（3）轻松自然，不与客户争吵。

（4）控制时间，迅速接近客户。

（5）活跃聊天气氛，缩短接近距离。

12. 震惊接近法

震惊接近法就是推销人员利用某种令人吃惊或震撼人心的事物来引起顾客的注意和兴趣，进而转入面谈的接近方法。对某些顾客来说，震惊接近法是一种有效的接近方法，此类方法通过打破顾客熟知的常识，冲破他们的心理防线，引起他们关注。

推销人员在采用这种方法时，应该特别注意以下几个问题：

（1）推销员利用有关客观事实、统计分析资料或其他手段来震撼顾客，应该与该项推销活动有关。

（2）推销员无论利用何种手段震惊顾客，必须先使自己震惊，确保奏效，以取得一鸣惊人的效果。

（3）推销员震惊顾客，应该适可而止，令人震惊而不引起恐惧。

（4）必须讲究科学，尊重客观事实。切不可为震惊顾客而过分夸大事实真相，更不应信口开河。

【经典案例 / 故事】

保险公司营销员的顾客拜访准备

假设你是保险公司寿险推销员，现得知某公司销售部经理李先生有可能会购买寿险，经过老客户引见，你已经同李先生电话约好，今天中午 12:30 去他所在的公司拜访，现在是 11:30，在这见面前的一个小时的时间，你打算做什么样的准备？

业务分析：由于推销员本来不认识李先生，虽然有老顾客引见，但双方还是需要有从见面到信任的过程。李先生利用午休时间会见寿险推销员，留给推销员的时间并不多，需要尽快找到双方的共同语言，建立信任，然后才可能推销产品。保险产品是无形的产品，带给顾客的利益不易直接表现出来，这又为推销活动带来了难度。

业务说明：像寿险这样的产品，顾客的情况多种多样，他们希望最好这份产品就是为其定制的，各方面都符合其对保障的要求。可是，保险公司推出的产品很少能定制化，推销人员需要把共性的产品推荐给需求极度个性化的个人，怎样让客户感觉这个产品“正是我所需要的”是首先要解决的问题。在这里，推销员起到了关键性作用。他们需要利用自己的专业知识和对顾客的了解，从顾客需求角度介绍产品，让顾客感觉到“这个推销员对我以及我的要求已经非常了解了”，这样才能增加成交的机会。

【案例讨论】

他们用了什么接近顾客的方法？

阅读以下两则范例，完成后面的两个讨论问题：

1. 范例 1.

推销人员 A：“有人在吗？我是 ×× 公司的销售人员陈 ××。很抱歉在百忙中打扰您。我想要向您请教有关贵商店目前使用收银机的事情。”

商店店主：“哦，我们店里的收银机没有什么毛病吧？”

推销人员 A：“并不是有什么毛病，我是想是否已经到了需要换新的时候。”

商店店主：“没有这回事，我们店里的收银机状况很好呀，使用起来还像新的一样。嗯，我不想考虑换台新的。”

推销人员 A：“并不是这样的！对面李先生已更换了新的收银机呢。”

商店店主：“不好意思，让您专程而来，将来再说吧！”

2. 范例 2.

推销人员 B：“郑先生在吗？我是大华公司销售人员王 ××，很抱歉在百忙中打扰您。

我是本地区的销售人员，经常经过贵店。看到贵店一直生意都是那么好，实在不简单。”

商店店主：“您过奖了，生意并不是那么好。”

推销人员 B:“贵店对客户的态度非常亲切,郑先生对贵店员工的教育训练一定非常用心，我也常常到别家店，但像贵店服务态度这么好的实在是少数；对街的张老板对您的经营管理也相当钦佩。”

商店店主：“张先生是这样说的吗？张先生经营的店也是非常好，事实上他也一直是我学习的榜样。”

推销人员 B:“郑先生果然不同凡响，张先生也是以您为榜样。不瞒您说，张先生昨天换了一台新功能的收银机，非常高兴，才提及郑先生的事情。因此，今天我才来打扰您！”

商店店主：“喔！他换了一台新的收银机呀？”

推销人员 B:“是的。郑先生是否也考虑更换新的收银机呢？目前您的收银机虽然也不错，但是如果能够使用一台有更多功能、速度也较快的新型收银机，让您的客户不用排队等太久，应该会更喜欢光临您的店。请郑先生一定要考虑这台新的收银机。”

讨论问题：

1. 看完范例 1、范例 2 中推销人员 A 与推销人员 B 的表现，你有何感想？

2. 推销人员 A 与推销人员 B 各采用了什么样的顾客接近方法？

任务四：互动测验

【互动测验】

[单选题]

1. 在访问一个爱佩戴珠宝的顾客时，推销员把一个珠宝盒子放在顾客的桌上。一阵闲谈后，顾客问“盒子里是什么？”推销员把盒子递给顾客并说到：“打开就知道了”里面正是推销员想推销的产品，这种接近顾客的方法是（　　）。

A. 好奇接近法　　B. 震惊接近法

C. 表演接近法　　D. 利益接近法

2. 现代推销活动中最迅速、方便、经济、快捷的约见方式是（　　）。

A. 直接拜访　　B. 信函约见

C. 电话约见　　D. 广告约见

3. 下面说法不正确的是（　　）。

A. 约见顾客是基本的礼仪

B. 约见顾客有助于双方做好准备

C. 约见顾客是接近顾客的前奏

D. 约见顾客会降低推销效率

4. 推销接近顾客需要采用恰当的方式，火车上的售货员拿出自己所推销的玩具，在人员密集的车厢进行演示，从而吸引了大家的注意，这属于接近中的（　　）。

A. 表演接近法　　B. 好奇接近法

C. 事件接近法　　D. 利益接近法

5. 推销人员用赞美的语言夸奖顾客,以赢得顾客的好感,这种接近顾客的方式是(　　)。

A. 利益接近法　　B. 服务接近法

C. 好奇接近法　　D. 赞美接近法

6. 推销员直接把产品、样品、模型摆在顾客面前，以引起顾客对其推销产品足够的注意与兴趣，进而导入面谈的接近方法是（　　）。

A. 利益接近法　　B. 提问接近法

C. 介绍接近法　　D. 产品接近法

[多选题]

1. 具体的约见内容包括访问对象和（　　）。

A. 访问方法　B. 访问时间　C. 访问地点　D. 访问事由

2.（　　）可以作为约见地点。

A. 顾客公司　B. 推销员公司　C. 热闹的商场　D. 安静的咖啡馆

3. 接近顾客的目的有（　　）。

A. 唤起顾客的注意　　B. 激发顾客的兴趣

C. 提醒顾客商品的价值　　D. 服务于推销面谈

4. 对约见顾客的几种认识，正确的是（　　）。

A. 为了实现销售而进行的拜访

B. 事先征得顾客同意接见的过程

C. 仅适用于陌生顾客

D. 不约见一定不能见

5. 接近顾客技术包括（　　）两个程序。

A. 约见顾客　B. 了解顾客　C. 观察顾客　D. 接近顾客

[判断题]

1. 托人约见不容易引起误约，延误时机。（　　）
2. 约见与企业从未发生联系的陌生顾客时，推销人员可以使用上门约见方法。（　　）
3. 接近顾客前必须调整精神状态，培养勇气和决心。（　　）
4. 接近顾客时不要戴太阳镜或变色镜。（　　）
5. 推销人员要选择适当时机接近顾客，不可错失良机。（　　）
6. 和客户确定约见时间,一般由推销员根据自己的工作节奏和习惯来选择时间。(　　)
7. 约见顾客必须要有熟人介绍，否则难以成功。（　　）

[讨论题]

1. 推销人员在接近顾客之前需要做好哪些准备工作?
2. 约见顾客的内容包括哪些？约见顾客的主要方法有哪些？
3. 推销接近的方法有哪些？试举例一至三种并说明其用法和适用条件？

【技能实训 1】

保温杯推销员顾客拜访前应准备什么？

□实训目的

通过完成一次当面拜访的准备工作，理解拜访准备的重要性。

□实训要求

模拟推销员计划做一次推销拜访，分析拜访应当准备的资料，以实现通过满足顾客真实需求，来达成交易的目标。

□实训步骤

1. 同学按四或五人一组进行分组，全班分八至十个小组。

2. 同学模拟保温杯公司推销员，得知某公司将采购一批保温杯作为赠送顾客的礼物，推销员计划明天去该公司做一次销售拜访。

3. 每组同学讨论并完成拜访前的准备工作，把要做的准备工作和要准备的资料文件列出清单，写在纸上。

4. 不同小组同学交换清单并讨论。

5. 教师对不同小组同学的结论进行点评。

□考核要点

准备是否充分，是仅给顾客提供了产品，还是认真分析顾客的现状并给出解决方案。

□实训评价

学生小组之间互评、教师对各小组的代表方案进行点评，并将评价结果计入学生平时成绩。

【技能实训 2】

接近顾客练习

□实训目的

通过接近顾客的实践活动体会和掌握接近顾客的方法和技巧。

□实训步骤

1. 将全体同学分为若干小组，教师指定一组中的某个学生扮演推销人员，其余学生扮演顾客。

2. 教师出示需要推销的产品，并对产品进行简要介绍（也可以学生自选产品）。

3. 各组结合推销的产品分别设计接近顾客的方案，并进行现场演示，其他组作为观察组仔细观察演示过程。

4. 全班就同学们的演示过程开展讨论，评价各种方法的应用。

5. 教师对同学们的演示和讨论进行点评。

□实训评价

学生小组之间互评、教师对各小组的方法选择和演示进行点评，并将评价结果计入学生平时成绩。

任务五　说服对方好口才——推销洽谈

【学习目标】

知识目标

1. 了解推销洽谈的特点与类型；
2. 掌握推销洽谈的基本原则和内容；
3. 熟悉推销洽谈的基本程序与策略；
4. 掌握推销洽谈的方法和技巧。

能力目标

1. 能够根据实际情况做好推销洽谈的准备工作；
2. 能够灵活地运用推销洽谈的各种方法；
3. 能够灵活地使用 FABE 技术设计推销用语并有效地介绍产品；
4. 能够灵活地使用洽谈中沟通技巧。

思政目标

1. 培养学生与时俱进的学习意识和知史爱国精神；
2. 培养学生诚实守信、遵纪守法、平等互利的商业精神。

【知识结构】

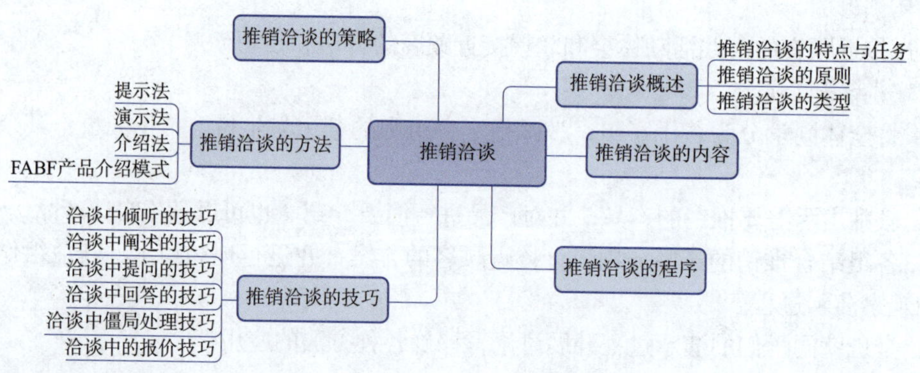

【任务导入】

程功根据主管的建议，通过到施工现场与工人聊天获取了学校负责人的信息，然后通过网络找到了该负责人的办公电话，利用其所学电话约见技巧争取到了一个面谈的机会。

动画：推销洽谈导入

后天就是约好的上门面谈日，俗话说，“凡事预则立，不预则废”，程功紧张地做起了准备工作。

推销洽谈需要掌握洽谈的基本原则是什么？推销洽谈都谈些什么？洽谈程序怎么安排和把握？与客户洽谈采用什么样的策略？这都是程功要考虑的问题。如果你是程功，该如何制定一份详细的推销洽谈方案呢？

【经典案例 / 故事】

某建材城瓷砖销售现场。

导购：先生，来选砖呀？

顾客：嗯，随便看看。你们这砖怎么样？

导购：您放心，咱们这砖是名牌，都是采用的进口原材料，用意大利进口的 7 800 吨压砖机压出来的，防滑耐磨，抗折抗弯强度高，质量好得很。咱们这个牌子还是中国驰名商标，国家免检产品。

顾客：这款地砖挺漂亮的。多少钱？

导购：您说这款呀，现在搞特价，98 元一片，一平方米合 153 元多。

顾客：啊，怎么这么贵？隔壁没搞特价才 78 元一片，才合 121 元多一平方米，你这个比人家贵这么多，还搞特价呢！

导购：先生，我们这是名牌货，质量好。一分钱一分货。

顾客：那我再转转，再看看吧。

顾客走掉了，而且也没有再来看看。按理来说，这位导购介绍得已经相当专业了，而且企业的生产优势和荣誉、产品的功能卖点也都讲到了，却没有能够打动消费者。

由案例可知，要想成为一名卓越的推销员，不仅要具备一定的推销技巧和推销素质，还要充分地了解顾客，善于在洽谈中引导顾客。推销洽谈是一个复杂的、具有丰富内容的、循序渐进的活动过程，在正式的洽谈中，推销员必须按照一定的步骤和程序去进行，做好每一阶段的工作。

5.1　推销洽谈概述

推销洽谈，也称推销面谈，是买卖双方为实现推销商品或服务的交易，就各种交易条件进行的协商活动。在信息高度发达的现代，推销洽谈不一定是指面对面的洽谈。

动画：客户面谈重要性

推销洽谈是指推销人员运用各种方式、方法向顾客传递信息，沟通思想，使顾客对商品的兴趣上升到强烈的购买欲望，并说服顾客购买推销品的过程。它是一种自愿互利的行为。因此，推销洽谈的目的是推销人员向顾客全面地介绍企业及商品情况，使顾客能较好地了解商品，认识并喜爱商品，解除疑虑与异议，并产生购买欲望。推销洽谈的手段是说服。推销人员必须借助思维、语言、文字、体态等来传递和交流信息，通过摆事实、讲道理，以理服人，来实现洽谈的目的。

5.1.1 推销洽谈的特点与任务

1. 推销洽谈的特点

微课：推销洽谈的概念、特点与任务

推销洽谈是一项较为复杂的推销业务，它受多种因素的影响，局面可能会错综复杂，必须进行充分的准备，准确把握推销洽谈的特点，才有可能实现推销洽谈的预期目的。推销洽谈的特点主要体现在三个方面：

（1）竞争合作性。推销洽谈的手段是说服，通过说服来调和买卖双方的利益，最终达成某种协议。而在这种说服过程中既有竞争，更有合作，只有合作才能实现双赢。

（2）互动灵活性。推销洽谈具有互动性，是买卖双方共同参与的过程。推销员介绍商品，回答顾客提出的各种疑问与异议时，必须把握灵活性，只有经过双方反复的沟通协商，不断调整预先的洽谈内容与条件，才能最终达成交易。因此，推销洽谈是双方的、灵活的交易行为。

（3）利益相关性。人们为了满足某种需要，积极寻找具体满足物，并和卖方交换意见寻求合作。这种相互间的满足行为是建立在双方利益实现的基础上的。满足双方需要、实现双方利益共赢是推销洽谈的基础。

2. 推销洽谈的任务

根据洽谈的特点，在推销洽谈前必须明确任务。洽谈者只有明确了洽谈任务，才能把握洽谈节奏与方向，才能在洽谈中把握分寸，保证洽谈的顺利进行。具体来说，推销洽谈的任务有：

（1）积极寻找顾客的需要。推销人员在洽谈之前，必须尽量设法找出顾客的真正需要，投其所好地开展推销活动。有的推销人员赢得了洽谈的机会后，只是从自身的角度去介绍企业产品的特点、自己的价格政策或对顾客的优惠措施，唯独不去思考、判断此刻顾客在考虑什么，顾客最关心什么。往往说了半天后，顾客会不耐烦地说“如果我需要你的产品，我会和你联系的，再见”。其实，推销洽谈的最根本目的就是满足顾客的需求，推销人员要善于让顾客发表见解，从他们的话语中了解他们的真正需求，这样才能增加成功的机会。

（2）介绍产品信息。现代推销的重要目的之一是让顾客了解自己的产品，最终实现购买行为。所以，推销人员要根据不同顾客的需求，适宜地将产品信息传递给对方，如企业生产情况、产品功能、商标、质量、价格、服务、销售量等。一般来说，市场上肯定存在竞争关系，要重点传递顾客最关心、最重视的产品或服务信息、传递本企业产品的特征或优于其他同类产品的信息，才能加大成功的概率。当然，推销员在传递信息时必须客观真实，实事求是，这样才能赢得顾客的最终信任。

（3）处理顾客异议。在推销过程中，顾客难免会提出一些问题。恰当处理这些问题是推销成功的关键，切忌欺骗顾客。只有客观真实地说明问题，巧妙地把产品的核心优点与存在的问题进行比较，突出差异优势，才能说服顾客，打消顾客疑虑。例如，顾客认为产品的样式不好，此时推销员明知道该问题确实存在却搪塞或辩解，只能增加顾客对推销员的反感，对公司产品的不信任。相反，如果推销员换一个角度去回答，效果可能会不同。比如，他可以这样回答："哦，的确我们公司产品样式单一，我也发现了这个问题，但由于这种产品的核心技术跟其他同类公司不一样，所用的材料不同，这样做的优点在于……因此样式只能这样了。"这样回答才能消除顾客心中的疑虑。因此，推销员在诚实守信的基础上，掌握适当的语言技巧，才能消除顾客的异议。

（4）有效促使顾客采取购买行动。推销洽谈的最终目的是要说服顾客采取购买行动。有时顾客由于选择机会很多，难免会犹豫不决，出现反复行为，甚至会产生复杂的心理冲突，但最终会作出购买或不购买的决策。在洽谈过程中，推销人员必须准确把握顾客购买决策的心理冲突，站在顾客的角度，有理有据地为他们分析利弊关系，通过优质的产品、良好的信誉、知名的品牌、完善的售后服务，最终促使其作出购买决策。

【案例讨论】

某叉车制造公司是小黄所在公司的新客户，小黄负责向该叉车制造公司供应叉车仪表，经过多次努力，终于打开了这家公司的市场。有一次，叉车公司的技术人员反映有一批新购的仪表有质量问题，要求给予调换。小黄当时正在忙于同另一个重要客户洽谈业务，拖了几天之后才处理这件事情。小黄认为凭着双方的关系，叉车公司技术人员不会介意，可是该公司后来购买仪表时却转向了其他供应商，小黄公司因此失去了一个长久稳定的客户。

讨论问题：结合案例，谈谈小黄的拖延行为会对公司、对自己产生哪些影响。

分析提示：使顾客作出购买决策行为的动因可能仅仅是非常微小的一件事情，推销人员必须周密考虑，否则一个很小的失误就有可能使顾客改变主意。

5.1.2　推销洽谈的原则

推销洽谈实际上是双方寻找利益交叉点的过程。推销人员与顾客都希望尽快实现自己的目标。推销洽谈应坚持一定的原则，主要有以下几种：

1. 针对性原则

针对性原则是指推销洽谈应该服从推销目标和任务，做到有的放矢。

（1）针对顾客的动机特点开展洽谈。推销洽谈应该从顾客的动机　出发，并加以引导。顾客需要什么，推销员就推销什么。按照顾客的渠道分类：中间商的购买动机是市场上畅销对路、物美价廉；最终消费者的购买动机是多种多样的，如求实、求廉、求新、求美、求异、嗜好等。推销员应该以顾客需求动机为基础，进行有效的洽谈。

（2）针对不同顾客的心理特征开展洽谈。不同的顾客具有不同的个性心理特征。如有的内向，有的外向；有的随和，有的顽固；有的慎重，有的冲动；有的冷淡，有的热情。推销员只有针对不同个性心理的顾客采取不同的洽谈策略，才能取得实效。

（3）针对顾客的敏感程度开展洽谈。不同的顾客对产品的敏感程度不一样，比如，有的顾客对价格特别敏感，有的顾客对产品的质量非常敏感。推销员在开展洽谈的过程中，必须根据顾客的特点，设计合理的洽谈方案，增强产品的竞争能力，力争洽谈成功。

【案例讨论】

专门推销建筑材料的小李，听说一位建筑商需要一批建筑材料，便前去谈生意，可很快被告知已有人捷足先登了。小李还不死心，便三番五次请求与建筑商见面。那位建筑商经不住纠缠，终于答应与他见一次面，但时间只有5分钟。小李在会见前就决定使用“趣味相投”的谋略，尽管此时尚不知建筑商有哪些兴趣和爱好。小李一走进办公室，就被挂在墙上的一幅巨大的油画吸引了。他判断建筑商一定喜欢绘画艺术，便试探着与建筑商谈起了当地的一次画展。果然，建筑商兴致勃勃地与他谈论起来，两人竟谈了1小时之久。临分手时，允诺小李承办的下一个工程的所有建筑材料都由小李的公司供应，并将小李送出门外。

讨论问题：推销员小李的成功之处在哪里？

分析提示：小李的成功之处在于对顾客个性心理，这里主要是指个人兴趣和爱好的洞察，然后投其所好，为洽谈赢得了一个良好的开局。

2. 鼓动性原则

鼓动性原则是指推销员在推销洽谈中用自己的信心、热心和诚心，以自己的丰富知识有效地感染顾客，说服顾客采取购买行动。

作为一名推销员，始终要抱定成功的信念，相信自己的产品和服务，热爱自己的事业，相信推销的产品和自己的顾客。同时在推销洽谈中要表现出专家的风范，用广博的知识去说服顾客，更要善于用具有感染力和鼓动性的语言去生动形象地传递信息，打动顾客的心

3. 倾听性原则

倾听性原则是指推销员在推销洽谈过程中，不要只向顾客传递推销品信息，更要注意倾听顾客的意见与要求。

为了达到推销的目标，推销员切忌滔滔不绝从企业自身的角度去介绍产品，而要善于观察顾客的需求。经验告诉我们，有时推销员说得越多越容易使顾客反感，相反，尽量让顾客去表达自己的意愿，少说多听，有时会取得意想不到的效果。

4. 参与性原则

参与性原则是指推销员在推销洽谈过程中，积极地设法引导顾客参与推销洽谈，促进信息双向沟通。推销员要与顾客打成一片，使顾客产生认同感和归属感，以提高推销效率。有时推销员还要设法引导顾客积极参与洽谈过程。例如，引导顾客发言，请顾客提出和回答问题，认真听取顾客的意见，让顾客试用推销品等。这些活动都能使顾客参与推销活动，使顾客产生满意感，从而充分调动顾客的积极性和主动性，创造有利的洽谈气氛，提高推销洽谈的成功率。

5. 诚实性原则

诚实性原则是指推销人员在推销洽谈过程中切实对顾客负责，真心诚意与顾客进行推销

洽谈。如实向顾客传递推销信息，是现代推销人员的起码准则。应做到以下几点：

（1）推销人员在出示有关证明文件时，不能伪造。

（2）推销人员推销的产品必须与企业产品完全一致。

（3）推销人员在介绍产品时，要诚实守信，不能欺骗顾客。

【思政故事】

中国第一家票号——日升昌，创建于道光四年（1824年），百年沧桑，业绩辉煌，执全国金融之牛耳，分号遍布全国30余个城市、商埠重镇，远及欧美、东南亚等国，以“诚信经营、汇通天下”著称于世。

清末时期，平遥城内一位沿街讨饭数十年的老太太，有一天持一数额为12 000两的日升昌张家口分号汇票，到日升昌总号提取银两。任柜头的一看签发时间在同治七年(1868年)，与取款时间相隔了30多年，赶紧到后厅询问大掌柜。两人问清了汇票来历，并认真查阅了数十年的账簿，如数兑付了现银。原来，老太太的丈夫早年到张家口经商做皮货生意，同治七年收拾盈余，在日升昌分号汇款12 000两白银，起程回籍，不料途中得病身亡。尸体运回家里，妻子哭得死去活来。换完衣服择日出殡后，一个好端端的家庭开始败落。妻子十几年熬过来，一天，这位已沦为乞丐的老妇，拿起丈夫留下的唯一一件夹袄，从衣角摸到一张日升昌汇票，抱着试试看的心理，到日升昌兑取现银。这件事之后，日升昌名声大振，汇兑、存放款业务一天比一天红火。

6. 平等互利原则

平等互利原则是指推销人员与顾客要在平等自愿的基础上，互惠互利达成交易。贯彻平等互利原则，要求推销人员在推销活动中尊重顾客，不以势压人，不把自己的意志强加给顾客。同时，推销人员应向顾客推销对顾客有用的商品，通过满足顾客的需求来谋求双方共同利益的实现。

7. 守法原则

守法原则是指在推销洽谈及合同签订过程中，要遵守有关的政策、法律、法规和惯例。在推销洽谈过程中，推销人员不能有意或无意违反法律法规。在自己的权益受到侵犯时，要利用法律的武器保护自己，依法追究对方责任。

5.1.3 推销洽谈的类型

推销洽谈的种类很多，从不同的角度可进行不同的分类。

1. 按推销洽谈的主题划分

（1）商品要素洽谈。商品要素洽谈是以商品的质量、数量、价格、品种、规格、功能、服务等为内容的洽谈。其中价格是商品要素洽谈的核心。

（2）交易方式洽谈。交易方式洽谈是以交货方式、交货时间、结算方式以及有关费用负担等为内容的洽谈。其中交货方式和结算方式是交易方式洽谈的核心。

（3）签订合同洽谈。签订合同洽谈是以明确推销双方的权利和义务关系为主要内容的推销洽谈，洽谈合同的条款和内容必须符合《中华人民共和国民法典》合同编的规定，同时便于双方履行。

2. 按推销洽谈的人员多少划分

（1）一对一洽谈。一对一洽谈是指在一个推销员和一个顾客之间进行的推销洽谈。推销数量金额都较小的洽谈大多是一对一的。一对一洽谈是一种最困难的洽谈类型。对于推销人员来说，一对一洽谈要求自己独立思考、分析、判断、决策。这就对推销人员的知识、能力及随机应变能力等综合素质提出了更高的要求。

（2）小型洽谈。小型洽谈是洽谈双方参与的人数在二至四人的洽谈。这是比较常见的推销洽谈类型，一般适用于项目较大或内容比较复杂的推销洽谈。这一洽谈类型的关键是正确搭配推销洽谈的组成人员。

（3）中型洽谈。中型洽谈是指双方参与洽谈的人数在四至十二人的推销洽谈。

（4）大型洽谈。大型洽谈是指洽谈项目数多、洽谈内容复杂，并且双方参与洽谈的人数在十二人以上的推销洽谈。这一类型的特点是：洽谈人数多，往往拥有由经济专家、法律专家、技术专家等人组成的顾问团；洽谈程序严密、时间长，有时还要把整个洽谈过程分成若干阶段，这种类型要注意做好小组的分工，以区分彼此的责任，进行周密的布置和安排。

5.2 推销洽谈的内容

在推销洽谈方案拟定的过程中，必须事先确定洽谈可能涉及的内容，并且推销洽谈的内容也应围绕顾客所关心的问题来确定。一般应该包括以下几个方面：

微课：推销洽谈的内容

1. 商品自身

商品自身包括商品的规格、性能、款式、质量等，这是顾客最关心的内容。对于消费顾客和生产顾客来说，购买的目的就是要得到一定的使用价值，满足其生活和生产消费的需要。对于消费顾客和生产顾客而言，推销员介绍和洽谈应以商品的适用性为重点；对中间商来说，推销员应着重介绍商品的市场前景。

2. 价格因素

价格是推销洽谈中最敏感的问题，因为它涉及买卖双方利益。推销人员应该认识到，价格并非越低越好，价格低的商品不一定畅销，价格高的商品也不一定没有销路。因为任何顾客对商品价格都有自己的理解，顾客对价格有时斤斤计较，有时又不十分敏感，主要取决于顾客需求的迫切程度、需求层次、支付能力和消费心理等。在推销洽谈中，推销人员要在不违反公司既定政策的基础上，灵活运用价格这一敏感的洽谈焦点，针对顾客的不同要求，巧妙定价。比如，对价格比较敏感的顾客，推销人员可以根据情况，适当降价，或者提供性能、款式、价格低于洽谈商品的策略供顾客选择；而对于价格不是很敏感的顾客，推销人员可以适当提高价格，同时完善产相关的维修保养、售后服务等，让顾客有超值的感觉。

3. 服务承诺

服务是营销中不可或缺的一个环节，推销人员要将自己公司所承诺的服务范围准确、真实地传递给顾客，告知消费者彼此之间的权责范围，以免发生不必要的麻烦。销售服务承诺一般包括送货时间承诺，送货方式、送货地点、运输方式的承诺，提供零配件、工具、维修、技术咨询、培训服务等承诺，兑现按照说明书的保修期限的免费安装、维修、退换养护、保养等方面的承诺等。

4. 付款结算条件

在洽谈方案中，必须先明确结算问题，包括结算的方式和时间。双方应本着互利互惠、互相谅解、讲求信誉的原则进行磋商。洽谈中要确定的主要内容是：采用现款还是采用本票、汇票、支票方式支付；是一次付清、延期一次付清还是分期付清，以及每次付款的时间和数额；在付款时间方面，是提前预付还是货到即付或其他方式。

5. 质量

商品质量是影响顾客购买的重要因素。中间商与最终顾客所关心的利益的侧重点和对产品的要求各有不同。如对产品质量，是否符合同类商品的国家标准还是行业标准、地方标准，不同顾客的要求是不同的。质量高的商品能引起顾客的购买欲望，质量低的商品也会引起顾客的购买需求。推销员介绍产品质量应具体、细致、通俗，并且要有重点。

6. 约束保证条款

约束条款是指在交易过程中，买卖双方对买进、售出的商品要承担某种义务、责任，以保证双方利益。约束保证条款实质上是明确双方在交易中的权利、义务与责任，它既是一种担保措施，也是解决纠纷的依据。通常情况下，为了避免纠纷，双方必须严格、谨慎地签订贸易协议来保证交易的顺利进行。一些大宗的交易，为了降低风险，双方会更加谨慎地履行约束保证条款，以免引起不必要的麻烦。

5.3　推销洽谈的程序

推销洽谈一般分为洽谈准备、摸底、报价、磋商和成交五个阶段。掌握好洽谈步骤，对循序渐进实现推销洽谈的目标具有重要作用。

微课：推销洽谈的程序（一）

1. 推销洽谈的准备阶段

一个成功的推销员一要在推销洽谈中锻炼自己的心理承受能力，二要在洽谈前做好充分、具体、全面的洽谈准备，才能有备无患。尽管每次洽谈的对象、内容千变万化，但顾客对同类产品的推销反应总是有一定规律的，而且许多反应是可以预料的。因此，推销人员推销准备工作做得越充分，洽谈中就越能灵活应变，从而取得好的推销效果。在推销洽谈准备中，具体要做好以下几方面工作：

（1）收集情报，充分了解顾客。推销洽谈的实质是说服顾客，并与顾客达成一致的协议过程。这个过程需要与顾客进行双向沟通，并协调双方的利益。所以推销员必须在洽谈开始之前，准确、全面地把握洽谈顾客的状况。

① 了解顾客的基本情况。包括顾客的姓名、年龄、职务、性格、爱好、工作作风及其所在公司的状况等。推销人员掌握了这些基本情况，就可以大致判断出顾客是怎样一个人，从而制订相应的对策。

② 明确顾客的需要。推销员必须认真研究顾客的真实需要，设身处地地为顾客着想，这样顾客才会接受推销建议并积极配合。

③ 熟悉产品和服务。成功的推销员要向顾客介绍产品的性质、功效、所推销产品的最新特色、能为顾客带来的利益等。还应该把顾客的需要与所推销的产品联系起来，才能促使顾客接受并愿意与自己沟通。

（2）制订洽谈计划。为了使推销洽谈过程按事先预想的要求顺利进行，并最终实现推销目的，推销员在洽谈前要制订详细而具体的洽谈计划。洽谈计划一般包括：

① 把握洽谈目的。洽谈目的在于向顾客传递信息，诱发顾客的购买动机，说服顾客作出购买决定。必须寻找共同点，将顾客需要和推销需要结合起来，以减少不同利益之间的冲突。

② 注意洽谈要点。洽谈要点包括如何吸引顾客的注意力，引起顾客的购买兴趣，刺激顾客的购买欲望,促使顾客达成交易。这是洽谈的关键所在。而顾客的个性心理是有差异的，因而推销员应根据掌握的顾客资料，事先设计好洽谈的要点。

③ 预期洽谈评价。对洽谈取得的成绩作一个预期的评价，对洽谈要出现的结果作一个预先安排。

（3）做好洽谈的心理和物质准备。

① 自信。优秀的推销员必须具备三方面的自信。一是对自己所推销的产品有信心。确信自己推销的产品质量优良，能使顾客得到真正的利益。二是对自己有信心，充满热情，全身心投入工作，即使碰到困难也会努力寻找推销的契机。推销员应该相信自己的创造力和魅力，激励自己取得洽谈的成功。三是要对自己的公司充满自信，一个连自己的公司理念和文化都无法融入的推销员是很难做好产品推销工作的。顾客是不会向一个没有主见、对失败抱有恐惧心理的推销员订货的。

② 诚恳。与人交往，诚信为本。推销人员与顾客初次见面时，顾客心理往往都会筑起某种“壁垒”。要消除顾客的防范心理，达到有效的沟通，必须有诚恳的态度。因此，推销人员若能与顾客坦诚相见，有帮助其解决问题和困难的一片诚意，顾客总是会了解和接受的，同时也会积极协助解决推销人员的问题。所以，推销员与顾客打交道，必须讲信用，并善于发现顾客的长处，以诚恳缩短双方的距离。

③ 谈吐自然风趣。推销员介绍产品要简明扼要，重点突出，要让顾客在短时间内抓住要点，说话要注意语调语速，既不能太快也不能太慢，做到抑扬顿挫。同时，尽量举出具体的事例或采用演示的方法，帮助顾客了解所推销产品的性能和用途。

④ 仪表整洁大方。推销员要注意自己的仪容仪表，衣服要朴素整洁，举止要自然大方。在推销产品前先推销自己，用自己良好的仪表仪态给顾客留下良好的印象。

⑤ 仔细检点推销用品。在推销洽谈之前，先要检点价格表、合同书、订货单、公司或

自己的名片、货品的说明书、样品等推销用品。只有各种推销用品齐全，才能有备无患。

（4）洽谈的地点选择及模拟洽谈。对于大宗业务的推销洽谈来说，往往需要组成推销洽谈小组来完成。为了保证洽谈业务的顺利进行，推销员在洽谈之前除了做好上述准备外，还要做好以下的准备：

① 选择好洽谈的地点。洽谈地点的选择，对洽谈效果有一定的影响。合适的洽谈地点能够增强己方在洽谈中的信心。洽谈地点一般有三种选择：己方场所、对方场所、第三方场所。这三种地点对洽谈人员各有利弊，应根据洽谈的具体情况作认真的分析和选择。

a. 己方场所。洽谈人员无须分心去熟悉和适应环境，而且可以利用东道主的身份按自己的要求布置洽谈场所，能主动掌握洽谈的日程安排。洽谈中一旦发生难以解决的问题，还可动员公司的其他成员共同参与做好工作。但己方洽谈人员求功心切，心理压力较大。总之，选择己方场所洽谈，有利因素多一些。因此，在组织大宗业务的推销洽谈时，应尽量争取选择己方场所进行洽谈。

b. 对方场所也称客场。在对方场所，洽谈人员不熟悉洽谈环境，不能掌握洽谈日程安排，但也有许多有利因素。例如，洽谈人员远离所在企业，可以避免受本单位各种杂事的干扰，全身心地投入洽谈；必要时可以上级授权有限、手头资料不足、水土不服、身体不适等理由暂停洽谈；洽谈人员可以在洽谈方案规定的范围内较好地发挥自己的主观能动性；等等。

c. 第三方场所。当洽谈双方的矛盾冲突较大，在主客场洽谈都不适宜的情况下，可选择第三方场所洽谈。选择第三方场所洽谈，对双方都不存在偏向，双方均无主场与客场之分。但选择第三方场所洽谈的程序比较复杂，双方先要为确定正式洽谈场所进行准备性试谈。在实际的业务洽谈中，除非双方信任度不高，相互关系不融洽，一般不宜选择第三方场所进行洽谈。

不论是在己方场所还是在对方场所洽谈，都应做好各项准备工作。例如，到对方场所洽谈时，应尽可能领会本企业领导的洽谈意图，充分准备好各种信息资料，携带好必要的洽谈助手。如在己方场所洽谈，作为东道主不仅要做好上述准备，还要做好洽谈场所的布置准备。

② 洽谈现场的布置与座位安排。洽谈现场不同于一般的会场，应根据洽谈的需要来布置，同时安排好双方洽谈人员的座位。

洽谈室的布置。洽谈室内的环境要宽敞、优雅、舒适，并有良好的通风、照明、隔音条件。另外，还要有能容纳双方洽谈人员的谈判桌和座椅。洽谈室内一般不宜安装电话机，以防干扰和泄密；也不要用录音设备，以免影响洽谈者畅所欲言。

休息室的准备。在洽谈室旁可以安排休息室，供洽谈人员休息之用。休息室最好有一大一小两间，大的可以让双方共同使用以融洽关系，小的可以给对方单独使用。休息室内应安装电话。同时，安排一或二名秘书在附近办公室值班，以便传递打印、复印文件资料和联系办事。

双方洽谈人员座位的安排。一般情况下，在安排座位时要掌握对等的原则，不能在安排座位时给人有某一方占主导地位的印象。如果是两方洽谈则安排各坐一面，首席主谈人员坐中间，其他人坐其两边，以便各方低声商量或传递纸条和文件。同时，要尊重客人的风俗习惯。

③ 模拟洽谈。模拟洽谈又称假设预演，是洽谈准备的最后一项工作。模拟洽谈的实质是按已经准备好的洽谈方案进行一次“实战演习”，以期通过演习使洽谈人员得到一次训练，并从中找出不足而予以改进。模拟洽谈的形式可采用即兴讨论会和排演式会议（小组剧）等。

a. 即兴谈论会。由一些具有专门知识和洽谈经验的人员组成的讨论小组，对已初步拟订的洽谈方案进行讨论。在即兴讨论会上，每个参加会议的人都可以不受拘束地畅谈自己的意见，但彼此不交锋、不争论。不管某个人的意见多么离奇，多么不中听，也不准其他人进行批评、纠正或反驳。由于即兴讨论会的气氛比较轻松，没有压抑、约束的感觉，为参加讨论的人提供了一种安全感，从而能够活跃人的思想，产生出对原洽谈方案新的看法和建设性意见，在此基础上，可以为原洽谈方案提供改进意见，使准备工作更加成熟。

b. 排演式会议，又称小组剧。在小组剧形式中，洽谈小组中的部分成员，可以扮演成对方的某个洽谈角色，模拟对方的洽谈风格，站在对方的利益角度，同小组其他成员进行洽谈。这样可以使洽谈人员身临其境地提出问题和回答问题，并通过交锋，使洽谈人员设身处地地考虑和处理问题，甚至找出一些原先被忽略的问题。在小组剧方式中不仅可以让部分成员扮演对方洽谈人员，还可以使小组成员互扮不同的洽谈角色。通过这样的扮演，小组成员间可以更好地互相了解，从而在真正的洽谈中配合得更加默契。

微课：推销洽谈的程序（二）

2. 推销洽谈的摸底阶段

在推销洽谈的摸底阶段，谈判双方试探性地提出问题，互相了解对方，旨在建立推销洽谈气氛、交换意见、开场陈述。这一阶段一般从见面入座到洽谈实质内容之前，在这一过程中要竭力营造一种轻松、友好、愉快与和谐的谈判气氛，如洽谈双方对立或猜忌，将很大程度上影响到谈判的结果。因此，在谈判的摸底阶段，谈判双方最好不要直奔主题。最好以一些非业务性、轻松的话题开头，这将对推销洽谈起到积极的促进作用，是谈判得以顺利进行的润滑剂。

这一阶段，在谈判双方对谈判的气氛满意、彼此诚意合作之后，接下来谈判双方往往要选派自己的洽谈代表，进行一个开场陈述。各方要将自己的立场做一个粗略的叙述，同时听取对方的陈述。开场陈述一般采用书面、口头、书面与口头相结合的形式，全面陈述本方立场。开场陈述时间不宜过长，点到为止，使对方能很快提问，从而展开沟通与交流。

3. 推销洽谈的报价阶段

在推销洽谈的报价阶段，推销洽谈双方分别提出协议的具体交易条件。它是开局阶段开场陈述的具体化，涉及谈判双方的基本利益，因此，报价是推销洽谈十分重要的阶段，是洽谈的核心和关键。

谈判一方在向另一方报价时，首先应该弄清楚报价时机与报价原则。一般而言，在对方对推销品的使用价值有所了解之后才报价，对方询问价格时是报价的最好时机，报价时最好按照价格做解释，尽量留有充分的磋商余地。

4. 推销洽谈的磋商阶段

推销洽谈的磋商阶段也称“讨价还价”阶段，是指洽谈双方为了各自的利益、立场，寻求双方利益的共同点，并对各种具体交易条件进行磋商，以逐步减少分歧的过程。在这一阶段，双方都极力阐述自己的立场、利益的合理性，运用各自的策略，企图说服对方接受自己的主张或作出一定程度的让步。

磋商阶段是双方利益矛盾的交锋阶段，谈判双方之间存在分歧是不可避免的，因此，双方应适当地让步，从而寻求解决彼此分歧、达成协议的办法。在此阶段，切记在没有真正把握对方意图和想法的时候，不可轻易作出妥协、让步。让步时不作无利益的让步，不作同等幅度的让步，不作过早的让步，不作大幅度的让步。此阶段是洽谈的关键阶段，是成功洽谈的重中之重。

5. 推销洽谈的成交阶段

推销洽谈的成交阶段是推销洽谈的最后阶段，也是收获最终成果的阶段。在双方进行实质性的磋商后，经过彼此的妥协让步，重大分歧基本消除，意见逐步统一，趋势逐渐明朗，最终双方就有关的交易条款达成共识，于是推销洽谈便进入了成交阶段。

在成交阶段，洽谈双方意见基本趋于一致。此时，推销员应主动把握好时机，用言语或行为向对方发出成交的信号。当顾客明确表示愿意成交时，推销员应对最后成交的有关问题进行归纳和总结，双方最好在磋商阶段形成一个备忘录。备忘录并不视为合同或协议，它只是双方当事人暂时商定的一个意向，是以后达成正式协议的基础。协定备忘录，代表双方的承诺，整个谈判过程基本结束，下一步工作就是签订合同或协议。签约时可以参考备忘录的内容，回顾双方达成的原则性协议，对洽谈的内容加以归纳、总结，并用准确规范的条文进行表述，最后由洽谈双方代表，正式签字生效。正式协议的条款要求具体、明确、规范、严密，价格、数量、质量要求等要准确，支付方式、交货期限、售后服务及履约责任要明确，标的名称要标准化、规范化，符合法律规范。当谈判协议审核通过之后，谈判双方都要履行正式的签约手续。这样推销洽谈的成交阶段才视为结束。

动画：门店大舞台之沉睡的蜗牛

5.4　推销洽谈的策略

为了使推销洽谈最终达到目的，在推销洽谈过程中，要结合推销技巧适当应用一些洽谈策略，这些策略可以使推销洽谈获得预期效果。具体的策略有：

微课：推销洽谈的策略

1. 自我发难策略

自我发难策略是在洽谈中针对对方可能提出的问题，先自行摆出，再加以解释并阐明立场的洽谈策略。这种策略必须建立在深入调查、知己知彼的基础上，问题必须选得恰当，理由必须令人信服。否则，不但达不到预期的目标，还会使自己处于被动的局面。

2. 最后通牒策略

在推销洽谈过程中，富有经验的洽谈人员常常体验到，通常约有 90% 的时间花费在讨论一些无关紧要的事情上，而关键性和实质性的问题却是在不到 10% 的时间里谈成的。

因此，洽谈者必须认真安排好谈判的全部时间与最后时间的关系。首先，要安排好谈判时间表，合理估计每个问题使用的谈判时间；其次，把开始的大部分时间用在讨论外围问题或枝节性的小问题上，而将剩下的一点时间花在洽谈实质性的问题或关键性的问题上。这种时间安排的好处是：避免谈判一开始就发生“触礁”“翻船”，从而获得全面了解考察对手的时间安排。

3. 步步为营策略

步步为营策略是指在洽谈中，不是一次就提出总目标，而是先从某一具体目标入手，步步为营，最后完成整个目标的洽谈策略。这种洽谈方法有利于取得阶段性的胜利，可以一步一步掌握主动；相反，如果一揽子将己方目标说出来，会令对方难以接受。例如，先就订货数量、产品规格、型号、质量标准等进行洽谈，待达成一致意见后，再就产品价的格进行洽谈，然后，再就付款方式、交货时间等进行洽谈，在每个具体问题上都取得了成果，也就完成了总的洽谈任务。

4. 折中调和策略

折中调和策略是指在洽谈处于僵持局面时，由一方提出折中调和方案，但前提是对方也必须做出一些让步以达成协议的策略。例如，在购买合同中，如果同意在原来的基础上降低价 5%，那么也得同意将订货数量增加 30%。这种折中调和貌似公平，但实际上并不一定，对付这种策略必须权衡得失，要仔细计算，用数字说明问题，需要具体问题具体分析。有时，对方提出采用这种策略是想取得更好的交易效果，满足自己的更大利益。从另一角度来讲，对方已经默许了己方的条件。

5. 鼓励参与策略

鼓励参与策略是指在推销洽谈中，鼓励顾客试用、体验产品，甚至让顾客对产品的设计提出评价以及改进建议，使顾客在这些参与过程中体验到产品的价值，进而使产品得到顾客的认可。

6. 求同存异策略

推销洽谈几乎都是从寻找共同点开始的。从部分意见相同点开始入手谈判，可以形成良好的气氛，缩短双方的感情距离，为进一步洽谈打下良好的基础。

5.5 推销洽谈的方法

推销洽谈的方法很多，主要分为提示法、演绎法、介绍法等。合理选择推销洽谈的方法会促使洽谈达到预期的目标。

5.5.1 提示法

所谓提示法，是指推销人员在推销洽谈中利用语言的形式启发、诱导顾客购买推销品的方法。提示法根据提示的方式不同可分为以下几种方法：

1. 直接提示法

直接提示法是指推销人员直接向顾客呈现推销品的利益，劝说顾客购买推销品的洽谈方法，是一种被广泛运用的推销洽谈方法。这种方法的特征是，推销人员接近顾客后立即向顾客介绍产品，陈述产品的优点与特征，然后建议顾客购买。这种方法简单明快，节省时间，洽谈速度快，符合现代人的生活节奏，具有优越性。

2. 间接提示法

间接提示法是指推销人员间接地劝说顾客购买推销品的洽谈方法。这种方法可以有效地排除面谈压力，避重就轻，制造有利的面谈气氛。应用间接提示法可以虚构一个顾客，可以一般化的泛指。使用间接提示法的好处在于，可以避免一些不太好直接提出的动机与原因，因而可以使顾客感到轻松、合理，从而容易接受推销人员的购买建议。

3. 鼓动提示法

鼓动提示法是指推销人员通过传递推销信心、刺激顾客购买欲望的方式，促使顾客立即采取购买行为的洽谈方法。例如，“今天是优惠期的最后一天”“只剩这最后一批产品了”，等等。使用这种提示方法时要注意：第一，要有针对性地采取这种提示策略，避免大范围使用，否则会给顾客留下虚伪的印象；第二，所提供的信息必须是真实准确的；第三，采用这种策略时应考虑顾客的个性，一般情况下对那些个性较强、偏内向、沉稳的顾客不宜采用。

4. 积极提示法

积极提示法是推销人员用积极的语言或其他积极的方式劝说顾客购买所推销产品的方法。所谓积极的语言与积极的方式可以理解为正面的提示、热情的语言、赞美的语言等，会产生正向效应的提示行为。例如，“欢迎参加我们社的旅游团，又安全又实惠，所看景点又多又好”；“你看，这是摩托车车手参加比赛的照片，小伙子们多神气！他们戴的是我们公司生产的头盔”。在运用此方法时，可先与顾客一起讨论，再给予正面的、肯定的答复，从而克服正面语言过于平坦的缺陷。此外，所用的语言与词句都应是实事求是的。

5. 联想提示法

联想提示法是指推销人员通过提示事实，描述某些情景，使顾客产生某种联想，刺激顾客购买欲望的推销洽谈的方法。它要求推销人员善于运用语言的艺术去表达、描绘，避免刻板、教条的语言，但也不能采用过分夸张、华丽的辞藻。这样，提示的语言方能打动顾客，感染顾客，让顾客觉得可信。

6. 逻辑提示法

逻辑提示法是指推销人员使用逻辑推理来劝说顾客购买推销品的一种洽谈方法。它通过逻辑的力量，促使顾客进行理智思考，从而明确购买的利益与好处，并最终做出理智的购买抉择。逻辑提示法符合购买者的理智购买动机。例如，“所有企业都希望降低成本，我公司生产的这种产品可以降低生产成本，提高经济效益。所以，贵厂可以考虑使用这种产品”。在运用逻辑提示法时应注意：第一，逻辑提示法适合有较强的理智购买动机的顾客，它通常适用于文化层次较高、财力较薄弱、意志力较强的顾客；第二，要以理服人，推销人员首先要了解产品的科学原理，然后再运用严密的逻辑推理，做到以理服人；第三，应做到情理并重，人都是有情有义的，推销人员应该把科学的逻辑推理与说服艺术结合起来，对顾客晓之以理，动之以情，促使顾客较快地采取购买行为。

5.5.2 演示法

演示法又称直观示范法，是推销人员运用非语言的形式，通过实际操作推销产品或辅助物品或服务，如让顾客通过视觉、听觉、味觉、嗅觉和触觉直接感受推销品信息，最终促使顾客购买推销品的洽谈方法。演示法主要有以下几种：

微课：演示法

1. 产品演示法

产品演示法是指推销人员通过直接演示推销品本身来劝说顾客购买推销品的洽谈方法。推销员通过对产品的现场展示、操作表演等方式，把产品的性能、特色、优点表现出来，使顾客对产品有直观的了解。从现代推销学原理上讲，推销品本身就是一个无声的推销员，是一个最准确、最可靠的产品信息来源，再生动的描述与说明，都不能比产品自身留给消费者的印象深刻。它可以将推销人员无法用语言传递的全部推销信息，让顾客通过感官直接获取；可以制造一个真实可信的推销情景，起到实证作用。

在实际工作中，运用产品演示法时应注意以下几个问题：

（1）根据产品的特点选择演示的内容、方法、时间、地点等，对过大、过长、过重的产品，可以采用产品模型或样本演示的方式。

（2）根据推销洽谈进展的需要，选择适当的时机进行演示。

（3）注意演示的步骤与艺术，最好是边演示边讲解，并注意演示的气氛与情景效应。

（4）鼓动顾客一起参与，使顾客亲身体验产品的优点，从而产生认同感与购买欲。

2. 文字、图片演示法

文字、图片演示法是指推销人员通过展示有关推销品的文字、图片资料来劝说顾客购买的洽谈方法。在不能或不便直接展示产品的情况下，推销人员通过向顾客展示推销品的文字、图片、图表、音像等资料，能更加生动、形象、真实可靠地向顾客介绍产品。比如，一些商品工作原理数据、价目表等，通过文字、图片、音像可以做到图文并茂，动静结合，收到良好的推销效果。

3. 音响、视频演示法

音响、视频演示法是指推销人员利用录音、录像、光盘等现代工具进行演示，来劝说顾客购买推销品的洽谈方法。这种方法具有很强的说服力和感染力，是一种非常有效的演示方法，可以使顾客有身临其境的感觉。

4. 证明演示法

证明演示法是指推销人员通过演示有关的证明资料或进行破坏性的表演，来劝说顾客购买推销品的洽谈方法。这是现代推销洽谈经常用到的方法之一。比如，出示生产许可证、产品质量鉴定书等。推销人员在运用中应注意：

第一，准备的证明资料要充分。

第二，演示的推销证明资料必须真实可靠。

第三，选择恰当的时机和方法进行证明演示。

微课：介绍法

5.5.3　介绍法

介绍法是推销人员与顾客面对面通过语言、样品、资料等来介绍商品、达到推销目的的方法。具体方法有以下几种：

1. 直接介绍法

直接介绍法是推销人员直接介绍商品的性能、特点，劝说顾客购买的方法。这种方法省时间、效率高。使用这种方法应注意：

（1）针对顾客的不同购买心理，抓住推销重点，直接向顾客介绍。

（2）尊重顾客个性，避免冒犯顾客。

（3）抓住易被顾客接受的明显特征向顾客介绍。

2. 间接介绍法

间接介绍法往往不能直接说明产品的质量、能带来的利益等，而是通过介绍与它密切相关的其他事物来间接介绍产品本身。使用这种方法时应注意：

（1）使用的资料要有助于间接介绍产品的作用，要恰到好处。

（2）使用的语言要温和含蓄，委婉曲折，能够表达出推销重点。

3. 逻辑介绍法

逻辑介绍法是推销人员利用逻辑推理来劝说顾客购买商品的洽谈方法。在使用逻辑介绍法时，推销人员应注意下述问题：

（1）有针对性地使用。一般说来，在向专家、技术人员等顾客推销商品时，应尽量多用这种方法介绍，因为他们懂技术、有专长，具有科学的思维能力，注重理性判断，决策能力强。尤其是推销复杂产品、贵重产品和新产品时，有针对性地进行逻辑推理介绍，会激起顾客的理性思维。

（2）避免逻辑错误。在使用逻辑介绍法时，要避免概念不明、判断不当、自相矛盾、偷换论题等逻辑错误。

（3）应注意表达上的艺术性。逻辑性不排除艺术性，干巴巴的推理论证只能使人乏味，产生厌烦情绪，要用生动形象的语言，提示事物间的内在联系，论证自己的观点，使顾客容易听懂，易于接受。

4. 故事介绍法

故事介绍法是用讲故事的方法来推销、介绍、说明产品的用途、性质、优点等。例如，为什么当推销员，产品的销量、反应为什么这么好，这些都可以以故事的形式吸引顾客。使用故事介绍法要注意：

（1）产品故事的内容要突出产品的性能、特点及顾客的利益。

（2）产品故事要有趣味性，但不能过分夸大、渲染。

5.5.4　FABE 产品介绍模式

1. FABE 模式的概念

FABE 推销法是非常典型的利益推销法，而且是非常具体、具有高度、可操作性很强的利益推销法。它通过四个关键环节，极为巧妙地处理好了顾客关心的问题，从而顺利地实现产品的销售。

F 代表特征（Features）：产品的特质、特性等最基本功能，以及它是如何用来满足我们的各种需要的。例如，从产品名称、产地、材料、工艺定位、特性等方面深刻发掘产品的内在属性，找到差异点。

A 代表由这特征所产生的优点（Advantages）：即所列的商品特性究竟发挥了什么功能，是要向顾客证明“购买的理由”：同类产品相比较，列出比较优势；或者列出这个产品独特的地方。可以直接或间接去阐述。例如，更管用、更高档、更温馨、更保险、更 ......

B 代表这一优点能带给顾客的利益（Benefits）：利益推销已成为推销的主流理念，一切以顾客利益为中心，通过强调顾客得到的利益激发顾客的购买欲望。

E 代表证据（Evidence）：包括技术报告、顾客来信、报刊文章、照片、示范等，通过现场演示，相关证明文件、品牌效应来印证介绍。所有作为“证据”的材料都应该具有足够的客观性、权威性、可靠性和可见证性。

2. FABE 模式四步骤

（1）把产品的特征详细介绍给顾客。推销人员在见到顾客后，要以准确的语言向顾客介绍产品特征。

（2）充分分析产品优点。它要求推销人员应针对在第一步骤中所介绍的特征，寻找出其特殊的作用或者是某项特征在该产品中扮演的特殊角色、具有的特殊功能等。如果是新产品，务必说明该产品开发的背景、目的、必要性以及设计时的主导思想、相对于老产品的差别优势等。当面对的是具有专业知识的顾客时，则应以专业术语进行介绍，并力求用词精确简练。

（3）尽数产品给顾客带来的利益。推销人员应在了解顾客需求的基础上，把产品能给顾客带来的利益尽量多地列举给顾客。不仅讲产品外表的、实体上的利益，更要讲产品给顾客带来的内在的、实质上的利益。在对顾客需求了解不多的情况下，应边讲解边观察顾客的专注程度与表情变化；在顾客表现关注的主要需求方面更要多讲多举。

（4）最后以证据说服顾客购买。推销员在推销中要避免用“最便宜”“最划算”“最耐用”等语句，因为这些词语会令顾客反感而显得无力。因此，推销人员应以真实的数字、案例、实物等证据，让证据说话，解决顾客的各种异议与顾虑，促成顾客购买。

FABE 法简单地说，就是在找出顾客最感兴趣的各种特征后，分析这一特征所产生的优点，找出这一优点能够带给顾客的利益，最后提出证据，通过这四个关键环节的销售模式，解答消费诉求，证实该产品确能给顾客带来这些利益，极为巧妙地处理好顾客关心的问题，从而顺利实现产品的销售诉求。

【经典案例 / 故事】

比如，家具销售员向顾客介绍一款沙发。

（F: 特点）“先生，请你先看一下，我们这款沙发是真皮的，而且还是头层黄牛皮。”——真皮是沙发的属性，是一个客观现实。

（A：优势）“先生您坐上试试，它不仅非常柔软，还非常耐磨。”—— 柔软耐磨是头层真皮的某项作用。

（B：利益）“您坐上去是不是比较舒服？”——舒服是带给顾客的利益。

（E：证据）“今天上午有位先生，就是因为喜欢这一点，买了这款沙发，你看（拿过销售记录），这是销售的档案。”——这里是采用的是顾客证据，证据对顾客的购买心理有很大的影响。

将这几句话连起来，顾客听起来会产生顺理成章的反应。

再如，家电销售员推销冰箱产品——以冰箱的省电作为卖点，按照FABE的销售技巧可以介绍为：

（F：特点）“你好，这款冰箱采用先进节能专利技术和先进的制冷剂。”

（A：优势）“它每天的用电才0.35度，也就是说3天才用一度电。以前的冰箱每天用电都在1度以上，质量差一点可能每天耗电达到2度。”

（B：利益）“假如0.8元一度电，一天可以省可以0.5元，一个月省15元。就相当于省了电视的VIP会员费了。”

（E：证据）顾客：“这款冰箱为什么那么省电呢？”

（利用说明书）“你看它的输入功率是70瓦，就相当于一个电灯的功率。这款冰箱用了新型压缩机、匹配最好的制冷剂、采用优化的省电设计，所以它的输入功率小，自然省电节能。”

（利用销售记录）“这款冰箱销量非常好，你可以看看我们的销售记录。假如合适的话，我就帮你试下机。”

需要说明的注意事项：

第一，FABE介绍要基于客户需求满足的原则，即介绍的特点和优点一定是要能够满足客户需求的，否则再好的特色和优点也不会引起客户的兴趣。

第二，FABE介绍基于竞争对手比较优势的原则，即特点和优点是一种比较优势，也就是说产品的特色和优点一定是竞争对手所没有的或比竞争对手做得更好的，否则就不是特色和优点，客户也不会产生兴趣和购买欲望。

第三，产品的优点有时可以直接作为消费者的利益点，产品的优点与消费者利益点，有一定的重合关系。但是，二者的出发点是不一样的，虽然表面上的传达信息一致。

3. 利用FABE模式需要做好扎实的准备工作

一般情况下，推销员想要灵活地运用FABE模式推介产品，必须事先研究好产品，常用的方法就是表列法，见表5-1。

表5-1　FABE模式列表

序号	F	A	B	E	目标顾客
1	F1	A1A2	B1B2	E1E2	目标顾客1
2	F2	A3A4	B2	E3E4E5	目标顾客2
3	F3	A5A6	B3	E6	目标顾客3
4	F4	A7	B4	E7	目标顾客4
5	F5	A8	B5	E8	目标顾客5

（1）首先应该将商品的特征（F）详细列出来，尤其要针对其属性，写出其具有优势的特点。将这些特点列表比较。表列特点时，应充分运用自己所拥有的知识，将产品属性尽可能详细地表列。

（2）根据产品特征在表格中延伸列举产品优势。一个特征可以延伸出一个优点也可以延伸出多个优点，也可能是多个特征派生出一个优点。

（3）根据优势继续延伸列举产品利益。一个产品的优势可以延伸出多重利益，也可以是多个优点延伸出一种利益。总之，要尽可能列出来产品优势能够给顾客带来的利益或者好处。

（4）列出如何证明这些利益真实存在。尽可能地列举多种证明方式，而且要求证明材料和方法真实可靠，直观形象，可视化强。

（5）结合目标顾客进行 FABE 用语设计。推销员针对特定的目标顾客情况，从 FABE 列表灵活抽取有关要素进行用语的设计。需要注意的是，在做推荐服务时，推销员应该遵循利益具体化原则，且描述单个特性的优点不要超过三个，突出重点即可。

比如，轮胎销售员 FABE 部分列表见表 5-2。

表5-2　轮胎销售员FABE列表举例

序号	F 特征	A 优点	B 利益	E 证据	目标顾客
1	F1：轮胎使用进口非洲赤道橡胶	A1：超级耐磨	B1：因为超级耐磨，所以十年无忧	E1：您看，这是耐磨性对比演示	关注经济性的顾客
			B2：因为超级耐磨，所以放心驾驶	E2：这是权威测试报告	关注安全性的顾客
		A2：超级防滑	B3：因为超级防滑，所以山地、雪地、泥地畅行无阻	E3：这是我们获得拉力赛的荣誉	关注通过性的顾客

4. 移动互联网时代的 FABE 模式改进

需要特别强调的是，这个公式到此并未结束。实际上，这个公式本身其实是有严重的弱点的。它有什么弱点？

在移动互联时代，机会稍纵即逝。所以，这个公式的弱点是略显“啰唆”，在实际推销过程中，一般不太可能按特点—优点—利益点—证明这四个步骤去介绍产品。

实际上，移动互联网时代真正有效的导购（推销）逻辑是 BEFA（洞悉需求利益点——证明—特点—优点），一开始就要通过“望闻问切”快速锁定客户需求，然后直接说出产品的利益点，接着拿出证明，如果消费者有耐心，再依此说出产品的特点与优点。

5.6　推销洽谈的技巧

推销洽谈的技巧巧妙运用可以起到事半功倍的作用，能够顺利化解僵局，最终使双方达成一致。

微课：洽谈中倾听的技巧

5.6.1　洽谈中倾听的技巧

听是了解和把握对方观点和立场的主要手段与途径。作为一名商务洽谈人员，应该养成耐心地倾听对方讲话的习惯，这也是一个洽谈人员良好的个人修养的表现。

听有两种形式，即积极的听与消极的听。所谓积极的听，就是在交谈中与说话者密切呼应。比如，表示理解或疑惑、支持或反对、愉快或难过等。所谓消极的听，就是指在一定的交谈中，听者处于比较松弛的状态中，即处于一种随意状态中接受信息。

积极的听既有对有声语言信息的反馈，也有对无声语言信息即姿势、表情等的反馈。而消极的听则往往不同时具有明显的姿势反馈和表情反馈。

1. 常见的听力障碍

为了能够听得完全，听得清晰，必须克服一些听力障碍。听力障碍主要有以下几个方面：

（1）只注意与己方有关的讲话内容，不顾对方的其他讲话内容。

（2）精力分散，或思路比对方慢，或观点不一致所造成的少听、漏听。

洽谈人员的精力和注意力的变化是有一定规律的。一般来说， 洽谈开始时精力比较充沛，但持续的时间较短，约占整个洽谈时间的 8.3% ~ 13.3%；洽谈过程中，精力趋于下降，时间较长，约占整个洽谈时间的 83%；洽谈快要达成协议时，又出现精力充沛时期，时间也是很短，约占整个洽谈时间的 3.7% ~ 8.7%。

（3）凭借感情、兴趣的变化来理解对方讲话内容，从而曲解了对方原意。

（4）受听话者的文化知识、语言水平等的限制，特别是受专业知识与外语水平的限制，而听不懂对方的讲话内容。

（5）环境的干扰常会使人们的注意力分散，形成听力障碍。

2. 听的要诀与技巧

推销人员在倾听顾客谈话时要做到以下几点：

（1）专注。一般来说，思维的速度比说话要快 4 倍。因此，人们往往容易在听的时候思考别人的问题，找到顾客的需求，从而寻找洽谈的方法策略。

（2）鉴别。要善于听出顾客言语中所蕴含的观念和用意，若顾客故意含糊其词，则可以要求对方表述清楚。

（3）要让对方讲完，不要中途打断或驳斥。

（4）倾听要积极回应。在听的同时，推销人员要作出积极的回应，但不需长篇大论，以免喧宾夺主，用少量是非判断词语或语气词即可。

5.6.2 洽谈中阐述的技巧

商务洽谈中的阐述是一种不受对方提出问题的方向、范围制约的带有主动性的叙述商务洽谈中的叙述应把握以下几项技巧：

微课：洽谈中阐述的技巧

1. 叙述应简洁、独立进行

商务洽谈中的叙述要尽可能简洁、通俗易懂。因为叙述的目的在于让对方理解，以便对方准确、完整地理解己方的观点和意图，而不是表明己方的观点与对方的观点有什么联系和差异，因而叙述必须独立进行。独立叙述包括以下三层含义：

（1）不受对方的影响，不论对方的语言、情绪有什么反应，叙述中都要坚持己方的观点。

（2）不提及对方的观点及问题，不谈对对方观点的看法等，而是按己方的既定原则和要求进行陈述。

（3）只阐述己方的立场。

2. 叙述应具体而生动

为了使对方获得最佳的收听效果，在叙述时应注意生动而具体。叙述时要避免令人乏味的平铺直叙以及抽象的说教，要运用活灵活现的生活用语，具体而形象地说明问题。有时也可以运用演讲的一些表达手法，以达到吸引对方注意的目的。

3. 叙述应层次清楚

叙述时应分清主次，层次清楚，这样既愉悦了对方，也展示了己方良好的职业能力。

4. 叙述应客观真实

在叙述基本事实时，既不夸大，也不缩小。一旦己方对事实真相加以修饰的行为被对方发现，那将会大大降低己方的信誉，从而使己方的洽谈实力大为减弱。

5. 叙述的观点要准确

在叙述观点时，应力求准确无误，避免前后不一致，否则就会留有破绽。当然，洽谈过程中的观点有时可以依据洽谈局势的发展需要而改变，但在叙述的方法上，要能够令人信服。为此，洽谈者在关键内容中要使用专业语言。当对方难以理解时，要进行解释，以免产生误解。为了使对方容易接受自己的观点，在洽谈叙述中要注意使用中性语言，不使用极端和粗俗的语言。

6. 叙述时发现错误要及时纠正

洽谈人员在商务洽谈的叙述当中，常常会由于某种原因而出现叙述上的错误，洽谈人员应及时发现并纠正，以免造成不应有的损失。有些洽谈人员在发现己方叙述中有错误时，不作纠正而是采取文过饰非的做法，这样只能使己方的信誉和形象受损，甚至失去合作伙伴。商务洽谈叙述过程中，时常会遇到对方不理解、没听清楚或有疑问等情况，这时，对方会以有声语言或动作语言来传递信息。因此，洽谈人员在叙述的同时，应注意观察对方的眼神和表情，一旦察觉对方疑惑不解，就要放缓语速或重复叙述。洽谈人员必须慎重地对待对方在己方叙述时的反应，发现对方有不理解或误解的地方应及时加以引导和纠正。

5.6.3 洽谈中提问的技巧

1. 澄清式发问

澄清式发问是针对对方的答复，重新措辞，以使对方进一步澄清或补充其原先答复的一种问句。其作用在于确保洽谈各方能在叙述“同一语言”的基础上进行沟通。

微课：洽谈中提问的技巧

2. 强调式发问

强调式发问旨在强调自己的观点，强调本方的立场。

3. 探索式发问

探索式发问是针对对方的答复，要求引申或举例说明，以便探索新问题、新方法的一种发问方式。它不但可以进一步发掘较为充分的信息，而且可以显示发问者对对方答复的重视。

4. 间接式发问

间接式发问即借助第三者的意图来影响或改变对方意见的发问方式。比如，“张先生，大家对贵方能否如期履约表示关注，您看呢？”

5. 强迫选择式发问

强迫选择式发问旨在将本方的意见抛给对方，让对方在一个规定的范围内选择回答。

6. 证明式发问

证明式发问旨在通过己方的提问，使对方对问题做出证明或表示理解。比如，“为什么要更改原先制订好的计划？”

7. 多层次式发问

多层次式发问是含有多种主题的问句，即一个问句中包含有多种内容。比如，“您能否谈一谈这个协议产生的背景、履约的情况、违约的责任以及您的看法和态度？”这种问句常因包含过多的主题而使对方难以周全把握。许多心理学家认为，一个问题最好只含有一个主题，最多也不能超过两个，对方才能有效地把握。

8. 诱导式发问

诱导式发问旨在“开渠引水”,给对方强烈的暗示,使其回答符合己方预期的目的。比如，“违约是要承担责任的，对不对？”这类问句几乎使对方毫无选择余地，只能按照发问者所预期的答案作答。

在推销洽谈中，洽谈的任何一方都应避免使用盘问式、审问式或威胁与讽刺的问句，以免影响双方关系。

【经典案例 / 故事】

阿里森是美国一家电机公司的推销员。一次，他到一家公司去推销电机。这家公司前不久刚从阿里森手中买过电机，但在使用过程中，电机温度出现了异常。

所以，这家公司的总工程师斯宾塞一看到他就不客气地说：“阿里森，你不想让我多买你的电机吗？”

阿里森在仔细地了解情况之后，并没有强行辩解，而是微笑着对这位总工程师说：“好吧，斯宾塞先生，我的意见和您的一样，如果那台电机发热过高，别说再买，就是已买的也要退货，是吗？”

“是的！”总工程师做出了肯定的回答。

“当然，电机是会发热的。但是，您当然不希望它的温度超过全国电工协会规定的标准，是吗？”对方又一次地做出了肯定的回答。

在得到了两个肯定回答之后，阿里森开始讨论实质性的问题了。他问斯宾塞：“按标准，电机的温度可以比室温高 72 °F，是吗？”

“是的，”斯宾塞说，“但是你们的电机温度高得简直让人无法用手去摸。难道这不是事实吗？”

阿里森没有回答这个问题，而是反问道：“贵公司车间的温度是多少？”斯宾塞想了一下，说：“大约是 75 °F”

阿里森听了，点点头，说：“这就对了，车间的温度是 75 °F，加上可以高出的 72 °F，一共是 147 °F。请问，要是您把手放进 147 °F 的热水里，会不会觉得很烫呢？”对方不情愿地点点头。

阿里森趁热打铁地说：“那么，您以后就不要用手去摸电机了。放心，那温度是正常的。”就这样，阿里森提出了一系列的问题，使对方在一连串“是”的回答中，不知不觉否定了自己原来的观点，消除了疑虑。最后，阿里森在这场洽谈中不仅取得了成功，而且又做成了一笔生意。

5.6.4 洽谈中回答的技巧

1. 回答的方式

微课：洽谈中回答的技巧

商务洽谈中的回答有三种类型，即正面回答、迂回回答和避而不答，这三种类型又演变成多种具体回答方式。常用的商务洽谈回答方式有以下几种。

（1）含混式回答。含混式回答既可以避免把自己的真实意图暴露给对方，又可以给对方造成判断上的困难。这种回答由于没有做出准确的说明，因而可以有多种理解，从而为以后的洽谈留下回旋的余地。

例如，“在答复您的问题之前，我想听听您的观点。”

（2）针对式回答。针对式回答即针对提问人心理假设的答案回答问题。这种回答方式的前提是要弄清对方提问的真实意图，否则回答很难满足对方的要求，而且免不了要泄露自己的秘密。例如，“对于您所提及的问题，我想从以下方面解释……”

（3）局限式回答。局限式回答即将对方提问问题的范围缩小后再回答。在商务洽谈中并不是所有问题对自己都有利，因而在回答时必须有所限制，选择有利的内容回答对方。比如，当对方提问产品的质量时，可只回答几个有特色的指标，利用这些指标给对方留下产品质量好的印象。

（4）转换式回答。转换式回答即在回答对方的问题时把话题引到其他方面去。这种转换必须是在前一问题的基础上自然转来的，不能有雕琢的痕迹。比如，当对方提问价格时可以这样回答：“我早就想到您会提这一问题，关于价格我相信一定会使您满意。不过在回答这一问题之前，请让我先把产品的几种特殊功能说明一下。”这样就自然地把价格问题转到了产品的功能上，使对方在听完自己的讲话后，把价格建立在新的产品功能基础上，这对己方无疑是有利的。

（5）反问式回答。反问式回答是用提问对方其他问题来回答对方的提问。这是一种以问代答的方式，它可以为自己以后回答问题留有余地，对于一些不便回答的问题也可以用这一方法解围。

（6）拒绝式回答。拒绝式回答即对那些棘手和无法回答的问题，寻找理由拒绝回答，以减轻对方提问给自己带来的压力。

2. 回答的技巧

洽谈中回答的技巧主要包括以下几个方面：

（1）回答问题之前，要给自己留有思考时间。为了使回答问题的结果对自己更有利，在回答对方的问题前要做好准备，以便构思好问题的答案。有人喜欢将生活中的习惯带到洽谈桌上去，即对方提问的声音刚落，便马上回答问题。在洽谈过程中，绝不是回答问题的速度越快越好。回答的准备工作包括三项内容：一是心理准备，即在对方提问后，要利用喝水、翻笔记本等动作来延缓时间，稳定情绪；二是了解问题，即要弄清对方所提问题的真实含义，以免把不该回答的问题也答了出来；三是准备答案，答案应只包括那些该回答的部分。

（2）把握对方提问的目的和动机，然后决定怎样回答。洽谈者在洽谈桌上提出问题的目的是多样的，动机也是复杂的。如果没有经过深思熟虑，没有弄清对方的动机，就按照常规来做出回答，效果往往欠佳。经过周密思考，准确判断对方的用意后，则可做出一个独辟蹊径的、高水准的回答。

（3）部分回答。洽谈中有一种“投石问路”的策略，即洽谈者常借助一连串的发问来获得自己所需要的信息和资料。此时不应对所有问题都进行回答，以免对方获得己方重要情报而使己方处于不利地位。此时可只作局部的答复，让对方摸不清己方的底牌。商务洽谈中并非任何问题都要回答,是否回答应视情况而定。对于需要表明己方态度的问题要认真回答，而对于那些可能会有损己方形象、泄密的问题，也不必为难，不予理睬是最好的回答。当然，用“无可奉告”来拒绝回答，也是应付这类问题的好办法。

（4）当没有弄清楚问题的确切含义时，不要随便作答，可以要求对方再具体说明一下。

（5）“答非所问”。当有些问题不好回答时，回避答复的方法之一是“答非所问”，即似乎在回答该问题，但实际上并未对这个问题表态，答复的是对与问题相关的另一个问题的看法，目的是避开对方锋芒，使洽谈能顺利进行下去。在一些特殊场合，如果必须回答一些难以回答或挑衅性的问题，也可以以某种巧妙的非逻辑方式做出解答，从而摆脱困境。

（6）拖延答复。洽谈中有时在表态时机未到的情况下可采取拖延答复的方式。拖延答复有两种形式：

第一，先延后答，即对应该回答的问题，待稍作准备后感到好答时，再作恰当的回答。

第二，延而不答，即经过考虑后觉得没有必要回答或者不应回答，来个不了了之。这时可用“记不得了”或“资料不全”来拖延答复。有时还可让对方提供答案，亦即让对方自己澄清他所提出的问题。

（7）模糊答复。这种答复的特点是借助一些宽泛模糊的语言进行答复，使自己的回答具有弹性，即使出现意外也无懈可击。模糊答复可以起到缓和洽谈气氛、保护己方机密的作用，有利于洽谈的顺利进行。比如，“这件事我们会尽快解决”，这里的“尽快”就很有弹性，具体时间到底是什么时候，并没有说清楚，有很大的回旋余地。

（8）反问。对方常会提出一些诸如试探性、诱导性、证实性的问题，在这种情况下，己方不想透露自己的底牌，同时又想缓和气氛，抑制对方的发问，则可采用此种方式，以探明对方虚实。其特点是在倾听完对方的问题后，通过抓住关键的问题向对方反问，以掌握主动。比如，当买方说到“请谈一下贵方价格比去年上涨 10% 的原因”时，卖方回答：“物价上涨与成本提高的关系是不言而喻的。当然，如果您对这个提价幅度感到不满意，我很乐意就您觉得不妥的地方予以解释澄清。请问什么地方使您觉得不妥？"这个回答便采用了反问方式，使己方巧妙地从被动变为主动。

（9）沉默不答。有些不值得回答的问题可以不予理睬。这时可以不说话，也可以顾左右而言他。有时沉默会无形中给对方造成一种压力，而意外获得己方所需的信息。

（10）对于不知道的问题不要回答。所有人都不是全知全能的人。洽谈中尽管准备充分，也经常会遇到陌生难解的问题，这时，洽谈者切不可为了维护自己的面子而强作答复，以免造成损害己方利益的后果。

（11）在答复时，若对方打岔，则让他这样做下去，不要干涉他。这或许会为己方接下来的答复提供有用的信息。总之，回答问题的要诀在于知道该说什么，不该说什么，该回答到什么程度，而不必过多考虑所回答的是否完全对题。洽谈毕竟不是做题，很少有"对"或"错"那么确定而简单的答案。

5.6.5 洽谈中僵局处理技巧

在推销洽谈中，经常会出现推销员与顾客互不相让的僵持局面，使洽谈无法进行下去，甚至导致洽谈不欢而散，无法取得交易成功。形成僵局的原因很多，只要掌握一些处理僵局的技巧，问题就会迎刃而解。

微课：洽谈中僵局处理的技巧

1. 要尽量避免出现僵局

推销人员是卖家，在买方市场的环境中，卖家更应积极主动设法避免僵局的出现，有时需要暂时放下既定目标，在原则允许的前提下，小范围地妥协退让，也是一种高姿态的表现。

此外，一旦推销人员发现现场气氛不对或者对方略有不满时，应该尽量寻找轻松和谐的话语，对于实在不能让步的条件可以先肯定顾客的部分意见，在大量引用事实证据的基础上谦虚、客气地列出问题的客观性来反驳对方，使其知难而退。

2. 要设法绕过僵局

在洽谈中，若僵局已形成，一时无法解决，可采用下列方法绕过僵局：

（1）暂时放下此问题，避而不谈，待时机成熟之后再商定。

（2）推心置腹交换意见，化解冲突。

（3）邀请有影响力的第三者作为公立方调解。

3. 打破僵局

在僵局形成之后，绕过僵局只是权宜之策，最终还是要想办法打破僵局。打破僵局的方法有：

（1）扩展洽谈领域。单一的交易条件不能达成协议，把洽谈的领域扩展，如价格上出现僵局时，可在交货期、付款方式方面适当让步。

（2）更换洽谈人员。在洽谈陷入僵局时，可以暂时停止洽谈，更换另外的推销人员再次进行洽谈。

（3）让步。在不过分损害己方利益时，可以考虑做一些小的让步。

5.6.6　洽谈中的报价技巧

微课：洽谈中的报价技巧

1. 遵守报价的基本原则

洽谈一方要想使自己报价的成功率达到较高水平，必须遵守以下基本原则：

（1）必须反复核实、验证以确定本方商品价格所依据的信息资料的可靠性、所定价格及备调幅度的合理性。

（2）应尽快摸准对方的真实意图，并设法找到己方报价与对方接受的可能性之间的最佳吻合点，制订出一个最佳报价方案。

2. 运用报价策略

（1）报价时机策略。绝大多数洽谈专家认为，在预料洽谈可能会出现剧烈争夺的局势下，一般是抢先报价好。抢先报价的优点是可以主动扩大影响，把对手始终约束在一个特定的范围内，从而顺利达成最终协议。也有人认为其意义在于，先报价并不明显地对哪一个问题的解决产生影响，而是会对整个洽谈过程持续地起作用。

有的人则认为抢先报价存在弊端。其一，当对市场行情和对手的意图没有充分了解时便盲目报价，使对方可以根据己方提供的数据、材料和他自己掌握的各种信息调整报价，从而使己方陷入被动而使对方取得意想不到的洽谈价格。其二，先报价的一方容易陷于被动，易被对方“牵着鼻子走”，而不知不觉落入对方设置的“价格陷阱”。

实际上，先报价并不一定能处于主动地位，也不一定会处于被动地位。“先入为主”和“后发制人”都有胜负的先例。真正决定洽谈成败或对洽谈成败自始至终起决定性作用的是各方的经济实力、洽谈能力、知识水平、竞争的环境及对资讯、时间、权利三个洽谈要素综合应用的技巧。

【经典案例/故事】

吉米是一名工程师，他的一项发明获得了专利权。一天，公司的总经理表示愿意购买他的发明专利，并问吉米希望得到多少钱。吉米对自己的发明到底有多大价值心里没底，心想有 15 万美元就心满意足了。但聪明的吉米并不想先报价，他巧妙地回答：“我的发明对于公司有什么样的价值，我想您是清楚的，请您先说一说吧！”就这样，吉米无形中把“球”踢给了对方。

这位总经理果然先报价了：“40 万美元，怎么样？”……经过一番讨价还价，他们最终以 50 万美元成交了。

（2）报价起点策略。报价起点即价高低问题，在这方面也是存在争议的。低报价能较早地吸引对方的兴趣，并排斥竞争对手，取得竞争优势。而高报价则为对方提供了本方的价格标准，也为下一步磋商提供了回旋余地。开盘时报出的最高期望价，为整个交易做好了铺垫。

在报价信息掌握得比较充分可靠，且策略运用得当的前提下，开盘价越高越可行，报价的本方能够得到的好处也就越多。

但在实际洽谈中，报价并不是简单的卖方或买方单方面的事情，它既要寻求一方的最高利益，又要兼顾对方可以接受的程度。

（3）报价差别策略。同一商品，因客户性质、购买数量、需求缓急、交易时间、交货地点、支付方式等的不同，会形成不同的购销价格。这种价格差别，体现了商品交易中的市场需求导向，在报价策略中应重视运用。比如，对老客户或有大批量需求的新客户，为巩固良好的客户关系或建立起稳定的交易关系，可适当给予折扣价格；对一般的新客户，有时为开拓市场，亦可给予适当让价；对某些需求弹性较小的商品，可适当实行高价策略；对方“等米下锅”时，价格则不宜下降；交货地点远程较近程者，应有适当加价；支付方式采用一次性付款时，较分期付款或延期付款来说，价格应给予优惠等。

（4）报价对比策略。价格洽谈中，使用报价对比策略，往往可以增强报价的可信度和说服力，一般有很好的效果。报价对比可以从多方面进行。比如，可以将本商品的价格与另一可比商品的价格进行对比，以突出相同使用价值的不同价格；将本商品及其附加各种利益后的价格与可比商品不附加各种利益的价格进行对比，以突出不同使用价值的不同价格；将本商品的价格与竞争者同一商品的价格进行对比，以突出相同商品的不同价格等。

（5）报价分割策略（小单位报价策略）。这种策略主要是为了迎合买方的求廉心理的，即将商品的计量单位细分，然后按照最小的计量单位报价。采用这种报价策略，所报价格更容易为对方所接受。

【案例讨论 1】

从卖鱼钩到卖出“巡洋舰”

一个年轻人去应聘“世界最大”的“应有尽有”百货公司的销售员。

百货公司经理问他：“你以前做过销售员吗？”

他回答说：“我以前是村里挨家挨户推销的小贩子。”

经理喜欢他的机灵：“你明天可以来上班了。等下班的时候，我会来看一下。”

一天的光阴对这个年轻人来说太长了，而且还有些难熬。但是年轻人还是熬到了5点，差不多该下班了。经理真的来了，问他说：“你今天做了几单买卖？”

“一单。”年轻人回答。

“只有一单？”经理很吃惊地说：“我们这儿的售货员一天基本上可以完成20到30单生意呢。你卖了多少钱？”

“300 000美元。”年轻人回答道。

“你怎么卖到那么多钱的？”半晌才回过神来的经理问道。

“是这样的，”年轻人说，“一个男士进来买东西，我先卖给他一个小号的鱼钩，然后中号的鱼钩，最后大号鱼钩。接着，我卖给他小号鱼线，中号鱼线，最后是大号鱼线。我问他上哪儿钓鱼，他说海边。我建议他买条船，所以我带他到卖船的专柜，卖给他长20英尺有两个发动机的纵帆船。然后他说他的汽车可能拖不动这么大的船。我于是带他去汽车销售区，卖给他一辆新款豪华型‘巡洋舰’。”

经理后退两步，难以置信地问道：“一个客户仅仅来买个鱼钩，你就能卖给他这么多东西？”

“不是的，”年轻人回答道，“他是来给他妻子买卫生棉的。我就告诉他：‘你的周末算是毁了，干吗不去钓鱼呢？'"

讨论问题：

1. 案例中的年轻人是如何一步步把握消费者需求的？
2. 试着还原推销员与顾客的谈话过程，并以对话的形式写下来。

【案例讨论 2】

房地产销售的报价问题

有一次，一位售楼代表与一位已看过三次楼的顾客谈价，业务员开价 105 万元，顾客还价 101 万元，开发商底价是 103 万元，这位售楼代表一见顾客还价在开发商底价之下，就急了，大声对顾客说："说实话，开发商的底价是 103 万元，101 万元是不可能成交的，你看 103 万元买不买？"最后，这位顾客咬定 101 万元，高过这个价不买，由于中间有 2 万元的差距，结果是徒劳一场。

还有一次，另外一位售楼代表与一位已看楼多次的顾客谈价，售楼代表开价 95 万元（开发商底价 93.5 万元），顾客还价 92 万元，这位售楼代表非常坚定地告诉这位顾客，说开发商的底价是 95 万元，92 万元是不可能买到这套房子的，后来经过几轮谈价后，顾客加了两次价，一次同意加价 1 万元，后来又同意加价 5 千元，即 93.5 万元可以成交。这时，售楼代表看顾客的还价已经到了开发商的底价，就同顾客说："93.5 万元虽然离开发商底价有一点点差距，但已经比较接近了，这样，你先交一点订金吧，给我几天时间，我去同开发商谈谈，如果几天后谈不到 93.5 万元，你交的订金我分文不少全部退回给你。"这位顾客听到要交钱，就有点打退堂鼓，赶忙说："这事我得回去同丈夫商量！明天回你电话定吧。"

讨论问题：

1. 第一位售楼代表在还价过程中做错了什么呢？
2. 第二位售楼代表在还价过程中做错了什么呢？

任务五：互动测验

【互动测验】

[单选题]

1. 推销洽谈的核心目标在于（　　）。

   A. 产生购买兴趣　　B. 发生购买行为
   C. 注意购买商品　　D. 产生感情冲动

2. 以下不属于推销洽谈原则的是（　　）。

   A. 无偿性原则　　B. 倾听性原则
   C. 针对性原则　　D. 诚实性原则

3. 推销人员与顾客面对面通过语言、样品资料等介绍商品，达到推销目的的方法是（　　）。

   A. 演示法　　B. 提问法　　C. 直接介绍法　　D. 介绍法

4. 直接用商品、模型或复制品演示的方法是（　　）。

A. 图表演示法　　B. 图形演示法
C. 音像影视演示法　　D. 产品演示法

5. 推销洽谈技巧有（　　）和行为技巧。

A. 演示技巧　　B. 合同技巧　　C. 语言技巧　　D. 实务技巧

6. FABE推销法是非常典型的利益推销法，而且是非常具体、具有高度、可操作性很强的利益推销法，其中（　　）。

A. F指利益　　B. A指利益　　C. B指利益　　D. E指利益

[多选题]

1. 推销人员应以（　　）等证据，让证据说话，解决顾客的各种异议与顾虑，促成顾客购买。

A. 真实的数字　　B. 案例　　C. 实物　　D. 杜撰的数据

2. 推销洽谈时推销人员需要携带的推销工具包括（　　）。

A. 推销品及模型　　B. 文字图片资料
C. 推销证明资料　　D. 顾客资料

3. 推销洽谈按人员数量可分为（　　）。

A. 一对一洽谈　　B. 小型洽谈　　C. 中型洽谈　　D. 大型洽谈

4. 推销洽谈的任务是（　　）。

A. 积极寻找顾客的需要　　B. 介绍产品信息
C. 处理顾客异议　　D. 有效促使顾客采取购买行为

5. 推销洽谈的准备阶段应注意（　　）。

A. 收集情报　　B. 制订洽谈计划
C. 做好洽谈心理和物质准备　　D. 洽谈的地方选择及模拟洽谈

6. 在推销洽谈的过程中，采用倾听技巧时应注意（　　）。

A. 听时要专注
B. 听时要鉴别
C. 不要中途打断或驳斥
D. 倾听要积极回应

7. 在推销洽谈过程中，经常会出现推销员与顾客互不相让的僵持局面，使洽谈无法进行下去。只要掌握一些处理僵局的技巧，问题就会迎刃而解。常用的技巧有（　　）。

A. 逃避僵局　　B. 尽量避免出现僵局
C. 设法绕过僵局　　D. 打破僵局

[判断题]

1. 推销员在推销洽谈之前，需要作充分的准备，以便与顾客接近和洽谈提供必要的依据和支撑。（　　）

2. 现代推销洽谈的具体目标是进一步发现和证实顾客的需要，向顾客传递恰当的信息，诱发顾客的购买动机，说服顾客采取行动。（　　）

3. 先发制人策略是指洽谈前预先估计到顾客可能提出的问题和疑虑，排除潜在成交障碍。（　　）

4. 推销洽谈是一门科学，不一定要讲究方法和技巧。（　　）

5. 洽谈并不忌讳争论，碰上存在争议的问题，妙用提问，避开争执，也是技巧。（　　）

6. 在推销洽谈的过程中，不宜不断激发顾客的购买欲望。（　　）

7. FABE 介绍要基于客户需求满足的原则，即介绍的特点和优点一定是能够满足客户需求的，否则再好的特色和优点也不会引起客户的兴趣。（　　）

8. FABE 模式介绍产品需要严格按照 F—A—B—E 的顺序进行介绍，不能跳步。（　　）

[讨论题]

1. 推销洽谈的特点表现在哪几个方面？
2. 推销洽谈的准备有哪些？
3. 简述 FABE 产品介绍法？
4. 推销洽谈中有哪些沟通技巧？

【技能实训 1】

FABE 产品介绍模式训练

□实训目的

通过任务训练，使学生掌握 FABE 产品介绍模式内容与步骤，学会 FABE 用语设计，能够熟练运用进行产品介绍。

□实训步骤

1. 将班内学生分成若干小组，每组三或四人，由组长负责。
2. 选择自己熟悉或者感兴趣的产品。
3. 在调查和分析产品基础上完成 FABE 分析表（见表 5-3）。

表5-3　FABE分析表

小组序号：			成员：		
产品选择：（描述产品或者准备产品资料）					
序号	目标顾客	F	A	B	E
1					
2					
3					
4					

4. 根据 FABE 分析表设计产品介绍用语。
5. 每个小组选出代表，利用 FABE 方法进行产品介绍。

□实训评价

学生小组之间互评、教师对各小组的 FABE 分析表、用语设计、产品介绍情况进行点评，并将评价结果计入学生平时成绩。

【技能实训 2】

推销洽谈实战训练

□实训目的

通过实战，使学生切身体会推销洽谈的原则、步骤、方法与技巧。

□实训要求

1. 提前进行分组和初步模拟训练。
2. 撰写洽谈过程实录一份和心得体会。

□实训步骤

1. 学生两人一组，分为若干小组。
2. 选择一处家电卖场或者服装店，以顾客的身份与销售员进行洽谈。
3. 采用录音设备对整个过程进行全程录音。
4. 撰写推销洽谈实录和心得体会（背景介绍、洽谈对话过程、优缺点评价、改进建议等）。
5. 汇报与评价。

□实训评价

学生之间互评、教师进行点评，并将评价结果计入学生平时成绩。

任务六　顾客一定会说不——异议处理

【学习目标】

知识目标

1. 认识顾客异议的类型和成因；
2. 掌握顾客异议处理的原则和步骤；
3. 掌握顾客异议处理的方法和技巧。

能力目标

1. 能够识别顾客异议的类型；
2. 能够准确地分析顾客异议产生的原因；
3. 能够综合应用顾客异议处理的方法和技巧。

思政目标

1. 培养学生的唯物辩证思维；
2. 培养学生推销活动中的服务意识；
3. 培养学生妥善处理人际关系的能力。

【知识结构】

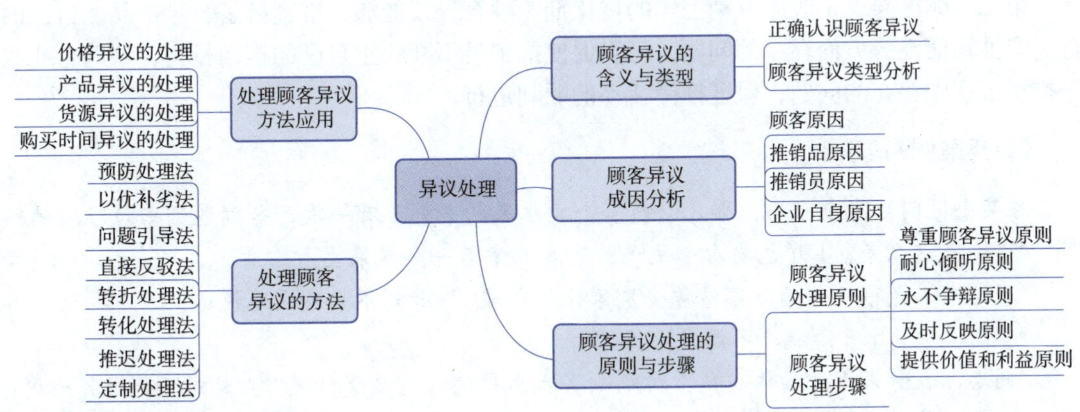

【任务导入】

学校的会议室里，会议桌上摆好了鲜花，还有程功带来的净水器模型机。校方的采购团队有学校负责人、财务经理、办公室秘书。分宾主落座，形成一对多的谈判局面，程功显得有些紧张。

培训学校负责人提出：产品投入使用以后，无形中会增加用电量，而且净化过程需要排出大量废水，既浪费资金又浪费水资源。

财务经理提出：每年需要多次更换滤芯，而滤芯的价格太高，会提升学校的运营成本。

办公室秘书：现在办公室用的桶装纯净水用起来也很方便，没有必要采购净水器。

程功面对潜在顾客的异议，应该怎么办？

如果你是程功，会如何处理顾客提出的这些问题？

6.1 顾客异议的含义与类型

在推销活动中，总是伴随着推销员向顾客不断传递推销信息、顾客向推销员不断反馈信息，大多数顾客都会提出这样或那样的意见、问题甚至相反的看法，并以这些作为拒绝购买的理由。顾客提出的这些意见和问题，我们称之为顾客异议，推销员只有正确地认识并积极地对待顾客异议，认真分析顾客异议产生的原因，采取恰当的策略和方法，有效地加以解决，才能说服顾客、促成一致，最终达成交易。那么如何看待顾客异议呢？

微课：顾客异议的含义与类型

6.1.1 正确认识顾客异议

对于顾客的异议，推销员要正确看待。

第一，顾客异议既是成交的障碍，也是成交的信号。对推销员来说，可怕的不是顾客有异议而是顾客没有异议，因为顾客异议既是成交的障碍，也是成交的信号，它是推销活动中不可避免的现象。顾客对推销品越感兴趣，提出的意见就越多。

第二，顾客异议是改进营销工作的催化剂。顾客异议能够让推销员了解到产品、自己的行为及推销活动等方面存在的问题，可以促使推销员不断纠正自己的推销行为，帮助企业改进推销工作中存在的问题，保证推销活动的顺利进行。

【经典案例 / 故事】

在某小区附近有个市场，那儿以前有个卖水果的老刘。有一次，老刘遇到一位难缠的顾客。“这水果这么差，1 斤也要卖 1 元吗？”客人拿着一个水果左看右看。

“我这水果是很不错的，不然你去别家比较比较。”老刘不紧不慢地说道。

顾客说：“1 斤 8 角钱，不然我不买。”

“同志，我如果 1 斤卖你八角，对刚刚买我水果的人怎么交待呢？”老刘还是微笑地说。

“可是，你的水果这么差。”顾客仍然在坚持。

“还可以的，如果是很完美的，可能 1 斤就要卖 2 元了。”老刘依然微笑着说。

不论顾客的态度如何，老刘始终保持着微笑。顾客虽然嫌东嫌西，最后还是以 1 斤 1 元买了。等到那位顾客走了，老刘笑着对我说：“嫌货才是买货人啊。”后来，老刘成为一家规模不小的水果经营批发公司的经理。

6.1.2　顾客异议的类型

要消除异议的负面影响，首先要识别和区分顾客异议的类型，然后采取相应的办法予以处理。

1. 根据顾客异议的性质分类

（1）真实异议。顾客确实有心接受推销，但从自己的利益出发，往往对推销品或成交条件中涉及的商品功能、价格、售后服务、交货期等方面存在异议。

（2）虚假异议。虚假异议又称无效异议。顾客并非真的对推销品不满意，而是为了拒绝购买而有意提出各种意见和看法，是顾客对推销活动的一种探究性反应。

（3）破坏性异议。顾客不听推销员的解释和建议，从主观意愿出发，提出缺乏事实根据或不合理的意见。

2. 根据顾客异议指向的客体分类

（1）价格异议。价格异议是指顾客认为商品的价格过高或过低而产生的异议。比如，“这个商品的价格太高了”“这个价格我接受不了”“别人卖得比你的便宜”等。

（2）需求异议。需求异议是指顾客提出自己不需要所推销的商品。常见的需求异议有“我们已经有了”“我们还有很多”“这个东西对我没有用”等。这种异议是对推销的一种拒绝，根本就不会洽谈如何购买。

（3）产品异议。这是顾客对推销品的功能、质量、式样、结构、规格、品牌、包装等方面提出的异议。

（4）企业异议。顾客把企业的知名度、厂址偏僻、规模较小等因素与企业产品质量联系起来而产生的顾虑。

（5）推销员异议。这是顾客针对某些特定的推销员提出的反对意见。

（6）货源异议。货源异议是顾客对产品来源如原产地、生产厂家、品牌型号等提出的异议。

（7）服务异议。服务异议是顾客对推销品交易附带承诺的售前、售中、售后服务的异议，如对服务方式、方法、服务延续时间、服务延伸程度、服务实现的保证措施等多方面的意见。

3. 根据异议产生的主体分类

（1）购买时间异议。购买时间异议是顾客有意拖延购买而提出的反对意见。例如，“我们考虑一下，过几天再给你答复”“我们不能马上决定，研究以后再说吧”等。

（2）权力异议。在业务洽谈中，有时顾客会提出“订货的事我无权决定”“我做不了主”等异议。这类关于决策权力或者购买人资格的异议，是顾客自认为无权购买推销品的异议，被称为权力异议。

（3）财力异议。财力异议即顾客自认为无钱购买推销品而产生的异议。

（4）政策异议。政策异议是指顾客对自己的购买行为是否符合有关政策的规定有所担忧进而提出的一种异议，也称责任异议。提出政策异议的顾客大多属于组织购买者。

6.2 顾客异议成因分析

人们所见到的冰山只是冰山整体露出海面的很小一部分，更大的部分则隐藏在水下，人们是看不到的。顾客的异议往往如同冰山，异议本身只是顾客全部意思表达中很小的一部分，真正的异议是顾客隐藏起来的那个更大的部分，需要推销员去进行更深入的发掘。这就是有名的冰山理论。

为了更科学地预测、控制和处理各种顾客异议，推销员必须深入了解产生顾客异议的主要原因。归纳起来看，顾客异议主要有以下四个方面的原因：

6.2.1 顾客原因

（1）顾客的自我保护。人有本能的自我保护意识，在没弄清楚事情之前，会对陌生人心存警戒，摆出排斥的态度。

当推销员向顾客推销时，对于顾客来说，推销员就是一位不速之客。即使顾客明白推销品是自己所需要的物品，也会表示出一种本能的拒绝，或者提出这样那样的问题乃至反对意见。绝大多数的顾客所提出的异议都是在进行自我保护，也就是自我利益的保护。

【经典案例 / 故事】

有销售员提问，给客户送一箱梨，客户推辞不要怎么办？

销售就是由对立走向统一的过程，刚开始和客户不熟悉，把礼物硬塞给人家，是增加这样的对立，所以我们的思路是减少对立增加统一，淡化销售主张。比如，可以这样阐述："王总，我朋友开了一家小店，一定要我给她捧场，我买了一箱梨以后又送了我一箱，我一个人真是吃不掉，这不给您带了一箱。"

（2）顾客不知道自己的需要。由于顾客没有发现自己存在的问题，没有意识到需要改变现状，而固守原来的消费方式。对于购买对象、购买内容和购买方式墨守成规、不思改变，缺乏对新产品、新服务、新供应商的需求与购买动机。

（3）顾客缺乏产品知识。随着现代科技的发展，新产品层出不穷，产品的生命周期日趋缩短。新产品尤其是高科技产品的特点与优势并不能一目了然，需要有一定的有关高科技产品的基础知识才能够了解，因此会造成一些顾客的认知障碍，从而造成顾客异议。

（4）顾客的情绪欠佳。人的行为有时会受到情绪的影响。推销员和顾客约好见面，但顾客临时遇到不开心的事情，就很可能提出各种异议。此时推销员需要理智和冷静，正视这类异议，做到以柔克刚，缓和气氛。

（5）顾客的决策权有限。在实际的推销洽谈过程中，推销员会遇到顾客说"对不起，这个我说了不算""等我家里人回来再说吧""我们再商量一下"等理由，这可能说明顾客确实决策权不足，或顾客有决策权但不想承担责任。推销员要仔细分析，针对不同的情况分别对待。组织型顾客有时也会产生有关政策与决策权异议。

（6）顾客缺乏足够的购买力。顾客的购买力是指在一定的时期内，顾客购买商品的货币支付能力。如果顾客缺乏购买力，就会拒绝购买，或者希望得到一定的优惠。有时顾客也会以此作为借口来拒绝推销员，有时也会利用其他异议来掩饰缺乏购买力的真正原因。因此，推销员要认真分析顾客缺乏购买力的原因，以便作出适当的调整与处理。

（7）顾客的购买经验与成见。成见往往不符合逻辑，其内容十分复杂并带有强烈的感情色彩，其形成原因无法轻易消除。在不影响推销的前提下，推销员应尽可能避免讨论成见或习惯问题。

（8）顾客有比较固定的采购渠道。大多数工商企业在长期的生产经营活动中，往往与某些推销员及其所代表的企业形成了比较固定的购销合作关系，双方相互了解和信任。当新的推销员不能使顾客确信可以得到更多的利益和更可靠的合作时，顾客不会轻易改变以往的供货关系，因而对陌生的推销员和推销品怀有疑惑、排斥的心理。

另外，从顾客方面看，顾客喜欢自我表现、顾客以往在接受推销方面的不愉快经历、不良社会风气的影响等都可能是产生推销异议的根源。

6.2.2　推销品原因

推销品自身的问题导致顾客对推销品产生异议的原因也有很多，一般包括以下几方面：

（1）推销品的质量。推销品的质量包括推销品的性能（适用性、有效性、可靠性、方便性等）、规格、颜色、型号、外观包装等。如果顾客对推销品的上述某一方面存在疑虑、不满，便会产生异议。有些异议是顾客对推销品的质量存在认识上的误区，有的是顾客想获得价格或其他方面优惠的借口。所以，推销员要耐心听取顾客的异议，去伪存真，发掘其真实的原因，对症下药，消除异议。

（2）推销品的价格。主要原因有：顾客主观上认为推销品价格太高，物非所值，顾客希望通过价格异议达到自身目的；顾客无购买能力等。要解决价格异议，推销员必须加强学习，掌握丰富的商品知识、市场知识和推销技巧，准确释疑价格异议。

（3）推销品的品牌。商品的品牌一定程度上可以代表商品的质量和特色。同类同质的商品因为品牌不同，售价、推销量、美誉度都会不同。一般来说，顾客为了获得心理上的安全感，通常在购买商品时会挑选名牌产品。

（4）推销服务。商品的推销服务包括商品的售前、售中和售后服务。在日益激烈的市场中，顾客对推销服务的要求越来越高。推销服务直接影响到顾客的购买行为。在实际推销过程中，顾客对推销品的服务异议主要有：推销员未能向顾客提供足够的产品信息和企业信息；没能提供顾客满意的服务或服务没能得到顾客的认同等。

【经典案例 / 故事】

王先生在家附近的连锁商店买了一箱啤酒。过了没多久，他发现有一瓶啤酒的瓶子是破损的，于是，他很生气地跑去该商店里投诉，并要求赔偿。商店里的销售人员听完王先生的抱怨之后，答应赔他一瓶啤酒。但是，王先生认为这不足以平息他的不满，要求赔偿一整箱啤酒，商店的销售负责人考虑了一下之后也同意了。

后来，王先生发现那瓶破损的啤酒是被他的小儿子不小心打碎的。他有点内疚，但更多的是感激。从此，他逢人便说："要买东西，就去 ×× 商店，没有比那儿更好的地方了。"

6.2.3 推销员原因

顾客的异议可能是由于推销员素质低、能力差造成的。例如，推销员的推销礼仪不当、不注重自己的仪表、对推销品缺乏信心、推销技巧不熟练等。因此，推销员的能力和素质直接关系到推销洽谈的成功与否，推销员一定要重视自身修养，提高业务能力及水平。

6.2.4 企业自身原因

动画：顾客异议处理技巧

在推销洽谈中，顾客的异议有时还会来源于企业。企业经营管理水平低，产品质量不好，不守信用，企业知名度不高等，都会影响到顾客的购买行为。顾客对企业没有好的印象，自然对企业所生产的商品就不会有好的评价，也就不会去购买。

6.3 处理顾客异议的原则与步骤

顾客异议产生的原因很多，发生的时间、地点和外部环境也各不相同，但顾客异议的形成却有许多共同的特点，推销员只有掌握处理顾客异议的基本原则和策略，才能使推销工作更加富有成效，并使顾客产生良好的印象。

6.3.1 顾客异议处理的原则

（1）尊重顾客异议原则。尊重顾客是推销员具有良好修养的体现，只有尊重顾客才能做好异议转化工作。顾客之所以购买推销品，并非完全由于理智，在许多情况下还出于感情。无论顾客异议有无道理、有无事实依据，推销员都要以温和的语言和欢迎的态度作出合乎理性的解释。这不仅会使顾客感到推销员具有谦虚的品德，对推销品具有信心，而且会使顾客感到推销员对他们的需求与问题具有浓厚的兴趣。所以，对持有异议的顾客，推销员一定要尊重、理解、体谅，并找出异议的真正原因；要学会洞察顾客心理，分析并把握顾客的真实异议。只有准确了解顾客异议，才能有针对性地处理各种异议，从而提高推销的成功率。推销洽谈的过程是人际交流的过程，保持与顾客融洽的关系是现代推销永恒的原则。

（2）耐心倾听原则。要理解顾客，首先应学会聆听顾客的诉说。即使一些话题你不感兴趣，如果对方谈兴很浓，出于对顾客的尊重，推销员也应该保持耐心，不能表现出厌烦的神色。

有关统计指出，人的说话速度是每分钟 120 ~ 180 个字，而大脑思维的速度是它的 4~5 倍。所以，往往对方还没说完，人们就已经知道了他要说的意思。这时即使推销员已经不耐烦，也必须记住自己仍处于工作状态，应保持足够的耐心和热情。推销员必须牢记：越是善于耐心倾听他人意见的人，推销成功的可能性就越大，因为聆听是褒奖对方谈话的一种方式。

（3）永不争辩原则。推销过程是人与人之间相互交流、沟通的过程。作为推销员保持与顾客良好和谐的关系，是推销工作能否顺利展开的重要条件。在实际工作中常用的方法是倾听顾客异议，如果顾客有异议，最好不要与之争辩，寻找机会再作下一步的行动。

【经典案例 / 故事】

一位顾客就推销员所介绍的矿泉水提出异议："听说你们的矿泉水都是灌的自来水。"推销员十分生气，立即进行反驳，要求顾客拿出证据来，否则就是凭空捏造。顾客也不示弱，双方为此发生了激烈的争吵，最终推销员占了上风，顾客因为没有依据而不再争辩。但一场交易却因此不欢而散。

一位卡车推销员过去是司机，他对自己推销的卡车非常熟悉。在推销中，只要有人挑剔他的车，他就立即与之辩论，因为他经验丰富，他经常是辩论的胜者。每当他走出顾客的办公室的时候，他总是自豪地说："我又教训了他一次。"事实上，他确实以他丰富的产品知识和经验教训了很多顾客，但是最终他也没有卖出去几辆车。卡车推销员赢得了争论，成为交易中辩论的胜利者，而他的行为却伤害了顾客的感情和自尊，失去了很多客户，最终只能是推销的失败者。

（4）及时反应原则。对于顾客异议，推销员能够及时答复，并且能够给出圆满答复的，应及时答复，以便化解顾客疑虑；如果推销员不知如何回答或者顾客情绪激动，可策略性地转移顾客的注意力，比如对顾客表示同情，进一步了解异议的细节，并告诉顾客会尽快向公司反映情况；对于不能直接回答的问题，推销员应及时向公司反映并将有关结果尽快回复顾客。推销员应做好顾客异议的相关准备，先发制人，在顾客提出异议之前及时解答，消除顾客的疑虑。

（5）提供价值和利益原则。推销员应坚持消费者利益至上，首先要保证消费者能买到放心的产品，向消费者提供质量好、符合其利益和需要的产品。要做到消费者利益至上，就要了解消费者的需求和意愿，了解消费者想得到什么，然后才能有针对性地维护消费者利益。可以通过开展消费者满意度测评活动，客观地了解消费者的需求，找准自己的不足，进而改进推销工作，更好地维护消费者的利益。

6.3.2　化解顾客异议的步骤

推销员要想比较容易和有效地解除顾客异议，应遵循一定的步骤程序。

（1）认真听取顾客的异议。回答顾客异议的前提是应弄清顾客有什么问题。法国著名的传记作家罗斯福曾说：我们与人交谈，总觉得知音难觅，和者鲜寡，其原因之一就是人们几乎都对自己要说什么想得太多。推销员在不清楚顾客异议的情况下，要使顾客满意是不可能的。因此，推销员要做到：第一，认真听取顾客的意见；第二，让顾客把话讲完，不要随意打断。当顾客有异议时，顾客本来心里就有一种莫名的不快，如果推销员不积极想办法解决问题，而是竭力为自己辩解，甚至想方设法证明顾客是错误的，这无异于火上浇油，更激起顾客的反感，致使本来可以化解的小矛盾激化，从而导致交易的失败。由此可见，理解顾客、诚恳倾听顾客的意见，既是做人的美德，也是推销员应掌握的基本要求。当顾客提供一些你需要的资料信息时，应该真诚地表示感谢。这样会使推销员和顾客之间搭起一座心灵沟通的桥梁，对推销员的推销工作会有无穷的益处。

（2）回答顾客异议之前应作暂时停顿。顾客提出异议后，不要急于表白。因为这样做容易使顾客产生误解，认为你是随便应付的，而应该稍作考虑后再回答，这样让顾客觉得你是负责任的，同样也愿意配合你去解决问题。

（3）要对顾客表现出同情心。顾客对企业或产品提出异议,一般虽带着某种主观感情的。因此，推销员在回答问题时应表现出对顾客的一种同情心理，让其觉得你是理解他的心情和要求的，这样顾客就会保持一种和气、友善的心境，也有助于问题的顺利解决。

（4）复述顾客提出的问题。当倾听完顾客的话后，用你的话将顾客提出的问题再复述一遍，这样可以向顾客表明你已经明白了他的话。许多优秀的推销员都是这样来赢得顾客的。

（5）明确回答顾客提出的问题。推销员对顾客异议要回答清楚，这样才能使推销工作进入下一步。

【经典案例 / 故事】

关于异议处理有一套比较成熟的方法 ——LSCPA 法。

这套异议处理的方法分为五个步骤：

L: 倾听（LISTEN）—— 倾听顾客的担忧。

S: 分担（SHAIR）—— 站在顾客的角度为其分忧解难。

C: 澄清（CLARIFY）—— 对客户的担忧加以解释。

P: 陈述（PRESENT）—— 针对顾客的忧虑提出合理化建议。

A: 征求（ASK）—— 对提出的解决方案做成交建议。

比如，顾客说：“你的价格太高了。”

L: 倾听（LISTEN）——认真倾听顾客说完，不要插嘴，可以提问：“你能说得更详细点吗？”“这个价格和哪个产品比高呢？”

S: 分担（SHAIR）——“换了我，我第一次听到这个价格也会觉得高。”

C: 澄清（CLARIFY）——“很多顾客刚开始的时候都认为我们的价格偏高，但是后来都接受了。”

P: 陈述（PRESENT）——“我们的产品和质量与其他竞争产品相比高出很多，而且售后服务也是最完善的，因此价格也相应地提高了。”

A: 征求（ASK）——“咱们按照这个价格成交吧！”

LSCPA 法常用句型：

L 倾听时可以这样说：

- 您能说得更详细些吗?
- 您的意思是？
- 很多人都是您这样想法。
- 好，我明白了。

S 分担常用句型：

- 我以前也这样想。

- 我能理解。
- 我知道您的意思了，您是担心……
- 换了我，也会这样想。

C 澄清常用句型：

- 如果我没理解错的话，您是担心……是吗？
- 我是否可以这样理解，您觉得真正的问题是……
- 您先别急，听我给您解释一下好吗？
- 从另外一个角度来看，这个问题是……
- 我自己常常也会有同样的想法，问题在于……

P 陈述常用句型：

- 我有一个建议，不知您是否觉得可行？
- 您的需要是……，您对……有疑问，是吗？您看我们是否可以……
- 另外一种可能性就是……
- 关于这个问题，您看我们是否可以……
- 既然我们双方都有诚意，您看是否可以各退一步呢？

A 征求常用句型：

- 您也是这么想的，是吗？看来真是英雄所见略同啊！
- 您觉得哪个方案更适合呢？
- 您是觉得这种方案更好，是吗？你真是好眼力！
- 您更愿意选择哪种方式呢？
- 那样做，您觉得是否可以？

动画：如何处理客户异议

6.4　处理顾客异议的方法

6.4.1　预防处理法

预防处理法是指推销员在推销拜访中，确信顾客会提出某种异议，在顾客尚未提出异议时，自己先把问题说出来，继而适当地解释说明，予以回答。预防处理法可以先发制人，有效防止顾客提出异议或更多异议，使顾客把隐藏在心里的异议虚拟出来进行化解，避免暗中的异议阻碍，节约推销劝说的时间。但是运用不当，也可能给自己制造障碍，对推销不利。这种方法适用于沉着冷静、友好社交型的理性顾客。

微课：预防处理法

【经典案例 / 故事】

推销人员希望顾客在 15 天内付款："先生，您一眼就可以看出我们公司产品的质量是可靠的，并且价格也比较合理，在功能上也很有特点。您也知道，我们公司要维持合理价格，既凭借可靠的质量、高效率的操作，同时也采用企业界的一般做法，要求顾客在规定期限内付款，这样才能够保证我们资金的回流速度，从而把更多的实惠给到顾客，所以，虽然我们的付款要求比较严格，事实上也是增加了顾客的利益。”

这个例子中推销员先发制人，有效地阻止了顾客在付款期方面的异议。

【经典案例 / 故事】

有一位推销人员在拜访一位客户之前，打听到这位客户非常挑剔，总喜欢提出异议。于是，他经过精心准备之后，满怀信心地去拜访这位客户。一见面，这位推销人员就很礼貌地说：“我知道您是一位非常有主见的人，对于我的推销一定会提出不少的好的建议。”一边说着，一边将事先准备好的36张卡片摊在客户面前，说：“请随便抽出一张来。”客户从中随手抽出一张卡片。卡片上写的正是一条异议。等这位客户把36条异议读完后，这位推销人员说：“请把卡片翻过来读一下。”每张异议的背后都标明了对异议的理解和解释。客户忍不住笑了起来。于是，双方成交了。

1. 预防处理法的优点

（1）能够公开顾客心中的异议并加以妥善处理，有效防止说服顾客时抓不着重点。

（2）可使推销员处于主动地位，有效地控制和调节推销的气氛。

（3）易于找出顾客异议的真实根源，节省推销时间，提高推销的效率。

2. 预防处理法的用途与不足

预防处理法有着广泛的用途，特别适宜处理各种重要的和常见的顾客异议。但是，推销员不可滥用这一方法。滥用预防处理法，可能增加顾客的心理压力，或使顾客失去购买信心，或引起有关异议的流行，加大异议的分量，增加成交的困难。

3. 运用预防处理法时应注意的问题

为能正确使用预防处理法来处理各种顾客异议。推销员必须注意以下问题：

（1）预防处理法不适用于自我认识偏高的顾客；不适用于处理无关、无效异议；不适用于处理涉及顾客主要需求与主要购买动机方面的异议。

（2）推销人员必须做好充分的准备。推销人员应在市场调查与总结经验的基础上，在对推销对象了解的前提下，科学地预测顾客可能提出的异议，然后做好处理顾客异议的准备工作。

（3）推销人员必须淡化自己提出的异议，以防止顾客提出新的异议。推销洽谈中，推销人员绝不能强化异议。而且，推销人员只能对那些有关的、顾客经常会提出来的、当前顾客很可能会提出来的异议进行处理，而绝不能在范围、内容与分量上强化或者扩大异议，以便尽量减少预防处理法可能产生的负效应。

（4）讲究推销礼仪。推销人员在使用预防处理法时，应讲究用词及说话的证据，不可将顾客作为批评与反驳的对象。例如，只能说“有人……”，而不能说“你可能会……”。只有这样，才可以既消除顾客异议，又不会使顾客产生抵触情绪。

6.4.2 以优补劣法

以优补劣法也称补偿法，是推销员利用顾客异议以外的该产品的优点对顾客异议所涉及的短处进行补偿或抵消的一种方法。在实际推销活动中，产品不可能十全十美，当顾客的反对意见的确切中了产品或公司所提供服务中的缺陷时，千万不可以回避或直接否定。明智的方法是肯定有关缺点，然后淡化处理，利用产品的优点来补偿甚至抵消这些缺点。这样有利于使顾客在心理上达到一定程度的平衡，增强顾客购买的信心。但是处理不好时也可能引起顾客更大的异议，降低推销效率。

微课：以优补劣法

【经典案例 / 故事】

在一次冰箱展销会上，一位打算购买冰箱的顾客指着不远处一台冰箱对身旁的推销员说："那种牌子的冰箱和你们的这种冰箱同一类型、同一规格、同一星级，可是它的制冷速度要比你们的快，噪声也要小一些，而且冷冻室比你们的大 12 L。看来你们的冰箱不如那个牌子的呀！"

推销员回答："是的，你说得不错。我们冰箱的噪声是大一点，但仍然在国家标准允许的范围以内，不会影响你和家人的生活与健康。我们的冰箱制冷速度慢，可耗电量却比那个牌子的冰箱少得多。我们冰箱的冷冻室小但冷藏室很大，能储藏更多的食物。另外，我们的冰箱在价格上要比那个牌子的冰箱便宜 300 元，保修期也要长 6 年，我们还可以提供上门维修服务。"顾客听后，脸上露出欣然之色。

1. 以优补劣法的优点

（1）推销员不是利用和转化顾客异议，而是肯定和补偿顾客异议，因而有利于改善推销员与顾客之间的关系。

（2）推销员实事求是，承认缺点，提示优点，有利于顾客达到一定程度上的心理平衡。

（3）由推销员直接提示优点，有利于开展重点推销。

（4）用途比较广泛，适宜处理各种有效的顾客异议。

2. 以优补劣法的不足

以优补劣法可能产生负面效应，易使顾客认为推销员无法处理所提异议；会使某些顾客纠缠不放，甚至提出更多的异议；某些根源于顾客购买动机和认识水平的异议，很难抵消和补偿。

3. 运用以优补劣法时应注意的问题

（1）推销员应该认真分析顾客异议，找出顾客异议的根源，确定顾客异议的性质。

（2）推销员应该实事求是，敢于承认顾客提出的有效异议，使顾客达到心理平衡。

（3）有得必有失，以得补失，是推销员使用以优补劣法处理顾客异议的基本原则。

（4）推销员应该针对顾客的主要购买动机提示产品优点，开展重点推销。因为推销员不可能针对顾客的所有有效异议做出补偿。

总之，此种方法适用范围很广，主要用于处理顾客难以达到心理平衡时的异议，推销员要因地制宜地灵活使用，不可滥用。

6.4.3　问题引导法

问题引导法也称询问法，是推销员通过对顾客异议提出疑问，引导顾客在回答问题的过程中自行化解异议的一种方法。运用这种方法处理顾客异议，可使推销员掌握更多的顾客信息，了解顾客的购买心理，明确顾客异议的性质，从而能更有效地转化顾客的无效异议。但如果运用不当，容易使顾客反感，给推销工作带来更大的阻力。

微课：问题引导法

【经典案例 / 故事】

顾客：“你的产品是不错，不过，现在我还不想买。”

推销人员：“先生，既然产品很好，您为什么现在不买呢？”

顾客：“产品虽然不错，可它不值5万（元）一件啊！”

推销人员：“那您说说这样的产品应该卖什么价格？”

顾客：“反正太贵了，我们买不起。”

推销人员：“看您说的！如果连您都买不起，还有什么人买得起？您给还个价。”

在上面案例中，推销人员对待顾客异议，没有马上讲事实摆道理，而是向顾客提出问题，引导顾客自己否定自己，最终达成交易。这种方法在实际推销过程中常常被推销人员所采用，并能取得成效。

询问法在处理异议中扮演着两个角色：第一，通过询问，把握住客户真正的异议点；第二，销售人员在没有确认客户反对意见重点及程度前，直接回答客户的反对意见，往往会引出更多的异议。

对于销售人员，学会问“为什么”非常重要。不要轻易地放弃了这个利器，也不要过于自信，认为自己能猜出客户为什么会这样或为什么会那样，而应让客户自己说出来。

当问“为什么”的时候，客户必然会做出以下反应：

第一，他必须回答自己提出反对意见的理由，说出自己内心的想法。

第二，他必须再次检视他提出的反对意见是否妥当。

此时，销售人员能听到客户真实的反对原因及明确地把握住反对的项目，也能有较多的时间思考如何处理客户的反对意见。

1. 问题引导法的优点

（1）通过询问，可以得到更多的反馈信息，有利于找出顾客异议的根源，明确顾客异议的性质。

（2）推销员直接追问顾客，请教顾客，有利于推销员进一步处理好顾客异议。

（3）询问可以使顾客说出异议根源，既可让推销员处于主动地位，又可暴露异议的各种弱点。

（4）问题引导处理法方式灵活，能让顾客自己处理所提出的有关购买异议。

2. 问题引导法的不足

推销员不是直接回答顾客提出的问题，而是反问顾客，容易引起顾客反感；在没有必要找出顾客异议的真正根源时，推销员寻根究底，只能是浪费时间，容易冒犯顾客，难以尊重顾客的个性。

3. 运用问题引导处理法时应注意的问题

（1）必须灵活善变，及时追问顾客，查出异议的根源和性质。

（2）必须直接针对有关的顾客异议，不得询问其他无关问题，以免节外生枝。

（3）追问顾客要适可而止，不得穷追不放，寻根究底。

（4）讲究必要的推销礼仪，尊重顾客的个性，避免冒犯顾客。

（5）讲究处理策略，灵活运用各种处理技术。

6.4.4　直接反驳法

微课：直接反驳法

直接反驳法又称直接否定法，是指推销员根据比较明显的事实和充分的理由直接否定顾客异议的处理方法。

直接反驳法针对性较强，能直接说明有关的情况，说服力强，可以节约推销劝说时间和精力，提高推销效率。

理论上讲，这种方法应该尽量避免，直接反驳对方容易使气氛僵化，使顾客产生敌对心理，不利于顾客接纳推销员的意见。但在有些情况下，销售人员必须直接反驳以纠正顾客的错误观点。例如，当顾客对本公司的服务、诚信有所怀疑时，或顾客引用的资料不正确时，销售人员需要直接反驳。因为当顾客对本公司的服务、诚信有所怀疑时，你拿到订单的概率几乎是零。例如，当保险公司的理赔诚信遭到怀疑时，你还会向这家公司投保吗？事实上，当顾客引用的资料不正确时，如果推销人员能以正确的资料佐证自己的说法，顾客会欣然接受，而且会对销售人员更加信任。

【经典案例 / 故事】

客　户：该商用楼的公摊面积比例比其他楼盘高出不少。

销售人员：您大概误解了，这个楼盘公共设施占楼盘总面积的 18.2%，一般大厦的比例为 19%，我们的反而要低一些。

1. 直接反驳法的优点

（1）通过摆事实、讲道理，可以增大推销说服的力量，增强顾客购买的信心。

（2）直接说明有关情况，可以节省推销时间，提高推销效率。

（3）用途十分广泛，而且符合多数顾客的习惯。

（4）有利于识破顾客的各种借口，促使其接受推销。

2. 直接反驳法的用途与不足

无关异议、无知异议、敏感异议以外的各种顾客异议，都可采用直接反驳法进行处理。直接反驳法也具有明显的局限性，表现为：推销员直接否定顾客异议，容易引起抵触、反感情绪，形成不融洽的气氛；容易增加顾客的心理压力，导致顾客回避推销。如果顾客的异议正确或有一定的道理，利用反驳只会降低企业、产品及推销员在顾客心目中的信誉度。

3. 运用直接反驳法时应注意的问题

（1）在使用直接反驳法时，在遣词造句方面要特别留意，态度要诚恳，要本着“对事不对人”的原则，千万不能伤害到顾客的自尊，也要让顾客感受到自己的专业与敬业。

（2）摆事实、讲道理，有理有据地进行反驳，使顾客心悦诚服，切忌盲目否定。

（3）有些顾客异议的根源在于顾客的成见，要注重信息沟通工作，通过正确观念否定偏见异议。

（4）为了保持良好的人际关系和推销气氛，推销员在任何时候都不应该直接否定顾客的无关异议。

6.4.5 转折处理法

转折处理法又称间接否定处理法，是推销员根据有关事实和理由间接否定顾客异议的方法，采用这种方法时，首先要肯定顾客异议的合理成分，然后用一定的转折词将顾客异议予以婉转否定。

微课：转折处理法

【经典案例 / 故事】

请比较下面的 A、B 两种回应方法，感觉是不是有天壤之别？

A：您根本没了解我的意见，因为情况是这样的……

B：通常情况下，您这么说是对的，但如果情况变成这样，您看我们是不是应该……？

A：您的想法不正确，因为……

B：您有这样的想法一点不错，当我第一次听到时，我的想法也与您一样，可是，如果我们做进一步的了解后……

如果销售人员养成用 B 方式来表达自己的不同意见，将受益无穷。

在推销实践中，转折处理法比直接反驳处理法使用得更为广泛，这种先退后进解决异议的方法易被顾客接受，能缩短推销员与顾客之间的心理距离，使顾客感到被尊重、被承认和被理解，有利于保持良好的推销气氛和人际关系。但是，此法如果使用不当，可能会使顾客提出更多的意见。这种方法适用于顾客因有效信息不足而产生的偏见、成见等主观意见，且能自圆其说的情况。

【经典案例 / 故事】

一位家具推销员向顾客推销木制家具时顾客提出："我对木制家具没兴趣，它们很容易变形。"

这位推销员马上解释道："您说得完全正确，如果与钢铁制品相比，木制家具的确容易发生扭曲变形现象。您知道，我们制作家具的木板经过特殊工艺处理，扭曲变形系数只有用精密仪器才能测得出。"

1. 转折处理法的优点

（1）推销员不是直接驳斥，而是间接否定，有利于保持良好的人际关系和推销气氛。

（2）推销员尊重异议，承认异议，态度委婉，先退后进，顾客容易被说服。

（3）推销员可以利用回避赢得的时间分析异议的性质和根源，可使处理异议的方案留有余地。

2. 转折处理法的用途与不足

转折处理法同其他方法一样，有其特定的用途，不得滥用。这一方法也并非十全十美，它可能会削弱推销员及其推销提示的说服力，增大推销的难度。由于故意回避顾客异议，容易使顾客产生各种错觉，认为推销员靠不住，而且，这一方法需要时间，不利于提高工作效率。

3. 运用转折处理法时应注意的问题

为了有效利用转折处理法处理有关的顾客异议，推销员必须注意以下问题：

（1）应间接否定顾客提出的购买异议，切忌与顾客针锋相对，直接反驳。

（2）应积极提供更多的推销信息，消除顾客成见。

（3）尽量做到语气委婉，转折自然，保证处理异议的气氛友好融洽。

（4）不宜过多使用“但是”的表述。

6.4.6 转化处理法

转化处理法又称利用法，是推销员直接利用顾客异议中有利于推销成功的因素去抵消其消极因素，利用顾客的反对意见本身来处理顾客异议方法。转化处理法也是一种有效的处理顾客异议方法，推销员在肯定顾客异议的基础上加以转化，以顾客异议积极的一面去克服消极的一面，从而把推销的阻力转化为动力。当然，这种方法如果使用不当，会引起顾客的抵触情绪，引发更多顾客异议。转化处理法适用于内容真实有效且主要由不可控制因素造成的异议。

【经典案例 / 故事】

例如：

顾客：“你们的产品又涨价了，我们买不起。”

推销员：“你说的对，我们的产品确实又涨价了，最近原材料价格一直在涨，现在不买，可能过一段时间价格还要涨。”

这就是把价格上涨作为必须及时购买的理由，提示顾客及时购买，化解异议。

再如：

保险客户：“我收入低，没钱买保险啊！”

保险业务：“就是因为您收入偏低才需要买保险，以便从中获得更多的经济保障。”

转化处理法的基本句型：正是因为……你才应该购买呢！原因是……

【经典案例 / 故事】

王先生利用银行的信用贷款在郊外买了一栋房子，最初他对于甲房产公司推销员所提供的有关售屋、租屋的资料及该推销员的草率解说都深表不满，所以次日又请乙房产公司的推销员为他介绍理想的住屋。令他惊讶的是，这两家房屋中介公司所销售的房屋竟一模一样，因此他对乙房产公司推销员提出相同的质疑，然而，乙房产公司推销员却另有一番解释。

王先生：“这里离公交车站也太远了，很不方便。”

经纪人：“王先生您说的没错，这里离车站是稍远了点，但是如果您骑自行车不过是七八分钟，而且每天骑自行车可以锻炼体力，对身体健康有很大好处。”

王先生：“这里周边都是庄稼地。”

经纪人：“是的，这是住宅区，法律规定不准在此建工厂，您看看这里的空气多么新鲜！我认为新鲜的空气才能确保家人的健康。”

王先生："住在这里买东西很不方便！"

经纪人："您说得不错，这里尚未成规模，不够繁荣热闹，但是您想想现在有几人能拥有这种绿意环绕的住房环境，而且您可利用假日与家人团聚，这样不是很好吗？"

王先生听了这番话后，觉得房子还不错，于是与乙房产公司签订了购屋契约。

1. 转化处理法的优点

（1）推销员利用转化处理法处理异议，以子之矛，攻子之盾，不必回避顾客异议。

（2）推销员可以改变有关顾客异议的性质和作用，将计就计，把顾客拒绝购买的理由转化为说服顾客购买的理由。

（3）推销员直接承认顾客异议，有利于保持良好的人际关系和营造融洽的推销气氛。

（4）有效利用了推销哲学，把顾客异议转化为推销提示，把推销异议转化为推销动力。把不利因素转化为有利因素。

2. 转化处理法的不足

利用转化处理法处理异议，可能使顾客产生抵触情绪；顾客希望自己的意见受到尊重，但采用转化处理法容易使顾客失望；如果滥用，会导致顾客提出更多异议，弄巧成拙，适得其反。

3. 运用转化处理法时应注意的问题

（1）推销员不得否定顾客异议，而应尊重、肯定、承认、赞美、利用、转化顾客异议。

（2）找出顾客异议的内在矛盾，直接针对顾客异议。

（3）认真分析顾客异议，利用购买异议本身的矛盾去处理购买异议。

（4）该方法不适宜用于处理各种无关异议和敏感性问题。

6.4.7 推迟处理法

推迟处理法又称延缓处理法、冷处理法，是推销员对顾客提出的不利于成交的一些无关紧要的反对意见采取暂时避而不答，等待适当的时候再进行处理的方法。这种方法可以避免在无关或无效的异议上浪费时间和精力，以及发生节外生枝的争论，也可以使推销员按照预先制订的推销计划、推销策略开展工作，提高推销效率。但运用不当，会使顾客觉得自己的异议没有即时得到应有的重视而产生不满。推迟处理法适用于顾客因误解、成见、认识错误等原因所产生的异议，以及与推销洽谈无关的异议以及顾客的其他无效异议。

微课：拖延处理法

【经典案例 / 故事】

涂料推销员在向一位公司采购部经理进行推销活动。

顾客：你们公司生产的外墙涂料日晒雨淋后会出现褪色的情况吗？

推销员：您请放心，我们公司的产品质量是一流的，×× 保险公司给我们担保。另外，您是否注意到 ×× 大厦，它采用的就是我们公司的产品，已经过去 10 年了，还是那么光彩依旧。

顾客：×× 大厦啊，我知道，不过听说你们公司交货不是很及时，如果真是这样，我们不能购买你们公司的产品，它会影响我们的工作。

推销员：先生，这是我们公司的产品说明书、国际质检标准复印件、产品价目表，这些是我们曾经合作过的企业以及他们对我们公司、产品的评价。下面我向您介绍一下我们的企业以及我们的产品情况……

上述案例中顾客提出的交货不及时问题基本属于无关紧要的异议，所以推销员可以暂时不予处理，直接引出其他讨论议题。

1. 推迟处理法的优点

（1）给顾客留时间考虑推销员的建议，可使顾客进行充裕的考虑与决策。

（2）如果推销员对顾客的异议暂时不理睬，顾客在推销员的后续提示与推销介绍下，异议处理也许会变得容易一些。

2. 推迟处理法的不足

（1）如果推销员过于拖延，容易让顾客误以为推销员放弃本次交易，顾客随后放弃购买。

（2）如果推销员操之过急，反而会使顾客产生抵触情绪，坚持异议。

3. 运用推迟处理法应注意的问题

（1）在暂缓处理顾客提出的某一异议时，要尽快找到需要讨论的话题，以免冷落顾客。

（2）可以选择适当的时机处理顾客的异议，推迟处理并不是一定不处理。

（3）尽量向顾客提供更多的购买理由。

6.4.8 定制处理法

定制处理法是指推销员根据顾客异议的具体要求，重新为顾客提供符合要求产品的一种处理顾客异议的方法。

微课：定制处理法

【经典案例 / 故事】

顾　客：“这个颜色我不是很喜欢。”

推销员：“先生，你喜欢什么颜色？”

顾　客：“藏青色。”

推销员：“好的，先生。款式方面你还满意吧？”

顾　客：“袖口的处理不是很理想，能够再收窄一些才好。”

推销员：“先生，目前我们提供定制服务，如果你不着急，我们可以根据这个基础款为你定制喜欢的颜色和款式，只需要缴纳百分之五十的定金即可。”

1. 定制处理法的优点

（1）定制处理法体现了企业按照顾客异议的具体内容进行产品的生产与销售，是满足顾客需求的最好方法，也是目前能满足顾客需求的最高标准。

（2）使用定制处理法处理顾客异议，可以使企业按照顾客的需求改进产品、服务和推销，促进企业对产品的开发和新市场的开拓。

2. 定制处理法的不足

（1）如果运用不当，会导致推销员对顾客的承诺不能兑现。

（2）如果运用不当，可能会影响企业效益，使企业蒙受损失。

3. 运用定制处理法应注意的问题

（1）在具体运用定制处理法处理顾客异议时，要求企业及其员工切实树立现代市场营销观念，把满足顾客需求作为企业的最高原则，在企业内部形成各部门、各环节协调配合的整体运作体系，从而为兑现推销员的允诺奠定各方面的基础，使定制处理法的实施有更大的可能性。

（2）推销员应掌握足够的信息，比如顾客异议的详细内容、顾客的真正需求、公司产品生产的有关情况等，然后确定能够为用户提供的定制内容，确保对客户承诺的事情最终落到实处。推销员应讲究职业道德，讲究信用，在与顾客签订相关的合同或是以其他形式做出承诺后，要千方百计地履行诺言。

总之，处理顾客异议的方法很多，除了上述常用方法之外还有归谬法、削弱法、证据法等，这些方法各具优点和不足，各有相应的适用条件。推销员针对不同异议，有时只需采用一种方法，有时需要交叉使用多种方法，应视顾客、异议、环境、时间、地点等具体情况而定。

6.5 处理顾客异议方法应用

6.5.1 价格异议的处理

价格异议是指顾客认为推销品的价格与自己估计的价格不一致而提出的异议。在推销工作中经常会听到这样一些议论：

微课：价格异议的处理

“这个商品的价格太高了。”

“这个价格我们接受不了。”

“别人的比你的便宜。”

这是顾客受自身购买习惯、购买经验、认识水平以及外界因素影响而产生的一种自认为推销品价格过高的异议。价格问题直接涉及顾客的实际利益，是影响交易的最重要因素之一，能否妥善处理，直接关系到交易的成败。

推销品的价格异议是最常见的一种顾客异议。据调查，75% 的推销员在推销时会遇到价格异议。因为价格与顾客的切身利益直接相关，无论是个人消费，还是为团体或组织代为采购，顾客总希望尽可能少地支付费用。因而不论推销品的价格如何，总有顾客对价格提出异议，希望价格降低从而获得更多的利益或心理满足。

价格异议一般有两种表现形式：

一是顾客认为推销品价格过高，这是价格异议常见的、主要的形式，常常成为顾客讨价还价、争得更多交易利益的理由，或者是顾客拒绝购买的一种借口。

二是顾客认为推销品价格过低，怀疑其存在质量或者其他方面的问题，或认为其缺乏购买或收藏等方面的价值。

处理价格异议常用以下策略：

1. 先（多）谈价值、后（少）谈价格

从价格谈论入手的推销员是不明智的，推销员可以从产品的使用寿命、使用成本、性能、

维修、收益等方面进行分析，让顾客充分认识到产品的价值，认识到购买该产品带给他的利益和方便。

推销员必须注意，在推销洽谈中，提出价格问题的最好时机是在会谈的末尾阶段，即在推销员充分说明了产品的好处，顾客已对此产生了浓厚的兴趣和购买欲望后，再谈及价格问题。一般应采取“不问价不报价，问价才报价”的策略。如果顾客迫切问及价格，不及时回答会引起顾客猜疑，阻碍洽谈顺利进行。即使顾客急切地问到价格，也不要单纯地与顾客讨论价格问题，在报价后不附加评议或征询顾客对价格的意见，以免顾客把注意力过多地集中到价格上，使洽谈陷入僵局。

2. 强调相对价格

价格的高低都是相对而言的，强调相对价格有两层意思：

其一是相对价值的价格，即性价比。价格代表产品的货币价值，是产品价值的外在表现，除非和产品价值相比较，否则价格本身没有意义。因此，在推销过程中，推销员不能单纯地与顾客讨论价格的高低，而必须把价格与产品的价值联系在一起。从推销学的意义上说，产品的价值就是产品的特性优点和带给顾客的利益。事实上，“便宜”和“昂贵”的含义并不确切，而是带有浓厚的主观色彩，在很大程度上，它是人们内心的一种感觉。所以，推销员不要与顾客单纯讨论价格问题，而应通过介绍产品的特点、优点和带给顾客的利益，使顾客最终认识到，产品实用价值高，而相对价格并不高。

其二是相对同类竞争产品、替代品的价格，或者其他产品的价格。

【经典案例 / 故事】

卖化妆品的导购员面对顾客的价格异议时：

顾客：“你家的这个化妆品套装虽然质量不错，但是价格也太高了啊。”

推销员：“没错，很多人都和您一样，第一感觉就是价格偏高，但是在一线品牌中这个价格也算是很亲民的了，而且这个套装能够使用一年，平均每天不到 10 元钱。”

上述案例中推销员将该产品的价格与同类产品价格比较，证明自己的价格便宜，同时又进行了价格分解，化解顾客认为价格昂贵的异议。

3. 心理策略

第一，在向顾客介绍产品价格时，可先发制人地首先说明报价是出厂价或最优惠的价格，暗示顾客这已经是最低价格，不能再讨价还价，以抑制顾客的杀价念头。

第二，推销员可使用尽可能小的计量单位报价，以减少高额价格对顾客的心理冲击。

大家对比一下下面的西湖龙井的报价：

西湖龙井：2 000 元 / 斤。

西湖龙井：200 元 / 两。

西湖龙井：4 元 / 克。

在可能的情况下，可以改吨为千克，改千克为克，改千米为米，改米为厘米，改大包装单位为小包装单位。这样在价格相同的情况下，顾客会感觉小计量单位产品的价格较低。

4. **推荐较低价格产品**

在遇到价格阻碍时，推销人员首先要对自己的产品充满信心，坚持报价，不轻易让步。有时顾客确实不能负担较高价格的产品，在这种情况下，推销员仍然能达成交易的办法是向顾客推荐低价产品。但是，当向顾客介绍低价品的时候，不能贬低低价产品，而是强调两种产品各有特点。

例如，如果对方说："你的价格高，且对于我们这样的小企业来讲，一些功能过剩。"推销员可以说："噢，我们小型号的机器是专门为你准备的。它的价格是大型机器的一半，而且具备大型机器的主要功能。此外，还有售后保证五年的承诺。"

5. **让步策略**

推销员的职业特性决定了他不可能永远坚持不让步。在有些情况下，通过适当的让步可以获得大额订单，使顾客接受交货期较长的订货。

推销员在做出价格让步时要注意以下两点：

第一，做出的让步要恰到好处，一次让步幅度不宜过大，让步频率也不宜太快，要让对方感觉到让步不容易而产生满足心理，以免刺激顾客提出进一步要求。

第二，通过价格让步增加顾客购买数量，即薄利多销。

6.5.2 产品异议的处理

微课：产品异议的处理

产品异议是指顾客对推销品的内在素质、外观形态等方面提出不同看法和意见而形成的一种异议。这也是一种常见的顾客异议，异议的具体内容一般指向推销品的质量、结构、款式、规格、颜色、包装等方面。

比如，顾客提出："电风扇功能更新特别快，一年一个样，你这是去年的产品，款式太陈旧。"

顾客之所以提出这样的异议，主要源于两个方面的原因：

一是推销品本身确实存在某种缺陷。这就要求推销员及时收集市场信息并反馈给生产企业，以生产出适销对路的产品。

二是顾客想通过产品异议了解更多的产品信息。这就要求推销员具备丰富的业务知识和专业知识，详细、全面地介绍推销品，以满足顾客的需求。

推销员在处理产品异议时一般可以采取思维转移，针对顾客对产品提出的异议与国家权威部门的规定进行比较，或者借助现实购买者的使用来消除顾客的异议。

当顾客误解或者对产品不熟悉时，推销员要进行解释，一定要确定具体的焦点问题在哪里，这样回答起来也比较明确。常用的处理方法有以下几种：

1. **横向对比法**

横向对比法比较常见，通常顾客异议是与另一个相关的问题比较而产生，所以推销员也要知道这两个问题的关联度，把它们认真地进行比较，再加上一些技巧，这样可能效果会很好。

【经典案例 / 故事】

顾客："这种割草机的噪声太大了。"

推销员："您说的很有道理，这是此类产品的通病，目前国内还没有哪家企业能够彻底解决这个问题。但是，我们的产品与其他同类产品相比，在这方面是做得最好的，噪声可以说是最小的了。您看这是我们的噪声测试权威报告。”

2. 品牌定位法

品牌定位法在产品品牌的选择上用得较多，通过不同价格和品牌的定位来消除顾客的异议。

【经典案例 / 故事】

顾客对手机的功能提出如下异议：

顾客：“这款手机为什么没有 NFC 功能？”

推销员：“一看你就是个专业人士，这款手机的定位就是高性价比手机，为了在既定成本基础上保证其强大的核心功能，只能舍弃了 NFC。”

3. 标准设定法

标准设定法比较多用，以某个系列的产品的国际、国家标准作为购买标准来消除顾客异议。

【经典案例 / 故事】

顾客对空调的噪声提出异议：

顾客：“你家的这款空调噪声似乎有点大，晚上会影响睡觉的。”

推销员：“国家规定的空调噪声标准，制冷量在 2 000 W 以下的空调室内机噪声小于 45 dB，室外机小于 55 dB；2 500 ~ 4 500 W 的分体空调室内机噪声小于 48 dB，室外机小于 58 dB。我们这款 1 500 W 的空调室内噪声平均 30 dB，相当于耳语的音量大小，如果调到静眠模式，噪声就更低，你看这是我们的噪声测试报告和各品牌噪声比较表。”

动画：如何处理品牌异议

6.5.3 货源异议的处理

1. 货源异议的定义

货源异议是指顾客自认为不应该购买某推销人员所推销的或所代表的企业的产品而提出的异议。典型的货源异议说辞是“很抱歉，这种产品我们有固定的供货渠道”。

2. 产生货源异议的原因

产生货源异议的原因，大多是由于顾客对推销人员本人或对其所代表的企业与产品的不信任，如怀疑推销人员的信用、怀疑推销企业的信誉与实力、怀疑推销品的功能等。

由于经济全球化带来的变化，许多跨国公司在全球组织生产与销售，而且由于产品型号日益繁多，功能五花八门，顾客很难对同一品牌或者同一型号的产品进行真实性鉴定。这些现象都很容易导致顾客对某些货物的原产地真实性产生疑问，或者是不愿意接受不知名企业、品牌的推销品。顾客常常会提出：

微课：货源异议的处理

“我们常常用 ×× 厂的产品。”

“没听说过你们这家公司。”

“这种产品的原产地是哪里？”

“你们是 ×× 品牌的代理商吗？”

“你们有产品进口报关手续吗？”

当然，有些顾客是利用货源异议来与营销人员讨价还价，甚至利用货源异议来拒绝营销人员。因此，营销人员应认真分析货源异议的真正原因，利用恰当的方法来处理货源异议。

3. 处理货源异议策略

许多货源异议都是由于顾客的购买经验与购买习惯造成，推销员在处理这类异议时可采用以下策略：

（1）锲而不舍，坦诚相见。通常顾客在有比较稳定的供货单位和有过接受推销服务不如意甚至受骗上当的经历时，会对新接触的推销人员怀有较强的戒备心，由此而产生货源异议。推销员应不怕遭受冷遇，多与顾客接触，联络感情，增进相互了解。在互相了解逐渐加深的情况下，顾客也容易对推销人员敞开心扉，说出自己的顾虑和期望，此时推销员就可以对顾客进行具有针对性的解释和劝说，最终促成交易。在与顾客的交往中，推销人员应当注意社交礼仪，以诚挚的态度消除顾客对公司或者产品的偏见。

（2）强调竞争受益。顾客常常会提出已有稳定的供货单位或者已经习惯某种产品，并对现状表示出满意，从而拒绝接受新产品和服务。此时推销人员应指出，不论是个人还是公司，在购买产品的时候采用单一来源的方法都具有很大的风险性，如果供货单位一时失去供货能力，将会导致顾客因购买不到所需产品而影响生活或者生产，为了抵御风险，顾客应当采取多渠道策略解决其购买需要。采取多渠道进货，会增强顾客采购中的主动性和灵活性，可以对不同货源的产品质量、价格、服务、交货期等进行多方面比较分析，择优选购，并获得引入竞争所带来的利益。

【经典案例 / 故事】

顾客：“很抱歉，这种产品我们和某某公司有固定的供货关系。”

推销员：“关系都是慢慢建立起来的嘛。作为原料产品采购，多一条渠道就少一道风险，鸡蛋还是放到不同的篮子里好，并且贵公司还能进行产品方面的比较，可以择优选购。您可以考虑给我们一个机会，这也并不影响你们和某某公司的关系。”

（3）提供例证。在解决货源异议时，推销人员为了说明其推销的产品是质量可靠、渠道合法的产品，可以向顾客提供一些第三方的客观证据来消除顾客疑虑。例如，厂家的代理授权证书、企业营业执照、产品生产销售许可证、质量管理体系认证证书、产品质量鉴定报告、获奖证书，以及知名企业、知名人士的订货合同或者使用记录等资料。由于这些证据顾客可以通过其他渠道进行求证，因此有利于顾客消除顾虑，促进购买。

微课：购买时间异议的处理

6.5.4 购买时间异议的处理

购买时间异议是指顾客自认为购买推销产品的最好时机还未成熟而提出的异议。例如，“我们还要再好好研究一下，然后再把结果告诉你”“我们现在还有存货，等以后再说吧”等。

不同阶段提出的购买时间异议，反映了顾客不同的异议原因。

推销活动开始时提出：应视为是一种搪塞的表现，是顾客拒绝接近的一种手段。

在推销活动进行中提出：大多表明顾客的其他异议已经很少或不存在了，只是在购买的时间上仍在犹豫，属于有效异议。

在推销活动即将结束时提出：说明顾客只有一点点顾虑，稍加鼓励即可成交。

顾客提出推迟购买时间，说明他不急于购买。推销人员对顾客提出的时间异议要有耐心，但是也必须及时处理。在市场瞬息万变的情况下，顾客拖延购买时间过长，可能招致竞争者的介入，给推销工作带来更大的困难。

在推销活动中，在推销人员进行详细的产品介绍之后，顾客经常会提出购买时间异议。实际上，顾客借故推托的时间异议多于真实的时间异议，他们主要是为了对所购产品进行更多的比较或者为了争取更大的价格及服务优惠。针对这种异议，可以采取以下几种策略进行应对：

1. 货币时间价值法

一般说来，物价的变化会随着时间的推移而上扬。推销员可以结合产品的情况告诉顾客，未来产品的供求关系很有可能会发生变化，随着物价水平的上升，顾客可能要花费更多的金钱来购买同等数量的商品，而且拖延购买不仅费钱，还要费时、费力，增大顾客的机会成本和时间成本，不符合现代社会“时间就是金钱，效率就是生命”的观念。

2. 良机激励法

主要是采用对顾客有利的机会激励顾客，使其不再犹豫不决，当机立断，拍板成交。

例如，可以说：“目前正值展销期间，在此期间购买可以购买 20% 的优惠价格。”“货已经不多了，如果你再犹豫，就可能被别人买去了。”

但要注意的是，使用这种方法必须确有其事，不可虚张声势，否则将适得其反，欲速则不达。

3. 潜在风险法

潜在风险法又称意外损失法。这种方法是利用顾客意想不到但又很可能会发生的一些潜在风险对顾客进行影响。例如，厂家调价、原材料涨价、宏观政策调整、市场竞争格局改变等情况对顾客进行影响，使顾客认识到存在的这些不确定因素可能给自己带来的损失，促使顾客尽早做出购买决定。

4. 竞争诱导法

推销人员向顾客指出购买该产品将会使顾客在某些方面获益，而且这些好处已经在他的竞争对手那里得到了证实，顾客如不尽快购买推销产品，将会在与同行的竞争中处于不利位置。这种方法可以打破顾客心中假定的竞争均衡格局，引起顾客对其所处环境的关注，从而促使顾客为了改变其所处形势而做出购买决定。

【经典案例 / 故事】

推销工业机器人的推销员：“目前国内前 100 的同类企业已经采用和计划采用智能制造，

这也是未来的趋势，大家都在抢时间实现产业升级，提升效率，一旦错过了这个时机，未来再追赶就费劲了。”

【案例讨论 1】

巧妙地化解顾客异议

齐先生是一位烹调器的推销员。一次他在向一位家庭主妇作了产品介绍后，约好第二天再去拜访。到了第二天，这位家庭主妇虽然在家等着他的拜访，但听了他对产品进一步的说明后表示，还要再想一下，这件事还要同丈夫商量后再决定。

齐先生说："我到晚上再来，可以吗？主妇不置可否。

于是，齐先生提出："让我问你一个问题，什么时候你丈夫带食品回家？"

她反问："你这是什么意思？他根本不带食品回来。"

齐先生问道："那谁买呢？"

她说："我买。"

齐先生问："你经常买吗？"

她说："当然。"

齐先生说："食品很贵吧？一星期的食品将花费你 200 元或 250 元，是吗？"

她说："什么 200 元或 250 元！应当是 500 元或 600 元，你大概从来没买过食品吧？"

齐先生说："是的，保守估计，你每星期花费在食品上至少 500 元，是吗？"

她说："差不多。"

齐先生拿出一个笔记本，："夫人，你每星期花费 500 元买食品，一年如以 50 个星期算，那将花费 25 000 元（齐边说边在本上写下 500 × 500）。你刚才告诉我，你已结婚 20 年了，这 20 年来，每年 25 000 元，共花费了 500 000 元（写下），说明你丈夫很信任你。你总不会每次都把食品给他看吧！" 她听后笑了。

齐先生说："夫人，你丈夫既然信任让你用 500 000 元买食品，那他肯定不会介意让你再花 5 000 元买烹调器，以便更好烹调下一个 500 000 元食品吧？" 就这样，齐先生卖出了一套烹调器。

讨论问题：

1. 案例中顾客的购买异议是哪一类？
2. 推销员齐先生是如何化解顾客异议的？

【案例讨论 2】

卖土豆

两辆装满土豆的马车停在自由市场上。一位顾客走到第一辆马车前，问："土豆多少钱一袋？" 坐在车上的店主不屑一顾地说："55 元一袋。""太贵了！我上周买时才 45 元。" 顾客不满地说。店主懒懒地说："那是上周的事，现在就这个价。" 顾客扭头走了。

顾客来到第二辆马车前，询问价格。店主闻听，立刻从车上下来，热情地说："大姐，您真有眼力，这是优选品种的土豆，是我们种的土豆中最好的一种。您看，这种土豆的芽眼很小，削皮时不会造成什么浪费；您看，这编织袋里的土豆，个个又大又圆，是经过我们挑选过的。另外，您看这土豆，多干净，这是我们在装袋前处理过的，保证您不仅放得住，而且不会弄脏厨房。我想您不会花钱买一堆土吧？您说，60元一袋还贵吗？"顾客仔细地看了看，点了点头。店主又不失时机地问："您要两袋还是三袋？我给您搬到车上。"顾客买了两袋土豆。

讨论问题：

1. 两位店主是如何对待顾客的？推销人员对待顾客异议应持有什么态度？
2. 卖掉土豆的店主采取了哪些方法处理顾客异议？
3. 你还能用哪些方法处理案例中顾客的异议？

【案例讨论 3】

一次销售情景演练培训

上海 ×× 灯饰的胡 ×× 在一次销售情景演练培训中抽到的题目是：顾客想给儿子买一台护眼灯，要求健康，能保护眼睛，并且价格便宜。当然，胡 ×× 并不知道顾客有什么样的具体要求。

以下就是胡 ×× 的精彩演练过程：

胡 ××：你好，欢迎光临 ×× 专卖店。请问您选哪里用的灯？

顾客：我想买一款护眼灯。

胡 ××：是您自己用还是给小孩用？

顾客：给小孩用的。

胡 ××：好的。您看一下我们这款魔鬼鱼护眼灯怎么样？

顾客：哇，你们这款魔鬼鱼也太贵了吧！

胡 ××：我们的产品价格是比较实惠的。再说，买护眼灯也不能只看价格，最重要的是要看质量，是不是真的对眼睛有保护作用。您说对吗？

顾客：那倒是，可是你推荐的这款我不喜欢。

胡 ××：为什么？是不喜欢它的造型还是不喜欢它的颜色？

顾客：我不喜欢这个颜色。

胡 ××：那您看看这款蓝色的怎么样？蓝色的对于男孩女孩都比较合适。

顾客：我还是觉得有点贵。

胡 ××：如果您对其他方面都满意，我们可以协商一下价格。

最后，顾客接受了胡 ×× 的报价，购买了这款魔鬼鱼护眼灯产品。

讨论问题：

1. 顾客都提出了哪些异议？
2. 你认为胡 ×× 对顾客异议的处理有哪些方面值得借鉴？

【案例讨论 4】

买冰箱

A 先生到某商店去买一台冰箱。营业员指着 A 先生要买的冰箱说：“这种冰箱每台售价 3 500 元。”

A 先生说：“可是，这冰箱外表有一点瑕疵！你看这儿！”

营业员说：“我看不出什么。”

A 先生说：“这点小瑕疵似乎是一个小割痕。有瑕疵的货物通常不都要打一点折扣吗？”

A 先生又问“这一型号的冰箱一共有几种颜色？”

营业员回答：“两种。”

“可以看看样品本吗？”

“当然可以。”营业员说着，马上拿出样品本。

A 先生边看边问：“你们店里现货中有几种颜色？”

“共有 20 种。请问，你要哪一种？”

A 先生指着店里没有的颜色说：“这种颜色与我的厨房的颜色相匹配。其他颜色同我的厨房颜色都不协调。颜色不好，价格还这么高，若不调整一下价钱，我就得重新考虑购买地点了。我想，别的商店可能有我需要的颜色。”

A 先生打开冰箱门，看了一会儿后问道：“这冰箱附有制冰器？”

营业员回答：“是的，这个制冰器可以一天 24 小时制造冰块，1 小时只需 2 分钱电费。”她满以为 A 先生会对此感到满意。

A 先生却说：“这可太不好了，我孩子有慢性喉头炎，医生说绝对不能吃冰。你可以帮助我把这个制冰器拆掉吗？”

营业员说：“制冰器是无法拆下来的，它同门一起存在。”

A 先生说：“我知道……但是这个制冰器对我根本没用，却要我付钱，这太不合理了。价格不能便宜一点吗？便宜一点我就认了，马上买了走。”

营业员：“既然这样，我就给你便宜 100 元，这可是绝无先例的。

结果，A 先生以相当低的价格买下了他十分中意的冰箱。

讨论问题：

1. A 先生是如何取得折扣的？
2. A 先生提出了哪些异议？这些异议都是什么性质？
3. 如果你是销售人员，会如何处理？

【案例讨论 5】

计算器推销案例

一位计算器推销员向一家公司的经理推销自己的产品。

顾客：“你们的产品价格太高了。”

推销员：“太高？”

顾客：“你们产品的价格比你们的竞争对手的价格高出 25 美元。”

推销员：“这正是您应该买我们产品的原因啊。我们的产品有许多好的品质，每个人都认为其物有所值。其他产品没有一种能有我们产品这样独特的时间特征。您只要按一下这个按钮，就会看到时间和日期。”

顾客：“这很好。但我感兴趣的是我的秘书能用它计算薪水总额、税收以及其他的商业数据。”

推销员：“您所说的仅仅是这种计算器最基本的一些功能。”

顾客：“是这样的，你们有没有比这便宜的计算器？”

推销员：“我明白您的意思了。但我认为质量也是一个重要的考虑因素，我们的计算器保证可以使用五年而不需要维修，这比竞争对手产品的有效使用期要多出两年，这就相当于每月的花费仅 2 美元。”

顾客：“也许你是正确的，但我还需要考虑一下。”

推销员：“经理，您付给您的秘书多少工资？”

顾客：“每小时 10 美元。”

推销员：“哦，先前我计算过，用我们的计算器可使你每天节省 2 小时的工作时间，相当于每天节省 20 美元，一周就是 100 美元。如果您还下不了决心，这可是一个损失。”

顾客：“这么说的话，那我就买吧。”

讨论问题：

1. 推销员是采用哪些方法来处理顾客异议并说服顾客购买推销品的？
2. 如果你遇到这种情况，会怎么处理？
3. 这个案例给了你什么启发？

【互动测验】

任务六：互动测验

[单选题]

1. 顾客提出“这种产品太贵了”属于（　　）。

   A. 服务异议　　B. 产品异议

   C. 竞争者异议　　D. 价格异议

2. 关于顾客异议以下说法不正确的是（　　）。

   A. 顾客异议不可以看作成交的信号

   B. 顾客异议可以看作成交的信号

   C. 顾客异议是成交的障碍

   D. 顾客异议有真有假

3. 关于顾客异议处理以下说法不正确的是（　　）。

   A. 直接反驳可能得罪顾客

   B. 转折处理法容易让顾客接受

   C. 以优补劣法适用于有效的顾客异议

   D. 转化处理法在利用其他优点抵消异议

4. 顾客说“我从来不使用化妆品”，这种异议是（　　）。

A. 产品异议　　B. 需求异议

C. 时间异议　　D. 货源异议

5. 顾客提出异议（　　）。

A. 肯定是有害的，因为它会阻碍成交　　B. 说明顾客不想购买

C. 可能说明顾客实际上对产品感兴趣　　D. 是顾客真实想法的表达

6. 顾客说：“你的东西不错，但是买不买还要看经理的意思。”这是（　　）。

A. 权力异议　　B. 时间异议

C. 财力异议　　D. 政策异议

7. 根据 LSCPA 法，“分担”是指（　　）。

A. 倾听顾客的担忧

B. 对顾客表现出同情心

C. 对客户的担忧加以解释

D. 对顾客的忧虑提出合理化建议

8. 关于问题引导法异议处理，以下说法错误的是（　　）。

A. 可以得到更多的反馈信息，有利于找出顾客异议的根源，明确顾客异议的性质

B. 推销员直接追问顾客，请教顾客，有利于推销员进一步处理好顾客异议

C. 容易暴露异议的各种弱点，让推销员处于被动地位

D. 问题引导处理法方式灵活，能让顾客自己来处理自己所提出的有关购买异议

9. 在推销实践中，转折处理法比反驳处理法使用得更广泛，这种先退后进解决异议的方法的局限性表现在（　　）。

A. 易被顾客所接受，能缩短推销员与顾客之间的心理距离

B. 使顾客感到被尊重、被承认和被理解，有利于保持良好的推销气氛和人际关系

C. 推销员利用回避赢得的时间，分析异议的性质和根源，可使处理异议的方案留有余地

D. 它可能削弱推销员及其推销提示的说服力，增大推销的难度

10. 异议处理法中的利用法，也叫（　　）。

A. 转折法　　B. 转化法　　C. 询问法　　D. 补偿法

11.（　　）体现了企业按照顾客异议的具体内容进行产品的生产与销售，是满足顾客需求的最好方法，也是目前能满足顾客需求的最高标准。

A. 转折法　　B. 定制法

C. 预防处理法　　D. 以优补劣法

［多选题］

1. 正确的顾客异议与成交的关系有（　　）。

A. 顾客异议掩盖着需求

B. 顾客异议中有积极与消极两个方面

C. 顾客有异议是正常的，没有异议也许难以成交

D. 顾客异议有真有假

2. 顾客异议产生的原因有（　　）。

A. 顾客方面的原因　　B. 产品方面的原因

C. 推销员方面的原因　　D. 企业方面的原因

3. 顾客异议产生原因中，属于顾客原因的是（　　）。

A. 顾客自我保护的习惯性反应　　B. 顾客不知道自己的需要

C. 产品质量问题　　D. 顾客缺乏产品相关知识

4. 顾客异议产生原因中，属于推销员原因的是（　　）。

A. 礼仪不当　　B. 仪表不佳

C. 技巧不熟　　D. 物非所值

5. 顾客异议产生原因中，属于推销品原因的是（　　）。

A. 产品知名度低　　B. 推销者仪表不佳

C. 顾客缺乏足够的购买力　　D. 产品质量问题

6. 根据顾客异议的性质可以把顾客异议分为（　　）。

A. 价格异议　　B. 真实异议

C. 虚假异议　　D. 破坏性异议

7. 根据顾客异议的指向客体可以把异议分为（　　）。

A. 价格异议　　B. 需求异议

C. 产品异议　　D. 服务异议

8. 顾客异议处理的原则有（　　）。

A. 尊重顾客异议　　B. 耐心倾听

C. 永不争辩　　D. 提供价值和利益

9. 根据化解异议的 LSCPA 法则，属于分担环节常用的句型是（　　）。

A. 你能说得更详细点吗？　　B. 我以前也这样想

C. 换了我，也会这样想　　D. 关于这个问题，您看我们是否可以

10. 购买时间异议的常用处理方法有（　　）。

A. 货币时间价值法　　B. 良机激励法

C. 潜在风险法　　D. 竞争诱导法

11. 直接反驳处理法也具有明显的局限性，表现为（　　）。

A. 推销员直接否定顾客异议，容易引起抵触、反感情绪，形成不融洽的气氛

B. 容易增加顾客的心理压力，导致顾客回避推销

C. 如果顾客的异议正确或有一定的道理，利用反驳只会降低企业、产品及推销员在顾客心目中的信誉度

D. 通过摆事实、讲道理，可以增大推销说服的力量，增强顾客购买的信心

12. 推迟处理法的优点有（　　）。

A. 给顾客留时间考虑推销员的建议，可使顾客进行充裕的考虑与决策

B. 推销员对顾客的异议暂时搁置，顾客在推销员的稍后继续提示与推销介绍下，异议处理也许会变得容易一些

C. 容易让顾客误以为推销员放弃本次交易，顾客随后放弃购买

D. 如果推销员操之过急，反而会使顾客产生抵触情绪，顽固地坚持异议

[判断题]

1. 顾客的所有异议都必须回应，否则将影响成交。（　）
2. 使用以优补劣法的前提是顾客得到补偿的利益要大于异议涉及问题所造成的损失。（　）
3. 对于顾客的一些不影响成交的反对意见，推销人员最好不反驳，也不应立即回答。（　）
4. 推销人员根据有关事实和理由否定顾客异议的方法称为直接反驳法。（　）
5. 推销异议就是顾客用语言表达出来的质疑或者拒绝。（　）
6. 推销员表现不专业容易让顾客产生异议。（　）
7. 推销的目的就是一个明辨是非、澄清事实的过程。（　）
8. 异议的出现可能有助于交易的达成。（　）
9. 顾客的一些浅层次的见解是可以不回答的。（　）
10. 预防处理法可以先发制人，有效防止顾客提出异议或更多异议，但是运用不当，也可能给自己制造障碍，对推销不利。（　）

[讨论题]

1. 什么是顾客异议，你是如何看待顾客异议的？
2. 从顾客异议产生的原因出发，谈一谈如何化解顾客异议。
3. 谈一谈转折处理法的注意事项。

【技能实训1】

顾客异议处理卡片制作

□实训目的

了解推销异议的类型，分析异议产生的原因，掌握异议处理的基本方法。

□实训要求

1. 根据异议材料，调查搜集有关资料，分析异议类型。
2. 能够准确地判断异议产生的原因。
3. 结合所学知识，合理选择异议处理方法。
4. 根据异议处理方法，撰写异议处理用语。

□实训步骤

1. 将班内学生分成若干小组，每组五或六人，由组长负责。
2. 阅读异议材料，并开展讨论。

3. 完成顾客异议处理卡制作。

4. 每个小组选一名代表介绍自己的异议分析和处理方案。

□实训评价

学生小组之间互评、教师对各小组的代表方案进行点评，并将评价结果计入学生平时成绩。

异议资料：

（1）对汽车：我需要和妻子商量商量。

（2）对打字机：我们不需要文字处理打字机。

（3）对人寿保险：我感觉自己很健康。

（4）对清洁器：这个产品比你们竞争对手的要贵。

（5）对除草机：这个东西看起来没有必要买。

（6）对微波炉：我看不出你们的微波炉有加热快的优势。

（7）对广播广告：我看不出你们相对于报纸广告有任何优势。

（8）对药品：我们已经有相关药品的过多存货。

（9）对化妆品：你们的商品价格太高了。

（10）对房产：这儿离市区太远了，干什么都不是很方便啊。

异议处理卡见表 6-1。

表6-1　异议处理卡

序号	异议类型	产生原因分析	异议处理方法	用语设计
1				
2				
3				

【技能实训 2】

顾客异议处理情景表演

□实训目的

通过实训，使学生能够学会换位思考、体会处理顾客异议时应该持有的正确态度；能够根据异议处理的原则和步骤综合地合理运用异议处理的方法与技巧。

□实训要求

1. 结合实际设计一个推销异议处理情景小品剧。

2. 两人一组进行顾客异议处理情景表演，其中一人扮演推销员 A，另一人扮演顾客 B。A 将公司的某产品销售给 B，而 B 则想方设法提出各种购买异议，A 要一一处理顾客的各种异议，不能伤害 B 的感情。

3. 要求剧中至少出现三种以上异议，针对每种异议要有二至三种异议处理预案。

□实训步骤

1. 以小组为单位，以教师所给设定场景要求，选择熟悉的推销产品和情景。

2. 各组在讨论基础上分别撰写推销异议处理小品剧脚本。

3. 两名学生分别扮演推销员和顾客演出小品，然后换角色再演一遍。

4. 教师组织学生对情景表演情况进行讨论与评价。

□实训评价

学生根据各组准备的道具及表演的表现相互评价；教师小品剧剧本和表演效果进行点评和评分，并将评价结果计入学生平时成绩。

【技能实训 3】

顾客异议处理实地调查

□实训目的

通过实训，增加对顾客异议的感性认识，了解推销员在处理顾客异议时常用的方法和技巧，能够客观评价销售员顾客异议处理行为。

□实训要求

1. 分组开展顾客异议与异议处理实地调研。

2. 完成一份异议处理调研报告和汇报 PPT。

3. 分组进行汇报展示。

□实训步骤

1. 学生自愿组成调研小组，每个小组建议三至五人，选择一或两家卖场进行实地调研，观察、记录顾客异议和营业员是如何处理顾客异议的。

2. 重点采访一或二名营业员，了解顾客异议情况和处理顾客异议的方法与策略。

3. 各小组在调查、访问的基础上撰写一份卖场异议处理调研报告。

4. 各调研小组制作汇报 PPT，进行课堂汇报交流。

□实训评价

学生根据各组汇报情况相互评价；教师根据各组的调研报告、汇报课件制作、汇报表现评估打分，并将评价结果计入学生平时成绩。

任务七　临门一脚要踢好——推销成交

【学习目标】

知识目标

1. 了解推销成交的基本原则；
2. 掌握销售成交的主要方法；
3. 了解合同条款的基本内容；
4. 了解合同成立的步骤和阶段。

能力目标

1. 能够准确识别顾客的购买信号；
2. 能够熟练运用恰当的成交策略促成交易达成；
3. 能够合理运用成交方法；
4. 能完成常用交易合同的写作、修改。

思政目标

1. 培养学生工作中的契约精神和法律意识；
2. 培养学生商业诚信意识。

【知识结构】

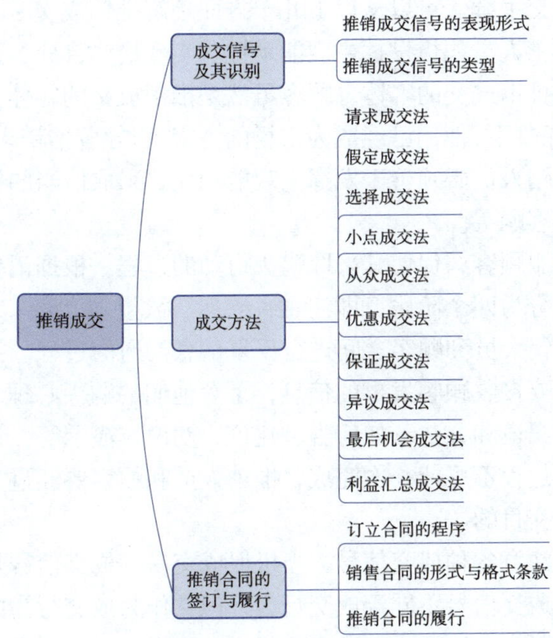

【任务导入】

程功经过几轮洽谈，就交易的关键问题初步达成了共识，但是对方迟迟没有明确表态采购。下班归来的他坐在沙发上，打开很久没有打开过的电视机，体育频道正在播放的是他最喜欢的足球赛，赛场上前锋带球不断地绕开对方的阻挡，把足球带到禁区，但是他没有飞起一脚射门，却反复地带球，恰好被对方后卫踢了回去。程功突然惊醒：推销成交阶段不就如同足球运动员把球带到禁区，推销员如果不能及时、准确地识别成交信号，利用恰当的成交方法踢好临门一脚，就会功亏一篑、前功尽弃。

动画：推销成交导入

如果你是程功，会如何判断这次交易的成交信号？会采用什么样的方法促成交易的达成？

7.1 成交信号及其识别

在推销过程中，成交是一个独特的阶段。它是整个推销阶段的最终目标，其他推销阶段的活动都是为最终成交准备条件。只有到了成交阶段，顾客才决定是否购买推销品。因此，成交是推销过程中关键的阶段。没有成交，推销人员所做的一切努力都将成为徒劳。因而，一个优秀的推销人员应该具有明确的目的，千方百计促成交易。

微课：成交信号及其识别

所谓推销成交，是指顾客接受推销人员的推销建议及推销演示，立即购买推销产品的行动过程。推销成交是面谈的继续，也是整个推销工作的最终目标。在成交时，推销人员不仅要继续接近和说服顾客，而且要采取有效措施帮助顾客作出最后的选择，促成交易，并完成一定的成交手续。可以从以下几个方面理解推销成交：

（1）推销成交是推销人员积极发挥主观能动性、实现最终目标的过程。推销人员是推销成交的主体，而顾客是推销成交的客体。顾客虽然是推销成交的客体，但不是被动地接受推销，特别是在买方市场条件下，他们已经成为市场的主宰，引导着推销人员的推销活动。因此，要想实现推销成交，推销人员必须善于发挥主观能动性，采取恰当的推销手段和方法进行劝说和演示，积极建议顾客购买。

（2）推销成交是说服顾客，促使其采取购买行动的过程。根据消费心理学的研究，顾客购买心理的变化过程可分为四个阶段，即注意、兴趣、欲望、行动。

（3）推销成交是推销人员和顾客之间进行反复信息沟通的过程。推销成交离不开信息沟通。一方面，推销人员要接收顾客发出的信息，了解他们的购买心理；另一方面，还要向顾客传递信息，通过多种渠道和方法，如广告、建议、劝说、演示等，让顾客了解自己的企业和所推销的产品。这一过程不可能一次完成，推销人员和顾客要经过多次反复的信息交流和沟通，才能实现推销成交目的。

推销人员应该密切注意各种成交信号，当机促成交易。成交信号是顾客在成交前所表现出来的各种成交意向。成交信号不同于成交行为，但它作为成交行为的前奏，是一种暗示成交的行为和提示。在实际推销过程中，顾客往往不首先提出成交要求，更不愿主动明确地请求成交，即便内心很想成交，也会因害怕先提吃亏而不做任何明示，只能以各种形式的成交信号将这种内心要求暗示出来。成交信号主要取决于推销环境、推销气氛、顾客个性和购买动机四个因素，其表现形式十分复杂，顾客在有意无意之中流露出来的种种言行和情绪都可能是明显的成交信号。

7.1.1　推销成交信号的表现形式

（1）顾客乐于接受推销人员的约见。在大多数情况下，顾客不会愿意重复约见同一位成交无望的推销人员，如果顾客乐于经常接受推销人员的约见，就暗示着这位顾客有了购买意向。推销人员一定要利用好这一有利时机，及时促成交易。

（2）顾客对推销人员的态度逐渐转好。有些顾客拒绝接待推销人员，即使勉强接受约见，也是不冷不热，让推销人员自讨没趣。如果顾客的接待态度逐渐转好，表明他开始注意推销物品，并且产生了一定的兴趣。态度转变是一种明显的成交信号，暗示着顾客有了成交的意向。为了促使顾客转变接待态度，推销人员要多一点自强不息的精神。

（3）顾客主动提出更换面谈场所。在一般情况下，顾客是不会随意提出更换面谈场所的，只有当成交有望时，顾客才会提出这种请求。比如，把面谈场所由会客室换到办公室，或由客厅换至书房等。这种更换往往是一种有利的成交信号。

（4）集团购买决策人关照推销人员。在推销过程中，推销人员总是首先接近购买决策人，而集团购买决策人并不负责具体的购买事宜，也很少直接参与有关具体购买条件的商谈。一旦集团购买决策者主动向推销人员介绍本单位的采购人员和有关业务人员，表明他已初步作出购买决策，具体事宜交给下属去商谈。这也是一种明显的成交信号。

（5）顾客要求推销人员回答有关问题。顾客向推销人员提出与成交有关的各种问题，如质量、性能、价格、售后服务、与同类产品的比较等，都表明他们对推销物品有了一定的兴趣。这是一种很明显的成交信号，推销人员要真实、耐心地回答顾客提出的有关问题。

（6）顾客提出各种购买异议。购买异议是顾客针对推销建议和推销物品所提出的不同意见或相反看法。推销实践一再证明："挑剔的顾客才是真正的买货人。"这也是辩证法的道理。因此，顾客异议既是成交的障碍，同时也是成交的信号。

在实际推销中，成交信号还表现为许多其他的形式。例如，顾客要求推销人员展示物品，拒绝约见其他公司的推销人员，认真阅读推销资料，要求索取产品样本，认真讨论价格，应邀参加展示会等。对于推销人员而言，必须善于观察顾客的言行，捕捉各种成交信号，及时促成交易。

7.1.2　推销成交信号的类型

【经典案例 / 故事】

一位客户到吉他店里想买一把吉他。销售员热情地推荐合适的款式。

销售员："请问您需要初级入门还是要专业要求高的吉他？"

客户："要初级入门的就行。帮我推荐一款吧。要简单大方的款式。"

销售员："这款怎么样？这是新手买得最多的一款，比较简洁，感觉很适合您。"

客户："这把吉他音色怎么样？响亮吗？"

销售员："是的，这把吉他的音色比较响亮。您可以试一下手感。"

客户拿起吉他，拨弹了几下，若有所思地点了点头。

客户："感觉还不错！这把吉他多少钱？"

销售员："这把吉他 450 元，很适合入门级的爱好者。"

听到价格，客户没有说话，而是抱起吉他简单地弹奏了一曲。销售员看客户对价格没有异议，弹奏时心情也很不错。

销售员："那就确定拿这把吧！我们还可以送您两根吉他弦。"

客户："嗯好，那就这把吧。"

有人会问，怎么才能知道什么时候是客户最想购买的时候呢？其实是有一些信号的。上面的例子中，客户简单试了一下吉他，感觉很不错，然后询问价格，在销售员说出价格后并没有异议，而是沉浸在吉他弹奏中。

这时基本可以断定，客户对这把吉他还是很满意的，于是销售员提出购买建议，客户就同意了。

如果等客户把吉他放下之后再提出购买建议，可能就会想着再转转，销售员就有可能会错过这个销售机会。

并不是所有的客户购物都有很强的目的性，他可能只是顺道看到，正好想起自己需要，并不急于购买。但是，如果销售员看准时机，也许客户真的会马上购买。

在实际推销工作中，成交信号取决于一定的推销环境和推销气氛，还取决于顾客的购买动机和个人特性。因此，推销人员要注意分析推销环境和推销气氛，随时了解和揣摩顾客的心理，捕捉各种有利的成交信息，当机促成交易。成交信号的表现形式十分复杂，常见的有下列几种类型：

1. 语言信号

顾客的语言可能是表示顾客成交意向最直接的信号。当顾客说出以下语言时，推销员可以认为顾客有成交的意向：

（1）肯定语言。顾客对推销员的介绍给予积极肯定的回应。例如，顾客说"值得考虑""不错，好主意"；顾客向第三者征求意见，"我以前没买过这样的产品，你认为怎样？"，或者第三者主动给予了肯定的答复"可以，这笔生意不错"等。

（2）询问有关的细节问题。如果顾客询问一些关于成交的具体事项时，可以认为是成交的时机。例如，顾客询问最快交货时间及限制条件，货物的运输、存储、拆装及使用的安全问题，零配件的供应等。

（3）用假设的口吻说出一些肯定或否定的话。有的顾客有了成交的意向，但是为了保险起见，也为了给自己留一个回旋的余地，往往用假设的口吻谈出自己对推销的肯定意见和态度。

例如，顾客说："即使签了合同，我在下个月 3 号前也无法筹措这么一大笔资金。""如果我们需要购买，你必须在月底交货，如果你不能在月底前交货就没得商量了。""我根本没有这么多的钱，一时也根本不可能筹措那么多，我答应你买也没有用。"这时，如果推销员能够给予顾客更多的鼓励，成交的可能性就比较大。

（4）其他语言。例如，询问最迟答复日期；在询问价钱、讨价还价并得到肯定答复后，对一些产品的次要问题提出看法，如对产品包装的颜色提出看法、对产品外包装的字体提出意见等。所有这些都表明顾客已经有购买产品的意向。

2. 动作信号

推销员可以通过观察顾客的动作和表情，判断顾客是否已经做了购买决定。动作信号主要有：

（1）顾客动作发生变化。顾客在思考问题时比较紧张，可能由于专心致志，身体一动不动。但是，如果顾客的思考有了结果，就会因为心理活动的放松而在行动上有所表示。例如，动手操作产品；仔细触摸产品；把产品拿在手上反复观看，多角度审视；由远走到近，或由近走到远；低头俯身向着产品，一边看一边点头，或是一边口中念念有词；身体往后靠在椅背上，一副放松的样子；用手拢头发；舒展身体的某个部位，由原来坐着变为站起来等。反过来，顾客从原来的动态转为现在的静态，如不出声，用双手或单手托住下巴沉思等，也是一种成交信号。

（2）顾客主动靠近推销员，进一步审视推销员，从对推销员漠不关心到表示出专注的样子。例如，身体前倾，对推销员的每个答复都仔细倾听并频频点头。

（3）有成交的动作。如果顾客成交意向比较强烈，反映在动作上是顾客有以下行为：找笔、摸手袋或伸手向推销员要合同单的习惯性动作；拿起放在桌子上或顾客面前的订单反复看，或者打电话唤具体办事人员到现场等。

（4）其他人的动作。如果推销活动的现场有顾客一方的其他人参与，他们比较了解主要决策人的习惯，也可能出于对主要决策者的尊重，他们会一齐望着一个人等待他的反应。这可能说明他们都没有意见，只等决策人点头了。

3. 表情信号

顾客的面部表情不易观察，但只要推销员长期用心留意，积累经验，仍然是可以捕捉到一些信息的。例如，眼球运动由慢转快又由快转慢，而且神采突变，也许原来紧咬着的牙关不再用力，于是面部肌肉放松，紧锁的眉头舒展开来，表情放松、友好，情感由冷漠、深沉变为热情、信任、随和等。

4. 事态信号

如果推销活动的形式发生以下变化，也说明顾客对于购买行为的思索有了结果，起码是事态开始向有利于成交的方向发展。例如，顾客主动提出转换洽谈环境地点，由门厅换到客厅，由大会议室换到小会议室，或者把推销员带到具体办事人员身边；顾客主动要求改变洽谈程序，如要求推销员住下来，让有关人员为推销员安排吃住事宜；询问推销员的日程安排，并与自己的日程对照，然后提出找个时间再谈；向推销员介绍其他有关人士，尤其是对决策起重要作用的人等。

7.2　成交方法

【经典案例 / 故事】

甲、乙两个不同厂家的推销员，同时到某家工厂推销他们的阀门。客户让他们分别介绍自己的产品。甲推销员先介绍。他口齿伶俐，产品介绍得很到位，厂家也显示出兴趣。介绍完之后，双方互相留下了联系方式。然后，他信心十足地对顾客说："这样，我留五天的时间供您考虑、决策。五天之后，我再来和您讨论订货事宜。"说完，就离开了。

五天之后，他再次来到这家工厂，与顾客洽谈之后，他大失所望，原来工厂早已与乙推销员代表的公司签订了购销合同。

成交方法是在成交过程中，推销人员在适当的时机，用以启发顾客作出购买决定，促使顾客购买的推销技术和技巧。

7.2.1 常用的成交方法

微课：常用的成交方法（一）

1. 请求成交法

请求成交法也叫直接成交法，是一种最简单、最常见的建议成交方法。它是指在接到顾客购买信号后，用明确的语言向顾客直接提出购买建议，以求适时成交的方法。一般来说，推销人员和顾客在经过一番洽谈以后，就主要问题已经达成一致的看法，这时推销人员应抓住时机主动向对方提出成交请求。比如，推销人员对客户说："既然没有什么问题，我看我们现在就把合同定下来吧！"这种方法一般适用于推销人员对最后成交很有把握，或顾客已有购买意图但因某种原因不便主动开口的情况。当然，若对方是非常熟悉的老顾客，也可采取这种方法。该方法运用的关键是要把握恰当的时机，注意运用语言的技巧，要让对方感到顺理成章，而不要带有勉强之意。

请求成交法的优点在于，若能正确运用该方法，能够有效地促成交易。因为从顾客心理来看，他一般不愿主动提出成交要求。为了有效地促成交易，就要求推销人员把握时机，主动提议，说出顾客想说又不愿说的话，从而促进交易。另外，采用请求成交法，可以避免顾客在成交的关键时刻故意拖延时间，从而有利于节约推销时间，提高推销效率。

但是，请求成交法也存在着局限性。若推销人员不能把握恰当的成交机会，盲目要求成交，很容易给顾客造成一种压力，从而产生一种抵制情绪，破坏本来很友好的成交气氛。此外，若推销人员急于成交，就会使顾客以为推销人员有求于己，从而使推销人员丧失成交的主动权；还有可能使顾客对先前表达的条件产生怀疑，从而增加成交的困难，降低成交的效率。

2. 假定成交法

假定成交法也称假设成交法，即在不管成交与否的条件下，对方仍持有疑问时，推销人员假定顾客已接受推销建议，而直接要求其购买的一种策略。

比如，推销员已将一部汽车开出去给顾客看过了之后，而感到完成这笔交易的时机已经成熟，这时就可以进一步地处理这个问题，使顾客真正地签下订单。你可以这样对他说："先生，现在您只要花几分钟工夫就可以将换取牌照与过户的手续办妥，再有半个小时，您就可以把这部车开走了。如果您现在要去办公事，那么就把这一切交给我们吧，我们一定可以在最短的时间内把它办好。"这么一说，如果顾客根本没有决定要买，他自然会向你说明；但如果他觉得换取牌照与过户等手续相当麻烦而仍有所犹豫，那么这番话应该可以使他放心了，说明手续不成问题。这种方法重要的是有一种推动的力量。尽管顾客迟早会下决心，但如果没有这种推动力，他也许要过一段时间才购买，或许根本不想买了。

采用假定成交法有利于节省推销时间，并提高推销效率。而且在整个推销过程中，顾客随时可能流露出成交意向，若推销人员能及时觉察，就可正确使用假定成交法，将成交信号转化为成交行动，及时促成交易。

但是，推销人员若在把握时机上出现偏差，盲目假定顾客已有了成交意向而直接明示成交，很容易给顾客造成心理压力，导致原本可能成功的交易失败。这种方法若使用不当，还会使顾客产生种种疑虑，使推销人员陷于被动，增加成交的困难。

【经典案例 / 故事】

一家石油公司聘请一位销售专家做顾问。销售专家到加油站考察。加油站的员工手里拿着油枪，对前来加油的汽车司机说："先生，加多少？"销售专家说："停。你这个问法不对。应该说，先生，给你加满吧？"

司机开车来加油站，就是来加油的。你尽可以大胆对他说："把油箱加满吧！"

推销员始终要有这样的信念：我推销的产品是物超所值的，我的推销能力是最棒的，顾客一定会购买产品。有了这种自信，推销员在与顾客的接触中，就会占据主动。只要顾客透露出一丝购买信号，推销员即可发动攻势，提出成交假定，如果顾客不反对，买卖就成了。

假设成交法特别适用于对老顾客的推销。推销员与顾客很熟悉，对顾客情况比较了解，可以直接将填写好的订货单递给顾客。

3. 选择成交法

选择成交法是推销人员向顾客提供几种可供选择的购买方案来促成交易的策略。这种方法的前提是假定顾客已下定决心购买，但尚未确定买哪个，在这种情况下，推销人员提供几种选择，促使顾客下决定。这种方法在现实生活中比较常见。

例如，某商场的一个柜台前正在甩卖 T 恤衫，一位顾客好奇地上前瞧瞧。就会有一位推销员上前招呼："怎么样？买一件吧！要黑色的、蓝色的、红色的还是白色的？"这都属于选择成交法。若顾客作出回答，的确就是表示他要买你的商品了，如果他迟疑片刻而向你表示他尚未作出最后决定时，你也没有损失，仍然可以继续提出新的方式进行推销工作。

采取选择成交法，可以避免令顾客感到难以下定决心是否购买的问题，而使顾客掌握了一定的主动权，即选择权，从而比较容易做出决定。但真正成交的主动权仍在推销人员手中，因为顾客选来选去，无论选择哪种都能成交。而且，当推销人员直接将具体购买方案摆到顾客面前时，顾客会感觉难以拒绝，从而有利于促成交易。

但是，有时用选择成交法会让顾客感到无所适从，从而丧失购买信心，增加新的成交心理障碍；有时也会让顾客感到压力较大，从而产生抵触情绪，并拒绝购买。

【经典案例 / 故事】

推销员："以车身的颜色来说，您喜欢灰色的还是黑色的？"

客户："嗯，如果从颜色上来看，我倒是喜欢黑色的。"

推销员："选得不错！现在最流行的就是黑色的！那么，汽车是在明天还是在后天送来呢？"

客户："既然要买，就越快越好吧！"

经过这样一番话，客户等于说要买了，所以这时推销员就说："那么明天就送货吧。"这样很快就达成了交易。

推销员向顾客提问时不应使用容易遭到顾客拒绝的提问方式，比如："你买不买？"或"你要不要？"顾客很可能脱口而出"不买"或"不要"。

4. 小点成交法

小点成交法又称局部成交法，是推销人员利用局部成交来促进整体成交的一种策略。一般来说，顾客在作出重大决策时往往存在较强的心理压力。顾客对于成交决策也比较慎重，迟迟不肯决定。较小的成交问题，顾客作出决策时心态往往比较轻松，容易下定决心。为了减轻顾客对待成交的心理压力，帮助顾客尽快下定决心，推销人员可以采取化整为零的办法，将整体性的全部的决定化为分散性的逐个的决定，先征得对方的部分同意。让顾客逐个拿定主意，最后再综合整体，以促成购买行为。

推销员循序渐进的引导，使顾客意识到这正是自已所要购买的商品而最终下定购买决心。采用这种方法时，推销人员要尽量强调双方看法的共同之处，先把有争议的问题搁置起来，让顾客意识到该产品令其称心如意的方面。此外，推销人员在引导顾客时，要避免直接提示重大的成交问题，以免让顾客犹豫不决。

正确地使用局部成交法，有利于创造良好的成交气氛，减轻顾客的心理压力。推销人员可利用各种成交小点来尝试成交，即使遭到拒绝，也可以继续提出其他成交小点，进一步尝试成交。而且，推销人员可以充分并及时地利用各种成交信号，将其直接转化为成交行为，从而达成最后的交易。

但是，若该方法使用不当，将提示的小点集中在顾客比较敏感或不满的地方，使顾客将注意力集中到推销人员不希望其特别注意的地方，很容易使顾客看到其缺点或扩大了缺点，不利于成交。而且，若推销人员急于减轻客户压力，盲目转移客户注意力，还容易引起误会，不利于双方的进一步交流。此外，该方法一般需要多个回合才能解决问题，需要比较长的推销时间，其效率会有所降低。

5. 从众成交法

从众成交法是指推销人员利用大众购买行为促进顾客购买的方法。从众行为是一种普遍的社会现象。顾客在购买一件商品前，往往会询问买这种商品的人多不多。推销人员也往往利用人们的这种从众心理来促使顾客下定购买决心。

例如，服装店的一位推销员在推销服装时说："您看这件衣服式样新颖美观，是今年最流行的款式，颜色也适合，您有这么优雅的气质，穿上它一定很漂亮，我们昨天才进了四套，刚上架就被买走了两套，今天就只剩下两套了。"结果很快达成了交易。

采用从众成交法，可以用一部分顾客去吸引另一部分顾客，从而有利于推销人员寻找和接近顾客，提高推销的效率。由于推销商品已取得了一些顾客的认同，因此使推销人员的推销更加有说服力，有利于顾客消除怀疑，增强购买信心。但是，有些顾客喜欢标新立异，与众不同。若推销人员对这些顾客错误地使用了从众成交法，可能引发顾客的反从众行为，从而拒绝成交。如果推销人员所列举的"众"不适当，非但无法说服顾客，反而会制造新的成交障碍，失去成交的机会。

6. 优惠成交法

优惠成交法是推销人员通过提供某种优惠条件来促成交易的方法。它利用了顾客在购买时希望获得更大利益的心理，实现让利销售，促成交易。

优惠成交最为通俗的说法是："先生，如果您现在购买我的产品，我可以给您特别优惠，再降价 3%。" 销售行业目前普遍采用的 "买一送一" "送货上门" 等，也是这种方法的实例。

微课：常用的成交方法（二）

正确地使用优惠成交法，利用顾客的求利心理，可以吸引并招揽顾客，有利于创造良好的成交气氛。而且利用批量成交优惠条件，可以促成大批量交易，提高成交的效率。该方法尤其适用于推销某些滞销品，减轻库存压力，加快存货周转速度。

但是，通过优惠成交法，给顾客让利来促成交易，必将导致销售成本上升。若没有把握好让利的尺度，还会减少销售收益。此外，采用优惠成交法，有时还会让顾客误以为优惠产品是次货，从而丧失购买信心，不利于促成交易。

7. 保证成交法

保证成交法是推销人员向顾客提供某种成交保证来促成交易的方法。顾客在考虑购买推销品时，往往因害怕上当受骗而拖延成交时间，甚至最后放弃购买。保证成交法就是由推销人员向顾客提供某种保证，以解除顾客的疑虑，增强其成交信心，从而促成交易。

例如，一位顾客在讨价还价后仍不放心，怕买亏了，为此迟迟不肯成交。推销员指出："您放心，我这儿绝对是全市最低价，如果您发现别家的货比我家便宜，我可以立即给您退货退款。" 经推销员这么一说，顾客打消了疑虑。

保证成交法通过提供保证使顾客没有了后顾之忧，增强了购买信心，从而可以放心购买推销品。另外，该方法在说服顾客、处理顾客异议方面有不同寻常的效果。若推销人员能够出示有关的推销证据，则更有利于增强说服力和感染力，诱使顾客作出购买决策。使用保证成交法时，一方面，一定要针对顾客的顾虑提供保证，否则不但不能达到保证的目的，而且容易使顾客产生反感；另一方面，一定要做到言而有信，为一时的利益而信口承诺，结果又无法实现，必将丧失推销信用，不利于与顾客发展长久的关系。

8. 异议成交法

异议成交法又称大点成交法，是指推销人员利用处理顾客异议的时机直接向顾客提出成交要求而促成交易的一种成交方法。异议成交法是请求成交法的实际应用与发展，它是一种直接成交法。只要推销人员能妥善地处理好有关的顾客异议，排除成交障碍，使客户拒绝成交的理由或借口不存在，就可以有效地促成交易。例如，顾客说："您说的打印机的确不错，但我现在需要的是一台托架比较宽并且有更多数学符号的打印机。" 推销员说："没有问题，标准打印机完全可以改装成您所需要的样子。如果我能够为您提供宽托架和具备更多数学符号的打印机，满足您的要求，您今天就订货，是吗？" 顾客说："如果符合我的要求，那就没问题。" 可见，如果对方提出的异议是真心话，而且这是唯一的障碍，当推销人员把问题解决了，顾客就会同意成交。

9. 最后机会成交法

最后机会成交法是指推销人员通过告知顾客现在是购买最为有利的时机来促成交易的方法。一般当推销品供不应求时这种方法尤为有效。它利用了顾客害怕失去某种利益机会的心理，变购买时的压力为成交动力。例如，“再来晚点就没了，只剩下这些了。”

最后机会成交的关键在于把握有利的时机，若使用得当，往往具有很强的说服力，产生立竿见影的效果，并能节省推销时间，提高推销效率。

采用最后机会成交法，最忌讳的是欺骗顾客。欺骗顾客会丧失信誉，失去顾客的信任。

10. 利益汇总成交法

利益汇总成交法是指推销人员将顾客关注的产品的主要特色、优点和利益，在成交中以一种积极的方式来成功地加以概括总结，以得到顾客的认同，并最终获取订单的成交方法。例如，吸尘器推销员运用总结利益法，他可能说：“我们前面已经讨论过，这种配备高速电机的吸尘器比一般吸尘器转速快两倍，可以使清扫时间减少 15 ~ 30 min，是这样吧？”这时，如果试探成交得到了客户的积极回应，那么可以问他：“你是想要 A 品牌还是 B 品牌呢？”

利益汇总成交法由三个基本步骤组成：第一步，推销洽谈要确定顾客关注的核心利益；第二步，总结这些利益；第三步，作出购买提议。

利益汇总成交法能够使顾客全面了解商品的优点，便于激发顾客的购买兴趣，最大限度地吸引顾客的注意力，使顾客在明确自己既得利益的基础上迅速作出决策。适用面很广，特别是适合于相对复杂的购买决策，如复杂产品的购买或向中间商推销。但是采用此法，推销人员必须把握住顾客确实的内在需求，有针对性地汇总阐述产品的优点，不要“眉毛胡子一把抓”，更不能将顾客提出异议的方面作为优点加以阐述，以免遭到顾客的再次反对。

7.2.2 成交后的注意事项

动画：卖茶叶蛋老板的五个成交方法

1. 切勿流露出异常兴奋的神情

和顾客签约成交对推销员来说艰辛的推销工作终于有了回报，内心欣喜也是自然的。但是，切忌表露出异常兴奋的神态或举动。否则，会使顾客产生吃亏上当的感觉。推销员应将签约成交视为例行手续，以一种自然的神态与客户达成交易。

2. 让客户觉得本次购买是明智的选择

和客户签约成交后，推销员要以一种平和的态度，适度肯定、积极评价顾客的购买抉择，以坚定其购买信心，为以后进一步的业务联系打下良好的心理基础。

3. 有分寸地表达感激之情

每一次顾客购买产品后，都希望能得到推销员的感谢，会对推销员的感谢有欣慰、满足或得到回报的感觉。

4. 信守诺言，并积极履行

在与顾客签约之后，就有了法律约束力，要按照承诺执行，不可敷衍了事。

【思政故事】

一个顾客走进一家汽车维修店，自称是某运输公司的汽车司机。他让店主在订单上多写一些金额去公司报销。店主拒绝了。顾客百般纠缠。店主火了，他要求那个顾客马上离开，到别处去谈这种生意。这时，顾客露出微笑，并满怀敬佩地握住店主的手说：“我一直在寻找一个固定的、信得过的维修店，您还让我到哪里去谈这笔生意呢？”

5. 适时告辞话别

签约手续办妥之后，推销员要找一个恰当的时机和顾客告辞，不必再找话题与顾客东扯西拉，浪费彼此时间，引起顾客反感。

6. 推销合同的签订与履行

通过洽谈，知道顾客有成交的意愿后，推销人员应及时把这种成交的意愿以书面合同形式确定下来，防止谈判成果“付之东流”。

7.3　推销合同的签订与履行

7.3.1　订立合同的程序

微课：推销合同的签订

【经典案例 / 故事】

某超市想要购进一批毛巾，于是向几家毛巾厂发出电报，称：“本超市欲购进毛巾，如果有全棉新款，请附图样与说明，我商场将派人前往洽谈购买事宜。”有几家毛巾厂回电，称自己满足该超市的要求并且附上了图样与说明。其中一家毛巾厂甲厂寄送了图样和说明后，又送了 100 条毛巾到该超市，超市看货后不满意，于是决定不购买甲厂的毛巾。甲厂认为超市发出的是要约，他送毛巾的行为是承诺，合同因为承诺而生效，超市拒绝购买是违约行为，应该承担违约责任。而超市认为他的发出电报行为是一种要约邀请而不是要约，超市不受该行为约束。

市场经济中采用最重要的交易手段就是合同。现在合同已经深入到人们生活中的每一个角落，大大小小的生意都需要用合同的形式加以表达和完善。可以说，生活中任何人、任何企业都离不开合同。因此，一份条款完备、行文严谨的合同对企业交易来讲尤其重要。

订立销售合同一般要经过两个法定程序：一是要约，二是承诺。在一个高度抽象的、极为简单的交易关系中，买卖双方只需经过这两个阶段就可以成就交易。但是在现实生活中，销售合同不大可能只经过一个回合的“要约、承诺”就能成立，当事人之间往往要讨价还价，在经过多次磋商后才能达成协议，也就是要经过要约—反要约—再要约—再反要约，直至承诺，最终才能达成双方均可接受的合同。

【思政故事】

《中华人民共和国民法典》被称为“社会生活的百科全书”，是新中国第一部以法典命名的法律，在法律体系中居于基础性地位，也是中国特色社会主义市场经济的基本法。

《中华人民共和国民法典》共 7 编、1260 条，各编依次为总则、物权、合同、人格权、婚姻家庭、继承、侵权责任，以及附则。通篇贯穿以人民为中心的发展思想，着眼满足人民对美好生活的需要，对公民的人身权、财产权、人格权等作出明确的规定，并规定侵权责任，明确权利受到削弱、减损、侵害时的请求权和救济权等，体现了对人民权利的充分保障，被誉为“新时代人民权利的宣言书”。2020 年 5 月 28 日，十三届全国人大三次会议表决通过了《中华人民共和国民法典》，自 2021 年 1 月 1 日起施行。婚姻法、继承法、民法通则、收养法、担保法、合同法、物权法、侵权责任法、民法总则同时废止。

《中华人民共和国民法典》合同编中规定了以下几种无效合同，是推销人员在签订合同时必须要认真注意的：

第一，主体不适格签订的合同。例如，无民事行为能力人实施的民事法律行为无效。

第二，意思表示不真实签订的合同。例如，行为人与相对人以虚假的意思表示实施的民事法律行为无效。

第三，签订违法违规的合同。违反法律、行政法规的强制性规定的民事法律行为无效。但是，该强制性规定不导致该民事法律行为无效的除外。

第四，违背公序良俗的合同，即违背公序良俗的民事法律行为无效。

第五，恶意串通损害他人利益的合同。即行为人与相对人恶意串通，损害他人合法权益的民事法律行为无效。

第六，免责条款无效的情形。合同中的下列免责条款无效：一是造成对方人身损害的；二是因故意或者重大过失造成对方财产损失的。

7.3.2 销售合同的形式与格式条款

订立合同可以采用书面形式、口头形式和其他形式，法律、法规规定应采用书面形式的应当采用书面形式。

采用格式条款订立的合同即格式合同。所谓格式，条款，是当事人为了重复使用而预先拟定，并在订立合同时未与对方协商的条款。日常生活中的飞机票、保险单、购买房产合同、提单等都运用的是格式条款，因而都属于格式合同。以格式条款订立合同的好处是简捷、省时，能够降低交易成本。但其弊端在于造成买卖双方订立合同时的地位不平等，对于接受格式条款的一方，只有订不订的自由，没有选择合同条款的自由，因此，可能会出现提供格式条款一方凭借其优势制定有利于自己而不利于对方的条款，出现侵害对方利益的情形。

因此，采用格式条款或格式合同的形式订立销售合同时，应注意以下事项：

（1）提供格式条款的一方提出的免除其责任、加重对方责任、排除对方主要权利的条款均属无效。

（2）提供格式条款一方应采取合理的方式提请对方注意免除或者限制其责任的条款，并有按照对方的要求对该条款予以说明的义务。

（3）在对格式条款的理解发生争议时，要按照习惯的理解予以解释。如果对格式条款有两种以上解释的，应做出不利于提供格式条款方的解释。

销售合同的内容则由推销员与购买者之间共同商定，一般包括以下条款：

（1）当事人的名称或者姓名和地址或住所。

（2）标的。销售合同的标的是指买卖双方当事人的权利和义务共同指向的对象。

（3）数量。供方的交货数量，是衡量标的物和当事人权利义务大小的尺度。当事人计算标的数量，要采用国家规定的计量单位和计量方法。

（4）质量。质量是标的物的内在素质和外观形式优劣的标志，买卖合同中应做出明确的规定。对于标的物的质量，国家规定有技术标准的，双方当事人应在合同中写明标的物的技术标准及标准编号和代号；国家没有规定技术标准的，由双方当事人通过商定，在合同中明确约定。

（5）价款。价款是合同一方当事人交付产品后，另一方当事人支付的款项。价款的确定，要符合国家的价格政策和价格管理法规；价款的支付，除法律另有规定外，必须用人民币支付；价款的结算，除国家规定允许使用现金者外，必须通过银行办理转账或票据结算。

（6）履行的期限、地点和方式。履行的期限是指双方当事人履行义务的时间范围；履行的地点，是指当事人完成所承担义务的具体地方，应根据标的物的特征或法律规定和当事人的约定而确定；履行方式，是指采用什么样的方法来履行合同规定的义务，如一次履行还是分期分批履行。

【经典案例 / 故事】

在一桩汽车买卖纠纷中，购车人与汽车经销商签订购车合同，约定汽车经销商为其银行借款提出担保，但要求购车人在借款还清之前必须在指定保险公司投保，如购车人不办理投保，汽车经销商代为办理，经销商垫付的保费由购车人偿付。一年期的保险到期，购车人未再次投保，恰在此时，发生交通事故。购车人找到保险公司要求理赔，保险公司以保险过期为由不受理。购车人认为，按照合同，自己到期未投保，经销商应当垫付费用代为投保。而经销商则称，垫付费用投保是其享有的合同权利，并非合同义务，是否代为投保，经销商有权自主决定，而无须承担任何责任。这种争议，本质是履行义务主体不明确。

（7）违约责任。违约责任，是指合同当事人由于自己的过错，没有履行或没有全面履行应承担的义务，按照法律和合同的规定应该承担的法律责任。违约责任的具体条款，当事人可以依据《民法典》合同编在合同中进一步约定。

（8）解决争议的方法。《民法典》合同编规定，解决合同争议有和解、调解、仲裁和诉讼四种方法，当事人应在合同中约定解决合同争议所采用的方法。

除此之外，合同中还有必要包括包装方式、检验标准和方法等条款。

当然，预防销售合同纠纷也是非常有必要的，销售合同纠纷的预防，既可以在订立合同前进行，也可以在合同订立时进行，还可以在合同履行过程中进行。具体而言，预防合同纠纷，主要有以下几项措施：

第一，充分了解《民法典》合同编及其相关法律、法规、司法解释的规定。对《民法典》合同编及一些其他有关合同的法律、法规、司法解释，应该适当了解，做到心中有数，以避免因合同条款不符合法律规定而无效，进而引起纠纷。

第二，充分做好订立合同前的准备工作。如果没有合法，有效的合同作为基础，企业的经营目标就是空中楼阁。而对于企业来讲，在订立合同前，必须了解对方企业的性质、经营状况、声誉，与本企业合作的真实意图，查清签约对方当事人的身份及证明文件；还必须进行合同可行性研究，分析合同订立后是否能顺利实施。

第三，精心准备合同条款，避免因条款的不完备或歧义而引起纠纷。除法律有强制性的规定以外，其他条款都可以在平等、自愿、公平、诚实信用的基础上进行充分协商，然后详尽约定下来。如果有需要补充说明的内容，可同时订立附件，但应注意合同附件的内容必须与主合同保持一致，不可前后矛盾。

第四,完善各项手续,避免因形式问题导致纠纷。销售合同订立后,当事人应按规定签字、盖章后合同才能生效。有些合同，法律规定必须办理批准、登记等手续后才生效的，当事人应当及时依法办理相关手续，以免因此产生纠纷。

第五，加强合同管理。建立销售合同档案，由专人负责收集、分类；建立定期、定向的信息反馈制度，随时注意了解销售合同执行情况，针对合同订立、履行过程中存在和可能存在的问题及时与对方进行沟通，提出解决方案或改进措施，以防患于未然。

第六，合同的公证。除法律、法规有强制性规定外，销售合同的一方或双方如果对合同的真实、合法和有效性没有把握，可以在自愿的基础上，办理合同公证，从客观上加强对合同的监督、管理，提高合同的履约率。

7.3.3 推销合同的履行

微课：推销合同的履行

1. 双方共同履行的义务

买卖合同订立以后，购销双方当事人应当按约定全面履行各自的义务。买卖双方当事人应当遵循诚实信用的原则，根据合同的性质、目的和交易习惯履行以下基本义务：

（1）通知。买卖合同当事人任何一方在履行合同过程中都应当及时通知对方履行情况的变化，遵循诚实信用原则，不欺诈、不隐瞒。

（2）协助。买卖合同是双方共同订立的，应当相互协助，具体体现在：当事人除了自己履行合同义务外，要为对方当事人履行合同创造必要的条件;一方在履行过程中遇到困难时，另一方应在法律规定的范围内给予帮助。

（3）保密。当事人在合同履行过程中获知对方的商务、技术、经营等秘密信息应当主动予以保密，不得擅自泄露或非法使用。

2. 出卖人履行的职责

（1）向买受人交付标的物或者提取标的物的单证。买受人交付标的物，可以实际交付，也可以提单、仓单、所有权证书等能提取标的物的单证作为交付。当事人在合同中约定交付的方式、时间、地点等，对于合同成立后标的物所产生的利益，如无特别的约定，应归买受人所有。

（2）转移标的物所有权。转移所有权，一般以标的物交付时间为转移时间，并以此作为划分标的物毁损或灭失的风险转移时间，在标的物交付前由出卖人承担，交付之后由买受人承担。

（3）出卖人必须按合同规定的期限和地点交付标的物。标的物的交付，可以规定一个具体的日期，也可以规定一个交付的期限。如果当事人约定了交付期限，则出卖人可以随时向买受人交付。出卖人应当按照约定的地点交付标的物,没有约定交付地点或原约定不明确,依照民法典合同编关于履行的规定。

（4）出卖人应当按照约定或者交易习惯向买受人交付提取标的物单证以外的有关单证和资料，如专利产品附带的有关专利证明书的资料、原产地说明书等。

（5）出卖人应当按照约定的质量要求交付标的物。出卖人提供有关标的物质量说明的，交付的标的物应当符合该说明的质量要求；出卖人交付的标的物不符合质量要求的，买受人可以依照《民法典》合同编的有关规定要求承担违约责任。凭样品买卖的当事人应当封存样品，并可以对样品质量予以说明，出卖人交付的标的物应当与样品及其说明的质量相同。

（6）出卖人应当按照约定的包装方式交付标的物。对包装方式没有约定或者约定不明确，依照《民法典》合同编关于合同履行的规定仍不能确定的，应当按照通用的方式包装；没有通用方式的，应当采取足以保护标的物的包装方式。

3. 买受人履行的职责

（1）买受人收到标的物时应当在约定的检验期间检验。没有约定检验期间的，应当及时检验。买受人应当在约定的检验期间内将标的物的数量或质量不符合约定的情形通知出卖人，买受人怠于通知的，视为标的物的数量或者质量符合规定。当事人没有约定检验期间的，买受人应当在发现或者应当发现标的物的数量或者质量不符合约定的合理期间内通知出卖人。

买受人在合理期间内未通知或者自标的物收到之日起一定时限内未通知出卖人的，视为标的物的数量或者质量符合约定，但标的物有质量保证期的，适用质量保证期。

（2）买受人应当按照约定的时间、地点足额支付价款。出卖人多交标的物的，买受人可以接收，也可以拒绝接收。如果买受人接收多交部分，则需按照合同规定的价格支付价款；拒绝接收多交部分，应当及时通知出卖人。

当销售合同出现纠纷时，为了保护当事人的合法利益和维护正常的交易秩序不受损害，销售合同一旦发生纠纷，就应当及时、公正地解决，而要做到这一点，选择适合的解决纠纷的方式起着关键作用。根据《民法典》合同编的规定，当事人可以通过以下四种方式解决销售合同纠纷。

（1）协商和解。销售合同纠纷的当事人，可以在自愿互谅的基础上，通过摆事实、讲道理，达成和解协议，自行解决纠纷。协商和解的好处在于其程序简便，能及时迅速地解决纠纷，既省时、省力、省钱，不会伤害相互之间的感情，还能有效地防止损失的进一步扩大，有利于继续和巩固业已形成的销售合同关系。

（2）调解。发生销售合同纠纷，通过第三者调解，往往也可使纠纷双方“化干戈为玉帛”。采用调解的方式解决纠纷，必须遵守自愿、合法的原则。

（3）仲裁。运用仲裁方式解决合同纠纷是各国商贸活动中通行的惯例，在我国也越来越多地被采用。仲裁又称“公断”，是由仲裁机构依据合同双方在合同中订立的仲裁条款或自愿达成的仲裁协议，对合同进行居中裁断，以解决纠纷。与诉讼相比，仲裁具有方便、简单、及时、低廉的特点。

（4）诉讼。在协商、调解的方式都不足以解决销售合同纠纷，或没有订立仲裁协议或仲裁协议无效的情况下，销售合同当事人可以向法院起诉。诉讼程序法院审理销售合同纠纷，一般经过起诉和受理、调查与调解及开庭审理几个程序。

【案例讨论 1】

有个推销员来到一家面馆，让店主给他下一碗面条。他坐下来，随手拿一份报纸边看边等。只听见店主问他：

“先生，是要一个鸡蛋还是两个鸡蛋？”

“一个就够了。”他想都没想就回答了。

话音刚落，只听见“咔嚓”一声，店主在下面条的同时，给他炸了一个荷包蛋。过了一会儿，店主把面条和荷包蛋一起端了上来。推销员吃着面条，咬了一口荷包蛋。“咦，奇怪了。我好像没要荷包蛋，怎么硬是点了，还吃了呢？”他这才回过神来。“我这个自命不凡的推销员遇到更高的推销高手了。”那就是这个面馆的店主。

讨论问题：

1. 分析面馆店主运用了何种成交方法？

2. 这种成交方法的主要特点是什么？

【案例讨论 2】

《美国》杂志的出版商亚瑟•莫特里年轻时为积攒上大学的学费，到处寻找打零工的机会。有一天，一个齐特拉琴的推销商找到他，让他推销。齐特拉琴是一种古琴，价格不贵，销量较好。莫特里以 5 美元 / 把进货，10 美元 / 把卖出，同时免费赠送给顾客 30 页乐谱。有一天，一位购买他琴的顾客向他索要更多的乐谱，他突然发现这种琴只能弹奏 C 调，对其他调号的曲子一点用都没有。面对顾客所提出的要求，他感到无所适从。抱着不能欺瞒顾客的信条，他如实地告诉了顾客。顾客提出，既然如此，琴价能否再降一些？莫特里坚持认为，这样会有损他的声誉而回绝。从那天起，他的销量再也没有达到先前的水平，尽管工作是同样卖力，但效果就是不如以前。

讨论问题：

1. 该案例中你认为莫特里存在着哪些成交障碍？

2. 莫特里信守成交信条不能欺瞒顾客，并运用成交三原则之一“坚持”，但没有起到实质效果，为什么？请分析原因。

【案例讨论 3】

有一个推销商务通的推销员拜访一家公司的某位副总。推销员向客户展示产品，并介绍了商务通的多种用途。例如，可以把名片都存储进去，不需要再随身携带。

解说到这个地方的时候，顾客说：“我的名片有好几盒，那得需要多长时间才能输完？”一般推销员可能会把顾客的这个提问当作顾客异议，认为顾客嫌产品功能不实用，认为顾客在找借口推脱。而这个推销员不这么认为，他向顾客试探地提出成交要求：“王总，您介不介意把您所有的名片让我带回去，我给您都输好？”没料对方答应了。推销员就把名片带回家，连夜输完了。

第二天，他带着输完名片的商务通，以及销售发票，再次拜访这位副总。生意成交了。

讨论问题：

1. 请分析顾客的购买信号类型。

2. 分析推销员运用了何种成交方法。

【互动测验】

任务七：互动测验

[单选题]

1. 在不管成交与否的条件下，对方仍持有疑问时，推销人员就假定顾客已接受推销建议，而直接要求其购买的策略是（　　）。

A. 小点成交法　　B. 假定成交法
C. 从众成交法　　D. 保证成交法

2. 尤其适用于推销某些滞销品，减轻库存压力，加快存货周转速度的是（　　）。

A. 小点成交法　　B. 假定成交法
C. 从众成交法　　D. 优惠成交法

3.（　　）可能是表示顾客成交意向最直接的信号。

A. 顾客的语言　　B. 动作信号
C. 表情信号　　D. 事态信号

4.（　　）是推销人员向顾客提供几种可供选择的购买方案来促成交易的策略。

A. 选择成交法　　B. 优惠成交法
C. 从众成交法　　D. 小点成交法

5.（　　）是指推销人员利用大众购买行为促进顾客购买的方法。

A. 选择成交法　　B. 优惠成交法
C. 从众成交法　　D. 小点成交法

6. 销售行业目前普遍采用的"买一送一""送货上门"等，属于（　　）。

A. 选择成交法　　B. 优惠成交法
C. 从众成交法　　D. 小点成交法

7. 一位顾客在讨价还价后仍不放心，怕买亏了，为此迟迟不肯成交。推销员指出："您放心，我这儿绝对是全市最低价，如果您发现别家的货比我的便宜，我可以立即给您退货。"这种情况属于（　　）。

A. 选择成交法　　B. 优惠成交法
C. 从众成交法　　D. 保证成交法

8.（　　）是指推销人员将顾客关注的产品的主要特色、优点和利益，在成交中以一种积极的方式来成功地加以概括总结，以得到顾客的认同并最终获取订单的成交方法。

A. 从众成交法　　B. 利益汇总成交法
C. 保证成交法　　D. 选择成交法

9. 吸尘器推销员运用（　　），他可能说："我们前面已经讨论过，这种配备高速电动机的吸尘器比一般吸尘器转速快两倍，可以使清扫时间减少 15 ~ 30 分钟，是这样吧？"

A. 从众成交法　　B. 利益汇总成交法
C. 保证成交法　　D. 选择成交法

10.（　　）是衡量标的物和当事人权利义务大小的尺度。

A. 供方的交货数量　　B. 履行的期限、地点和方式

C. 违约责任　　D. 解决争议的方法

[多选题]

1. 利益汇总成交法由下列（　　）三个基本步骤组成。

A. 推销洽谈要确定顾客关注的核心利益

B. 总结这些利益

C. 作出购买提议

D. 提供售后服务

2. 推销成交信号常以（　　）等形式表现出来。

A. 顾客乐于接受推销人员的约见

B. 顾客对推销人员的态度逐渐转好

C. 顾客主动提出更换面谈场所

D. 集团购买决策人关照推销人员

3. 成交信号主要取决于下列（　　）因素。

A. 推销环境　　B. 推销气氛

C. 顾客个性　　D. 购买动机

4. 在实际推销中，下列情况可以称为成交信号的有（　　）。

A. 顾客要求推销人员展示物品

B. 顾客拒绝约见其他公司的推销人员

C. 顾客认真阅读推销资料

D. 顾客要求索取产品样本

5. 订立合同，可以采用（　　）方法。

A. 书面形式　　B. 口头形式

C. 其他形式　　D. 眼神交流

6. 格式条款是当事人为了重复使用而预先拟定，并在订立合同时未与对方协商的条款。下列属于格式条款的有（　　）。

A. 飞机票　　B. 保险单　　C. 购买房产合同　　D. 提单

7. 以格式条款订立合同的好处有（　　）。

A. 简捷　　B. 省时

C. 能够降低交易成本　　D. 不会发生纠纷

8. 采用格式条款或格式合同的形式订立销售合同时，应注意（　　）。

A. 提供格式条款的一方提出的免除其责任、加重对方责任、排除对方主要权利的条款均属无效

B. 提供格式条款一方应采取合理的方式提请对方注意免除或者限制其责任的条款，并有按照对方的要求对该条款予以说明的义务

C. 在对格式条款的理解发生争议时，要按照习惯的理解予以解释

D. 如果对格式条款有两种以上解释的，应做出不利于提供格式条款方的解释

9. 解决合同争议的方式有（　　）。

A. 和解　　B. 调解　　C. 仲裁　　D. 诉讼

10. 销售合同中双方共同履行的义务有（　　）。

A. 通知　　B. 协助　　C. 保密　　D. 共享

[判断题]

1. 推销成交是指顾客接受推销人员的推销建议及推销演示，立即购买推销产品的行动过程。（　　）

2. 推销人员是推销成交的客体，而顾客是推销成交的主体。（　　）

3. 从众成交法运用中，如果推销人员所列举的“众”不适当，非但无法说服顾客，反而会制造新的成交障碍，失去成交的机会。（　　）

4. 正确地使用从众成交法，利用顾客的求利心理，可以吸引并招揽顾客，有利于创造良好的成交气氛。（　　）

5. 采用优惠成交法，有时还会让顾客误以为优惠产品是次货而不予信任，从而丧失购买信心，不利于促成交易。（　　）

6. 异议成交法又称小点成交法，是指推销人员利用处理顾客异议的时机直接向顾客提出成交要求而促成交易的一种成交方法。（　　）

7. 利益汇总成交法能够使顾客全面了解商品的优点，便于激发顾客的购买兴趣，最大限度地吸引顾客的注意力，使顾客在明确自己既得利益的基础上迅速作出决策。（　　）

8. 预防销售合同纠纷也是非常有必要的，销售合同纠纷的预防，必须在订立合同前进行。（　　）

9. 发生销售合同纠纷，通过第三者调解，往往也可使纠纷双方“化干戈为玉帛”。采用调解的方式解决纠纷，必须遵守自愿、合法的原则。（　　）

10. 销售合同订立后，盖章合同就能生效，当事人不需要签字。（　　）

[讨论题]

1. 推销成交的信号有哪些？

2. 推销成交的方法有哪些？它们的适用条件是什么？

3. 销售合同一般包括哪些条款？

4. 预防合同纠纷一般有哪些措施？

【技能实训 1】

角色扮演模拟训练

□实训目的

通过角色扮演模拟训练，使学生掌握并能灵活运用有效成交的策略及主要方法技巧。

□实训要求

1. 将班内学生分成若干个四人小组，每三个小组组成一个大组。

2. 准备或模拟准备以下商品：打印纸、多功能化机、时尚女包、保健品、平板电脑等。

3. 设计推销情景脚本。

□实训步骤

1. 以小组为单位采用角色扮演法，结合具体推销活动运用各种成交方法促成交易，然后记录成交过程。

2. 小组内选出比较优秀者，在大组内演示推销、成交。

3. 大组内选出优秀者，在大组之间彼此轮流演示推销、成交，并选出班内优秀范例。

□实训评价

学生之间互评并推荐代表发言，教师对各小组的演练进行点评，并将评价结果计入学生平时成绩。

【技能实训 2】

买卖合同签订模拟训练

□实训目的

熟悉买卖合同的内容和基本格式；清楚买卖合同签订应注意的问题；能够审查合同的条款，避免买卖合同的漏洞和欺诈。

□实训要求

1. 认真对待、积极参与完成任务。

2. 任务完成后，认真总结体会并积极发言。

□实训步骤

1. 全班同学每三或四人分为一组，两组为一个大组（分别为 AB 组，代表买卖双方）。

2. 每两小组之间就自己推销的产品与对方进行洽谈，参照下面范本由 A 组起草一份买卖合同（要求设置问题三至五处），B 组负责审查合同，找到问题并提出修改意见；

买卖合同（范本）

卖方：________________ 传真：____________________

地址：_________________ 法定代表人：______________

电话：_________________ 身份证号码：______________

签约地址：____________ 传真：____________________

买方：_________________ 法定代表人：______________

地址：_________________ 身份证号码：______________

电话：_________________

第一条　经购销双方协商交易活动，必须履行本合同条款。具体品类（种），需签订要货成交单，并作为本购销合同的附件；本合同中的未尽事宜经双方协商需补充的条款可另附协议书，亦视为合同附件。合同附件与本合同具有同等效力。经双方确认的往来信函、传真、电子邮件等，将作为本合同的组成部分，具有合同的效力。签订成交单，除上级规定按计划分配成交外，其余商品一律采取自由选购、看样成交的方式。

第二条　合同签订后，不得擅自变更和解除。如甲方遇不可抗拒的原因，确实无法履行合同；乙方因市场发生骤变或不能防止的原因，经双方协商同意后，可予变更或解除合同。

但提出方应提前通知对方，并将“合同变更通知单”寄给对方，办理变更或解除合同的手续。

按乙方指定花色、品种、规格生产的商品，在安排生产后，双方都需严格执行合同。如需变更，由此而产生的损失，乙方负担；如甲方不能按期、按质、按量按指定要求履行合同，其损失，甲方负担。

第三条　成交单中的商品价格，由双方当事人商议决定，或以国家定价决定。在签订合同时，确定价格有困难，可以暂定价格成交，上下幅度双方商定。国家定价的商品，在合同规定的交（提）货期限内，如遇国家或地方行政部门调整价格，按交货（指运出）时的价格执行。逾期交货的，如遇价格上调时，按原价执行；遇价格下调时，按新价执行。逾期提货的，遇价格上调时，按新价执行，遇价格下调时，按原价执行。由于调整价格而发生的差价，购销双方另行结算。

第四条　运输方式及运输费用等费用，由双方当事人协商决定。

第五条　各类商品质量标准，甲方严格执行合同规定的质量标准，保证商品质量。

第六条　商品包装必须牢固，甲方应保障商品在运输途中的安全。乙方对商品包装有特殊要求，双方应具体在合同中注明，增加的包装费用，由乙方负担。

第七条　商品调拨应做到均衡、及时。对合同期内的商品可考虑按 3 ∶ 3 ∶ 4 的比例分批发货；季节性商品按承运部门所规定的最迟、最早日期一次发货；商品、零配件和数量较少的品种，可一次发货。

第八条　对有有效期限的商品，其有效期在 2/3 以上的，甲方可以发货；有效期在 2/3 以下的，甲方应征得乙方同意后才能发货。

第九条　甲方应按乙方确定的合理运输路线、工具、到达站（港）委托承运单位发运，力求装足容量或吨位，以节约费用。如一方需要变更运输路线、工具、到达站时，应及时通知对方，并进行协商，取得一致意见后，再办理发运，由此而影响合同期限，不以违约处理。

第十条　商品从到达承运部门时起，所有权即属乙方。在运输途中发生的丢失、缺少、残损等责任事故，由乙方负责向承运部门交涉赔偿，需要甲方协助时，甲方应积极提供有关资料。乙方在接收商品时发现问题，应及时向承运部门索取规定的记录和证明并立即详细检查，及时向有关责任方提出索赔；若因有关单据未能随货同行，货到后，乙方可先向承运部门具结接收，同时立即通知甲方，甲方在接到通知后 5 日内答复；属于多发、错运商品，乙方应做好详细记录，妥为保管，收货后 10 日内通知甲方，不能自行动用，因此而发生的一切费用由甲方负担。

第十一条　商品的外包装完整，发现溢缺、残损串错和商品质量等问题，在货到半年内（贵重商品在 7 天内），责任确属甲方的，乙方可向甲方提出查询。发现商品霉烂变质，应在 30 天内通知甲方，经双方共同研究，明确责任，损失由责任方负担。接收进口商品和外贸库存转内销的商品，因关系到外贸查询，查询期为乙方收货后的 60 天，逾期甲方不再受理。乙方向甲方提出查询时，应填写“查询单”，一货一单，不要混列。查询单的内容应包括唛头、品名、规格、单价、装箱单、开单日期、到货日期、溢缺数量、残损程度、合同号码、生产厂名、调拨单号等资料，并保留实物；甲方接到“查询单”后，10 日内作出答复，要在 30 日内处理完毕。

为减少部分查询业务，凡一张调拨单所列一个品种损溢在 2 元以下、残损在 5 元以下均不做查询处理（零件除外）。对笨重商品的查询（如缝纫机头、部件等的残品）乙方将残品直接寄运工厂，查询单寄交甲方并在单上注明寄运日期。

第十二条　商品货款、运杂费等款项的结算，购销双方应按中国人民银行结算办法的规定，商定适宜的结算方式，及时妥善办理。货款结算中，要遵守结算纪律，坚持“钱货两清”原则，分期付款应在成交单上注明。有固定购销关系的国营、供销合作社商业企业，异地货款结算可采用“托收承付”结算方式；对情况不明的交易单位，可采用信用证结算方式，或先收款后付货。

第十三条　甲、乙双方的任何一方有违约行为的，应负违约责任并向对方支付违约金。因违约使对方遭受损失的，如违约金不足以抵补损失时，还应支付赔偿金以补偿其差额。如违约金过分高于或者低于造成的损失的，当事人可以请求人民法院或者仲裁机构予以适当减少或者增加。

1. 甲、乙两方所签订的具体合同要求，一方未能履行或未能完全履行合同时，应向对方支付违约合同货款总值——% 的违约金。但遇双方协商办理变更或解除合同手续的，不按违约处理。

2. 自提商品，甲方未能按期发货，应负逾期交货责任，并承担乙方因此而支付的实际费用；乙方未按期提货，应按中国人民银行有关延期付款的规定，按逾期提货部分货款总值计算，向甲方偿付逾期提货的违约金，并承担甲方实际支付的保管费用。

3. 甲方提前交货和多交、错发货而造成的乙方在代保管期内实际支付的费用，应由甲方负担，乙方逾期付款的，应按照人民银行有关逾期付款的规定，向甲方偿付逾期付款违约金。

4. 对应偿付的违约金，赔偿金，保管、保养费用和各种经济损失，应在明确责任后，10 天内主动汇给对方，否则，按逾期付款处理，但任何一方不得自行用扣发货物或扣付货款充抵。

第十四条　甲、乙两方履行合同，发生纠纷时，应及时协商解决，协商不成时，任何一方均可向仲裁机构申请仲裁或向人民法院起诉。（两者选一）

第十五条　本合同一式 4 份，甲、乙两方各执 2 份，并送交当地人民银行及有关部门，监督执行。

第十六条　本合同（协议）双方签章，依法生效，有效期为 1 年，期满双方如无异议，合同自动延长。凡涉及日期的，按收件人签收日期和邮局戳记日期为准。

卖方（甲方）（盖章）　　　　　　　　　　买方（乙方）（盖章）

法定代表人（签字）________　　　　　　法定代表人（签字）________

______年____月____日　　　　　　　　______年____月____日

3. 确定合同内容后形成合同文本。

4. 举行一场合同签字仪式。

□实训评价

学生小组互评并推荐代表发言，教师对各小组的合同起草、审核情况进行点评，并将评价结果计入学生平时成绩。

任务八　销售开始于售后——售后跟踪

【学习目标】

知识目标

1. 了解售后跟踪的意义与内容；
2. 掌握建立客户档案的方法；
3. 掌握售后服务的方法；
4. 掌握与顾客沟通的方法和技巧。

能力目标

1. 能够运用售后服务的方法和技巧；
2. 能够根据调查数据建立客户档案；
3. 能够正确处理顾客报怨和顾客投诉。

思政目标

1. 培养学生爱国主义精神；
2. 培养学生推销活动中的服务意识；
3. 培养学生妥善处理人际关系的能力。

【知识结构】

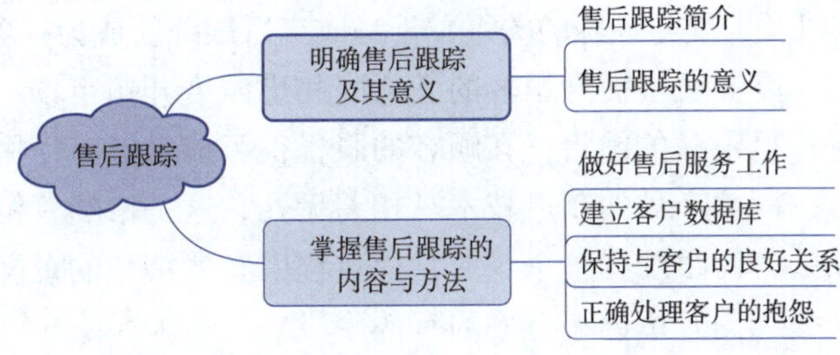

【任务导入】

动画：售后跟踪导入

销售经理办公室，经理坐在办公桌后，程功站在办公桌前，桌子上放着程功签订的合同。

公司经理问程功："签完销售合同是不是意味着销售的结束？"

程功："对啊！"

经理："销售人员是否需要协调发货？货款是否已经全到账？你是

否希望该客户明年继续采购？客户的档案资料是否完善归档？客户在使用过程中可能会有哪些问题？”

程功：“……”

经理：“你要记着一句话——销售始于售后，这是一个销售员成功的秘诀！”

程功感激地对经理说：“谢谢经理的点拨，我知道该怎么办了！”

程功回到自己的办公室，打开记事本，认真地记下几个字——“销售始于售后”，然后开始制订售后跟踪的工作计划。

如果你是程功，你知道接下来要做好哪些工作吗？

【知识链接】

8.1 明确售后跟踪及其意义

第一次成交，在于产品的魅力；第二次成交，在于服务的魅力。推销员不仅要向顾客提供满意的产品，更重要的是在产品售出之后做好一系列的售后跟踪工作，力求建立良好的客户关系、提高顾客的满意度，从而达成持久的双赢局面。

8.1.1 售后跟踪简介

售后跟踪是指推销人员在成交签约后继续与客户交往，并完成与成交相关的一系列以更好地实现推销目标的行为过程。包括与产品销售配套的包装服务、送货服务、安装服务、三包服务（包修、包换、包退）、排除技术故障、提供技术支持、寄发产品改进或升级信息、与客户保持经常性的联系、产品使用联系及建立客户档案、收集整理客户信息资料等。

推销的目标是在满足顾客需求的基础上实现自身的利益。顾客利益与推销人员的利益是相辅相成的两个方面，在成交签约后并没有得到真正实现。顾客需要有完善的售后服务，推销人员需要回收货款以及发展与顾客的关系，于是成交后跟踪就成为一项十分重要的工作。

有效的售后跟踪，能够通过提升顾客的满意度和忠诚度开拓市场。售后跟踪是企业营销中的一部分，没有售后跟踪的销售，在顾客的眼里很可能是没有信用的销售。当企业产品发展到一定程度时，同类产品的制造技术已相差无几，这是市场营销战略从产品转向服务的主要原因。产品的售后跟踪在整个企业营销过程中有着特殊的意义，更是企业在营销过程中体现差异化服务、提升市场占有率的有效手段。

【思政故事】

“妮，你看要不先把我刚买的香皂退了吧！”一位憨厚朴实的阿姨脸上挂着些许尴尬，她把一块儿香皂放在了桌上。“姨，不想要的话我给您办理退货，没事儿，别不好意思，不满意就退货是我们的服务宗旨。”给阿姨办理退货的过程中，小李和阿姨闲聊了几句，了解到了阿姨退货的真实原因——阿姨今天进城带的钱少，在店里看到香皂时才想起来家里没有香皂了，就捎了一块儿回去，可到公交车上买票的时候发现口袋里只剩下九角钱了，因为少了一角钱没办法乘车，只好回来把这块儿香皂退了。

了解这些情况后，小李忙拿出了一元钱递到了阿姨手中，说："姨，香皂您还留着用，车票钱我帮您付。"阿姨好像很出乎意料地盯着小李看了好一会儿，惊讶地说："这样啊，那你给我一毛就行了……"，阿姨接过我手中的一元钱后，坚持把那九角钱给我，并喃喃自语："胖东来的服务真好，胖东来的人也好，就是跟其他地方不一样。"听着阿姨由衷的夸赞，小李打心里高兴。阿姨去乘车前，满脸堆笑地对小李说："妮，就冲你帮我这一角钱的忙，以后俺家就是缺个油盐酱醋我也来胖东来买！"

这一角钱太微不足道了，但也因为这小小的"一角钱"赢得了阿姨对胖东来的信任和夸奖，让亲情服务体现得如此美丽……。

在日常工作中，在为顾客服务时，只要我们付出亲情和真诚，相信我们的服务会被顾客认可和赞赏。胖东来的"特色服务"推动服务行业的提升，这不仅是服务态度改善，更是爱心的传递。

注："胖东来"即胖东来商贸集团公司，是河南省四方联采成员之一，河南商界具有知名度、美誉度的商业零售企业巨头，总部位于许昌市，创建于1995年。

8.1.2　售后跟踪的意义

微课：售后跟踪的意义

售后跟踪是现代推销理论的一个新概念。它不但是成交阶段的一个重要环节，而且体现了以客户为中心的营销理念。售后跟踪的意义主要表现在以下几个方面售后：

（1）以满足客户需求为中心的推销观念进行售后服务，妥善解决问题。

（2）售后跟踪促进回款，使销售目标得以实现。

（3）售后跟踪有利于提高企业的竞争力。售后服务已成为消费者选择商品时的重要考量。

（4）售后跟踪有利于获取重要的市场信息。一方面获取产品、数量、质量、品种、价格等信息；另一方面获取开发新产品的信息。

（5）售后跟踪有利于和客户建立起良好的合作关系。了解客户习惯、爱好、职业，联络个人情感，有利于客户重复购买或口碑相传。

【经典案例 / 故事】

某个星期五下午两点钟，某国一位经销商史密斯先生打来电话，要求海尔两天之内发货，否则订单自动失效。要满足客户的要求，意味着当天下午货物就要装船，而海关等部门五点下班，因此时间只剩下3个小时。按照一般的程序，货物当天装船根本无法实现。

海尔员工的销售理念是：订单就是命令单，保证完成任务，海尔人决不能对市场说不。于是，几分钟后，船运、备货、报关等工作同时展开，确保货物能按客户的要求送达。一分钟、两分钟、十分钟……时间在一秒一秒地逝去，空气似乎也变得凝固起来。执行这项任务的海尔员工全都行色匆匆，全身心地投入与时间的赛跑中。

当天下午五点半，海尔员工向史密斯先生发出了货物发出的消息。史密斯了解到海尔发贷的经过后，十分感动，他发来一封感谢信说：“我从事家电行业十几年，从没给厂家写过感谢信，可是对海尔，我不得不这么做！”

从售后跟踪意义上看，与产品销售配套的包装、送货、安装、三包（包修、包换、包退）、建立客户档案、收集整理客户信息、排除技术故障、技术支持、产品改造升级、保持与客户经常性联系等都属于推销手段。

一个成功推销人员的做法是：成交后的一个星期内，给客户打电话，询问客户对产品的使用情况。如果客户感到满意，那么就赞美客户做出了正确的购买决定，并回忆与客户洽谈过程中有趣的话题，以增进感情，同时，可以再寄送一件小礼品作为纪念。

8.2 掌握售后跟踪的内容与方法

8.2.1 做好售后服务工作

推销员不仅要向顾客描述产品利益，更重要的是在产品售出之后，为顾客提供售后服务，使顾客真正地享受产品利益。从服务体系而言，产品的售后服务可以由生产厂商直接提供，也可以由经销商提供，还可以由厂家、经销商合作的方式提供。

微课：做好售后服务工作

1. 开展售后服务的原因

首先，售后服务可以促进销售。提升销售额的主要途径有两条：一是开发新客户；二是挖掘老客户潜力。售后服务对这两种途径都有帮助。其次，在产品价格中包含售后服务费用，企业应当履行业务。

【经典案例 / 故事】

美国的福特汽车公司为了解客户的需求，公司定期邀请客户参与讨论产品及销售服务等问题，并专门设计一种软件数据系统，供各部门经理和员工详细了解掌握客户的意见。一次，有位客户抱怨：福特汽车后排空间太小，腿伸不开，很不舒服。公司立即改进，加宽前后排之间的距离。这一举动赢得了客户的普遍称赞，使福特汽车更加畅销。

售后服务目的就是给客户提供方便，保证客户的满意度，不仅要适度合理、热情周到，更重要的是从市场调查、产品设计、广告宣传到刺激购买，每一环节都紧紧围绕着客户，促进企业的推销工作。

2. 售后服务的内容

售后服务主要包括如下内容。

（1）为消费者安装、调试产品；

（2）根据消费者要求，进行有关使用等方面的技术指导；

（3）保证维修零配件的供应；

（4）负责维修服务；

（5）对产品实行“三包”，即包修、包换、包退；

（6）处理消费者来信来访，解答消费者的咨询。同时用各种方式征集消费者对产品的意见，并根据情况及时改进；

（7）处理客户异议，并跟进处理情况。

【经典案例 / 故事】

宝马是业界第一家将售后服务进行品牌化管理的豪华车企，曾推出了一系列服务项目和举措。

第一，兑现“高效”的承诺：针对客户需求最广泛的两项服务，宝马推出了预约快修通道——“1 小时机油、机滤保养”和“24 小时小钣喷预约快修服务”。

第二，体现“透明”的承诺：已成功实施多年的“悦享保养套餐”服务在全国执行统一和透明的建议零售价格，得到了业内和客户的高度认可。

第三，实现“关爱”的承诺。以客户关怀为主题，每季为客户提供免费检测、保养套餐优惠活动等，让客户从产品到服务 360 度全面感受高品质。

不仅如此，宝马售后服务还提供基于远程呼叫中心的旅程咨询、保养自动提醒、道路救援等服务，在为客户提供便利的同时，为客户带来高效互联商务生活的新体验。

“连锁介绍法”是推销业务中运用得非常普遍和高效的一种方法，就是让老客户推荐新客户，但是，只有老客户对推销的产品和服务满意时，才会推荐新客户，而售后服务是提升顾客满意度的关键。

【经典案例 / 故事】

青岛海尔集团在大量实践中逐渐形成了独具特色的售后服务“一、二、三、四、五模式”。

一个结果：服务圆满。

两条理念：带走用户的烦恼——烦恼清零，留下海尔的真诚——真诚到永远。

三个控制：服务投诉率小于百万分之十；服务遗漏率小于百万分之十；服务不满意率小于百万分之十。

四个不漏：一个不漏地记录用户反映的问题；一个不漏地处理用户反映的问题；一个不漏地复审处理结果；一个不漏地将处理结果反馈给设计、生产、经营部门。

五个一：递一张名片；自带一双拖鞋；自带一块垫布；自带一块抹布；赠送一份小礼品。

除了向客户提供售后服务外，推销人员额外为客户做一些有益的事情，就是更好的服务。比如，向客户提供一些介绍技术最新发展的资料、向客户介绍公司的新促销手段、告诉客户能买到新产品的渠道、邀请客户参加一些体育活动等。

8.2.2　建立客户数据库

微课：建立客户数据库

衡量客户终生价值有三个指标：一是客户维持时间；二是客户份额，即一个企业所提供的产品或服务占某个客户总消费支出的百分比；三是客户范围，即企业的客户所涉及的区域范围和客户群体范围。因此，建立并管理好客户数据库，对企业寻找、培育、维持“真正的客户”具有重要作用。

1. 客户数据库建立和管理的原则

（1）弹性原则。客户数据库的组成部分应具有很强的适应性和灵活性，便于客户数据库的扩展，实现灵活管理。

（2）动态原则。客户数据库建立之后还需对客户进行跟踪，并及时更新数据。

（3）分类管理原则。不同类型的客户采取不同的管理措施，对关键客户进行重点管理。

（4）专人管理原则。企业对客户数据库的管理人员应认真甄选，避免使用新聘人员、临时人员等。

（5）加强运用原则。企业应及时把客户的信息全面地提供给推销人员和其他有关人员，提高客户管理效率。

【经典案例 / 故事】

对汇丰银行来说，要想盈利，主要任务在于识别并保留高忠诚度、高价值客户。这就需要对客户信息进行分析，从而识别出这部分客户，并为这部分客户量身定制不同的理财方案。根据客户的利润贡献，汇丰银行可以把它的客户分为以下七类：

第一类是高忠诚度，高价值客户。

第二类是高忠诚度，低价值客户。

第三类是低忠诚度，高价值客户。

第四类是低忠诚度，低价值客户。

第五类是非活跃客户。

第六类是潜在型客户。

第七类是可疑型客户。

通过数据分析，汇丰银行可以识别出 VIP 客户，并为这类客户提供特别的银行服务，这些客户享受着由专业的客户关系经理所提供的个性化便捷服务——只需一个电话，无论在地球的任何地方，都能得到任何金融服务和帮助。

2. 客户数据来源渠道

（1）直接渠道。直接渠道包括以下方面：

第一，通过市场调查收集客户数据。企业通过调查问卷、电话、面谈、观察法等方式收集第一手的客户数据。

第二，通过营销活动收集客户数据。目前很多企业实施会员制度，特别是零售业，可以有效收集客户信息，而且便于根据客户的购买行为评估客户的潜在价值。

第三，通过服务收集客户数据。在服务过程中，客户通常能够讲述自己对产品的看法和期望，对服务的评价和要求，对竞争对手的认识，以及其他客户的意愿和销售机会。

第四，通过销售终端收集客户数据。零售卖场通过客户采购商品的档次、品牌、数量、消费金额、采购时间、采购次数等，可以大致判断客户的消费模式、生活方式、消费水平以及对价格和促销的敏感程度等。

第五，通过博览会、展销会收集客户数据。

第六，通过网站和呼叫中心收集客户数据。企业可通过客户访问网站进行注册的方式，收集客户信息建立客户数据库。

（2）间接渠道。间接渠道包括以下方面：

一是各种媒介。通过查阅国内外各种权威性报纸、杂志、图书、互联网、电视台发布的有关信息，收集有关客户的信息。

二是工商行政管理部门及驻外机构。工商行政管理部门掌握着客户的注册情况、资金情况、经营范围、经营历史等，是可靠的信息来源。对国外客户，可委托驻各国大使馆、领事馆的商务参赞，以及一些大公司的驻外业务机构帮助了解客户的资信情况、经营范围、经营能力等。

三是国内外金融机构及其分支机构。一般来说，客户都会与各种金融机构有业务往来，通过金融机构调查客户的信息，尤其是资金状况是比较准确的。

四是国内外咨询公司及市场研究公司。具有业务范围较广、速度较快、信息准确的优势，可以充分利用这个渠道对指定的客户进行全面调查，从而获取客户的相关信息。

五是其他渠道。企业可以从合作伙伴或者老客户，以及行业协会、商会等获取相关的客户数据。

3. 客户数据库的内容

主要包括年龄、性别、职业、职称、婚姻状况、子女状况、受教育程度、居住环境、性格特征、消费形态、消费习惯、客户对本品牌的忠诚度、看法，对其他品牌的评价等。

4. 客户数据库分类

根据客户交易的有无分类，可以分为三种：

第一，现实客户数据。企业对此类客户应促使他们购买相关产品，增加购买数量及频率，请他们介绍新的准客户，维持这些客户的忠诚度。

第二，流失客户数据。即曾购买过本公司产品，但目前没有购买行为的客户。

第三，潜在客户数据。这类客户是企业全力争取的有可能成为自己客户的人。

根据资料来源分类，可分为两种：

第一，自有资料。企业将有交易往来的客户资料收集、整编而成。

第二，外来资料。企业也可以通过各种手段从外界获得各种客户的资料。

根据资料内容分类，可以分为三种：

第一，基本资料。基本资料主要是指客户本身资料记录，如客户姓名、性别、出生日期、电话、住址、家庭成员情况等。

第二，交易资料。包括客户喜欢购买的商品种类、付款方式、购买频率、购买数量、购买金额及金额累计。

第三，促销资料。是指推销人员与客户通过电话、直接回函等形式接触时，对有关情况的摘要记载。

微课：保持与客户的良好关系

8.2.3　保持与客户的良好关系

在交易达成后，推销人员要保持一份冷静，用诚挚的语言对客户的合作表示感谢，但也不必过分。推销人员要认识到：客户解决了问题，自己拿到订单，这是一个互惠互利的交易。

1. 与客户建立和保持良好的关系的作用

（1）便于获取客户对产品的评价信息。一方面,可以获取客户的反馈信息作为决策依据；另一方面，通过做好成交的善后处理工作，可以提高推销人员及其企业的信誉。

（2）有利于发展客户队伍。一方面,经常访问客户、了解产品的使用情况、提供售后服务，与之建立并保持良好的关系，可以保持客户稳定，促进销售；另一方面，老客户可能会把他的朋友介绍给推销人员，使其成为新客户。

作为推销人员应该清楚地认识到，生意在很大程度上取决于人与人之间、企业与企业之间的关系。推销员应当发展、培养和维系这种关系，只有这样才能生意兴隆。

【经典案例 / 故事】

日本有一家石井药店，在办公室的墙壁上钉了 31 只空药盒，每一个盒子上都标有一个日期。凡是来药店买药的顾客都会留下病历卡，石井药店就会根据病历卡上的病人资料得知每一个顾客的生日日期。

每当顾客生日的前一天，药店就会寄出一张贺卡。上面写道：“您的健康是我们最大的心愿。如果您已经完全康复，请告诉我们一声，我们将真心为您高兴;如果您不幸仍需用药，也请告诉我们一声，我们将竭诚为您服务。”

顾客收到贺卡后，得到的不仅是瞬间的感动和关怀，更多的是一系列后续消费行为。已经痊愈的顾客会很满意地记住石井药店的大名，尚未痊愈的顾客会再次到石井药店购药。石井药店这一细致入微的举动让众多顾客铭记在心，随之而来的是众多的回头客以及顾客介绍的客人。

人是很容易受感动的。你付出一份关爱，得到的将会是无尽的回报。消费者在购买商品时，并不仅仅是在购买有形的物品，有时候他们还希望获得温情的服务。经营者只有想着为客户服务，才能建立良好的往来关系，其收获远远大于付出。

2. 保持与客户联系的方法

（1）通过信函、微信、电话、面谈、电子邮件等形式与客户联系。一方面，加深感情；一方面，收集使用意见和建议，便于改进产品和服务。

（2）通过售后服务、上门维修等方式加强与客户的联系。

（3）通过邀请客户参加重大活动加强与客户的联系。例如，企业成立周年庆典、新产品的开发成功、新厂房落成典礼、新生产流水线投产、产品获奖等都是联系客户的好机会。

（4）通过国家规定的节日或者传统的节日问候客户，加强与客户的联系。

（5）通过在客户生日、结婚纪念日等有特殊意义的时刻问候客户，加强与客户联系。

3. 了解客户的满意程度

客户满意程度是指客户对购买活动及其所购买物品的感受，即推销过程及推销品满足客户期望的程度。如果实际感受与购买预期相吻合，客户就会满意；如果实际感受与购买预期有较大的反差，客户就不满意。

客户满意程度对于推销人员本人或者其所代表的公司来说，都是非常重要的。为收集客户对购买过程的感受，许多公司设立了专门的售后服务部门对客户使用情况进行跟踪和管理。

作为推销人员本身，也应该高度重视与客户的售后联系，随时准备解决客户在使用产品过程中所遇到的问题，争取客户重复购买或者介绍朋友购买。

测评顾客满意一般包括顾客满意率和顾客满意级度两个指标。顾客满意率是指在一定数量的目标顾客中表示满意的顾客所占的百分比，是用来测评顾客满意程度的一种方法。其计算公式为

$$顾客满意率 = 满意顾客数 / 顾客总数 *100\%$$

该指标适用于单项简单指标的顾客满意测量，不易全面反映顾客对产品的需求和期望。

顾客满意级度指顾客在消费相应的产品或服务之后所产生的满足状态等次。顾客满意度是一种心理状态，是一种自我体验。对这种心理状态也要进行界定，否则就无法对顾客满意度进行评价。心理学家认为情感体验可以按梯级理论划分若干层次，相应可以把顾客满意程度分成七个级度或五个级度。七个级度为很不满意、不满意、不太满意、一般、较满意、满意和很满意。五个级度为很不满意、不满意、一般、满意和很满意。

【经典案例 / 故事】

经济大萧条时期，日本的许多中小企业纷纷破产。有一家酱菜店也受到了很大的冲击。

店主不甘心从此倒闭，经过一番苦思冥想，想到一个好办法，他去苹果产地预先订购了一批苹果，在成熟以前用标签纸贴在苹果上。当苹果完全变红之后，揭下标签纸，苹果上就留下了一片空白。他从客户名录中挑选出大约 200 名订货数量较大的客户，把他们的名字用油性水笔写在透明的标签纸上，请人一一贴在苹果的空白处，然后随货送给客户。结果几乎所有的客户都对这种苹果感到惊讶并受到感动，因为客户们认为商店真正把放在了心上。

8.2.4　正确处理客户的抱怨

微课：正确处理客户的抱怨

客户抱怨是指客户对产品或服务的不满和责难。客户抱怨可分为私人行为和公开行为。私人行为包括回避重新购买或再不购买该品牌、不再光顾该商店、对该品牌或该商店给出负面评价等；公开的行为包括向商店或制造企业政府有关机构投诉、要求赔偿。

经典的客户满意指数测评模型（ACSI）涉及六个要素：客户期望、客户抱怨、感知价值、客户满意、感知质量、客户忠诚。研究发现，如果企业能够充分认知客户抱怨并及时、有效地解决，则会提高客户的满意度，从而提高客户的忠诚度。

1. 客户抱怨产生的原因

（1）客户对商品的不满。一方面，可能是商品质量较差或者商品质量没有达到自己的预期；另一方面，可能是产品的实际效用没有达到自己的预期。

（2）客户对服务人员、服务环境、服务制度的不满。

（3）客户自身的原因。

2. 处理客户抱怨的原则

（1）耐心倾听。不要轻易打断客户的叙述，不要批评客户的不足，而是鼓励客户诉说下去，

让他们尽情发泄心中的不满。这样，客户更容易接受服务人员的解释和道歉。

（2）态度友好。由于客户抱怨多数属于发泄性质，只要得到企业的同情和理解，消除了怨气，心理平衡后事情就很容易解决。服务人员态度诚恳、礼貌热情，就会大大降低客户的抵触情绪，理智解决问题。

（3）迅速采取措施。首先，让客户感觉得到了尊重；其次，表示公司解决问题的诚意；最后，及时防止客户的负面消息对公司造成更大的损失。

（4）语言得体。在解释问题过程中，企业应与客户将心比心，表示道歉和理解，措辞上应该十分注意，语言要合情合理，得体大方，尽量用委婉的语言与客户沟通。即使在与客户无法沟通的情况下，也不要情绪激动，造成升级投诉。

（5）给予客户补偿。客户在抱怨之后，往往会希望得到一定的补偿，这种补偿可能是物质上的，也可能是精神上的，有时是物质及精神补偿同时进行。给予客户补偿可以使客户得到额外的收获，理解企业的诚意而对企业再次建立信任。

有人对客户抱怨进行了专题研究，数据显示：

（1）会抱怨的客户占全部客户的 5% ~ 10%，有意见而不会抱怨的客户 80% 左右不会再来，可是如果抱怨处理好了有 98% 左右的客户在抱怨之后还会再来。

（2）平均每位非常满意的客户，会把为什么满意告诉至少 12 个人，而这些人中，会有 10 个人左右在产生同样需求时会光顾满意客户赞扬的公司。

（3）一个非常不满意的客户，会把他的不满告诉 20 个人以上，这些人在产生同样需求的时候几乎不会光顾被批评的服务低劣的公司。

（4）服务低劣的公司，平均每年的业绩只有 1% 的增长率，而市场占有率会下降 2%。

（5）服务质量高的公司，平均每年的业绩增长率为 12%，市场增长率则增长 6%。

（6）开发一个新客户的成本是保住一个老客户成本的 5 倍，而流失一位老客户的损失，只有争取 10 个新客户才能弥补。

（7）95% 以上的客户表示，如果遇到问题能即刻解决，他们不会发脾气，而会谅解公司。

美国市场营销协会的客户满意度手册显示：每 100 个满意的客户就会带来 25 个新客户。每收到一次客户投诉，就意味着还有 20 名有同感的客户。

3. 处理客户抱怨的步骤

（1）仔细聆听抱怨内容。用关怀的眼神看着客户，不但专心聆听，并且发挥同情心复述情感以表示理解。

（2）表示感谢。感谢客户愿意花时间精力来抱怨，给企业改进的机会。

（3）诚心诚意道歉。万一有错，赶快致歉；要是错不在己，仍应为客户的心情、损失致歉。

（4）承诺会立即处理，并积极给予客户弥补。企业应先表达积极处理的诚意，并承诺会给予一定的补偿。

（5）与客户协商解决方法及时间表，保证补偿的合理性和公平性。企业不要径自做决定，而是要将决定权交给客户，客户会感觉受到尊重而消除怒气；同时尽可能弥补客户损失，以平复客户心情。

（6）及时搜集客户抱怨处理反馈信息。企业应在处理过后再与客户联系，询问客户是否满意本次的处理措施，一方面了解自己的补救措施是否有效，另一方面也能加深客户受尊重的感觉。

（7）累积经验，学习改进的方法，建立客户抱怨档案，并对客户抱怨进行跟踪管理。同时，还应注意客户抱怨档案信息的整理、分析和反馈，进一步完善工作流程，提高工作质量。

【经典案例 / 故事】

海尔大地瓜洗衣机生产起因源于顾客抱怨。有一次，四川一名用户抱怨海尔洗衣机不好，下水管老堵。原来是有些农民用洗衣机来洗地瓜，有时泥沙堵塞了下水管。得到这一消息，海尔内部有两种意见。其一，洗衣机质量没问题，只是消费者使用不当，没必要改进，只需注重宣传指导和维修就行了。洗衣机，怎么可以用来洗地瓜？其二，消费者有这种需求，这是一个新的商机，我们应该努力去满足，应该在设计、技术上创新，最大限度满足顾客的需要。海尔人经过深思熟虑，义无反顾地选择后者，组织力量攻关，不久便生产出了可以洗地瓜的洗衣机，取名为“大地瓜”洗衣机。

4. 处理客户抱怨的三条禁忌

（1）推卸责任，互踢皮球。客户费了好大的工夫才找到公司的负责人，但各个负责人之间相互推卸责任，会升级客户抱怨。

（2）态度生硬，敷衍了事。企业不能认为东西卖出后销售就已经完成，客户抱怨是非常可怕的事情，而导致对客户敷衍了事。

（3）拖延时间，久而不决。企业承诺给客户解决，但是没有给出具体的解决时间，不断让客户等待，这样客户对企业就失去了信任。

事实上，顾客往往是错的，可为什么还说“顾客永远是对的”呢？虽然客户并不总是正确的，但让客户感到正确往往是有必要的，也是值得的。重视客户、尊重客户，正确处理客户的抱怨，才能提升客户忠诚度。

【经典案例 / 故事】

顾客投诉内容：

我是 2020 年 4 月 20 日上午在某购物广场购买的咸菜，今天（4 月 21 日）准备食用时，发现外包装撕裂，而且裂口处菜已发黑风干，说明不是裂开一天两天了。毕竟是入口食品，我希望贵店给予处理意见。

回复时间：2020-04-22 16:50:32

处理人：王 ××

部门：购物广场生鲜处

处理结果：

尊敬的顾客朋友您好：看到该顾客的留言我们非常重视，第一时间与该顾客取得联系，并立即安排人员上门为该顾客办理退换货，该顾客婉拒。为了表示歉意，我们在一楼客服中心为该顾客准备了礼品一份，该顾客表示有时间到店办理相关手续。对于所出现问题，我们立即结合区域人员对卖场商品进行排查，避免此类情况的再次出现，同时我们利用班组讨论会分享此案例，要求卖场人员在封装商品和销售商品的过程中认真排查商品质量，发现包装破损的商品及时进行下架，卖场收银人员在为顾客结账时要求再次检查商品质量，发现包装破损的商品及时给予调换。再次感谢您对我们工作的支持和信任，帮助我们发现不足，不断提升和成长。在今后的工作中，我们会更加努力做好各项细节工作，提供高品质的商品和热情的服务。

如在购物过程中遇到其他需要帮助的地方，除周二闭店外，可以在营业期间（周五六9:30—21:30. 周日到周四9:30—21:00）拨打我们的值班电话：131××××××××，祝您工作顺利，生活愉快！

5. 处理客户抱怨的“三换”原则

（1）换当事人，当客户对服务人员的服务不满时，再让这名服务人员出面去解决客户的问题，客户会有先入为主的心态，不但不利于问题的解决，有时还会加剧客户的不满。因此，找一个有经验有能力好、人缘好、职位高一点的主管，会让客户有受尊重的感觉，有利于问题的圆满解决。

（2）换场地，服务人员要把客户请到办公室或接待室，会有利于问题的解决。

（3）换时间，如果服务人员做到前面的“两换”，还没有办法将问题解决好，说明客户的积怨很深，就要另行约定时间并找一个更高一级的主管来处理问题。

【案例讨论1】

及时跟踪客户需求

一位名叫赫兹的商人，当他开始从事机场的汽车服务时，他的注意力放在了培训司机为客户服务方面，如怎样帮客户搬运行李，怎样准确报站等，司机们也做得很好。但是，这一服务上的缺陷也引起了不少客户的抱怨。因为赫兹开始没有意识到客户的一个最主要的需求：对客户来说，最主要的是两班车之间间隔的时间要短。尽管事实上客户的平均等车时间为7～10分钟。为此，赫兹投资购买了汽车并雇用了司机，把两班车之间的标准间隔时间定为最长5分钟，有时两班车之间间隔仅2～3分钟，最终使客户得到了满意。

赫兹公司另一项业务是租车给乘飞机来该市的客户，待他们回来乘飞机时再将车归还。由于租车的客户大多数是商人，因此，对他们来说最重要的是速度。赫兹也认真地处理了这些租车客户的抱怨，尽管租车时的服务速度很快，但还车时的速度太慢，客户没有时间在柜台前排队等着还车。赫兹采取客户即刻还车的措施：当客户将车开到赫兹的停车场时，服务人员就将汽车上的号码（车的挡风玻璃上设有车的编号牌）输入计算机中，这些计算机与主机相连，等到客户到柜台前时，服务人员能叫出其姓名，整个手续也只需再问两个问题：里程数与是否加过油，然后就能把票据打印出来。这样一来，原来需要10分钟的服务时间缩短到只需1分钟，使客户十分满意。

讨论问题：

1. 结合赫兹的故事，谈谈客户跟踪的意义？

2. 赫兹的做法对你有哪些启发？

【案例讨论 2】

用户满意度是检验一切工作的唯一标准

华为创立于1987年，是全球领先的ICT（信息与通信）基础设施和智能终端提供商。公司管理理念中重要的一点就是“用户满意度是检验一切工作的唯一标准”，并提出四大服务策略。

1. 构建满意的客户服务体系

（1）加强与客户的沟通，准确了解客户需求。一个企业，只有真正了解了客户的需求，才能更好地为客户服务，向客户提供最实用的技术和解决方案，让客户少花钱、多办事。客户的需求建立在客户自身发展的基础上，准确的客户需求需要企业与客户共同发掘。为此，企业应该不断加强与客户的交流。华为公司充分认识到这一点，在构建自身服务体系的过程中，借鉴了国际上先进客户价值管理体系，建立起客户需求研究体系，通过T平台进行信息汇总和传递，再由资深的研究人员进行分析，最终将分析的结果作为指导服务产品设计、业务流程优化和业务运作模式的行动指南。在力求更准确地了解客户需求的过程中，与客户进行充分沟通，双方共同参与是其客户需求分析的最重要的特色之一。

（2）在研究客户需求的基础上设计服务质量和实施服务。研究客户需求的目的是更好地满足这些需求。在正确研究客户需求的基础上，只有根据客户需求设计服务质量和服务水平，并加以实施，才能构建最佳的客户满意度。同时，任何企业资源都是有限的，要使有限的资源得到最大限度的利用，尽可能满足客户的需求，需要企业根据客户需求，审视自己的能力，从而制定合理的服务项目和质量标准。在此基础上，还应建立一整套完善的行政管理制度、业务流程和人力资源来保证成功地管理企业。

随着企业业务的增长，客户群也会随之日益庞大，而不同的客户对服务种类和服务标准的要求各不相同。在这种情况下，企业必须制定相应的服务对策，适应这种变化。在不断发展的同时，华为公司也遇到了这一情况。为解决这一问题，一方面，公司不断壮大售后服务人员队伍，提高工程师的技术水平；另一方面，通过不断加强对不同客户群需求的研究，推出标准服务产品和增值服务产品两个系列，以多样化的服务组合满足客户的服务需求。为确保最终服务质量的落实，公司还对有关资源进行了相应的调配。

2. 服务标准化

随着观念的转变，人们对服务的内涵了解得越来越深，“服务有偿”正得到越来越多的人认同。由于服务是不可触摸的特殊商品，具有无形性，客户选择服务的依据仅仅是供应者的承诺和以往的经验。此外，服务有滞后性，客户往往接受服务后再交费。服务的这种无形性的特点，是服务提供者首先要解决的问题：一方面要使无形的服务变成质量可控的服务；另一方面使滞后交付的服务，在客户投入时就明确自己的权益。服务标准化是解决这一问题的有效途径，通过对服务操作步骤、操作过程的技术要求、人员分工等加以明确规定，使服务质量达到可行、可见、可控；再将这种标准化的服务通过与客户签订的书面协议明确下来，使客户的花费具有保障。1996年，华为公司开始推出标准服务，二十多年来，公司在服务标准化方面进行了积极的探索，各项服务都制定了相应的操作流程，并不断在员工中强化标准化服务。华为公司服务标准化建设的目标是：提供给客户的每项服务都力求做到物有所值，客户在获得每项服务时都有保障。

3. 注重提供服务的快捷性

高效、快捷的服务响应是客户对企业提出的基本要求。要想构建最佳的客户满意度，企业必须注意提供服务的速度。

（1）利用先进通信手段，发展远程支持模式。先进的通信手段为提供更快捷的服务带来可能，发展远程支持服务是提高快捷性的重要手段。由于广域网技术的应用，维护中心可以得到足够的信息，进行故障定位，对于软件故障可以通过远程下载的方式进行故障恢复，对于硬件故障可以通过远程指挥现场维护人员进行硬件更换，因此在时效上远程支持明显高于传统技术支持方式。另外，通过资源共享、问题传递、专家会诊等先进手段，使群体智慧在维护应用中共享成为可能。华为公司建有先进的支持系统和完善的信息管理体系，对于客户提出的问题，根据问题严重程度采取不同的层级传递，确保问题在合理时间内得到有效的解决；同时，公司建有维护经验数据库和客户设备记录数据库，可以方便地查询故障历史处理方式和借鉴维护经验，从而提高解决问题的效率和质量。

（2）完善服务网络，提高响应速度。完善的服务网络是优质服务的基石，现场支持、硬件维护、设备更换、客户培训等服务必须依靠完善的服务网络才能保证响应速度。华为公司在北京建立网络产品技术支持中心，在该中心拥有雄厚的技术支持专家队伍，进行及时的技术支援，并拥有完整的技术支援平台和所有系列客户设备的模拟机房。华为公司在全国共设有 33 个地区技术支持中心，并依据区域划分设立七个片区支持中心，作为地方服务支持和资源的补充。根据地区维护量的大小，分配不同数量的技术支持人员。各级技术支持部门统一管理，通过先进的网络技术达到信息和资源的共享，地区技术支持中心都备有维修车辆和先进的测试仪器，对于重大设备问题，工程师能够做到 24 小时之内赶赴现场提供技术支持。另外，华为公司建有公司和地区技术支持中心二级备件供应中心，在接到客户更换硬件的请求后，按完善的流程制度及时地满足客户需求。

4. 注重服务持续发展

企业提供的客户服务应该是有价值的，这种价值集中体现为服务为客户产生的效益（人员效率提高、新业务带来的市场收益等）。向客户提供持续的服务是对客户利益的一种保护。对客户来说，购买设备只是一种手段，应用设备才是根本，网络设备更是如此。由于网络技术发展更新速度快，作为网络设备制造商，应该做到对自己的设备提供长期服务，延长设备使用周期，提高设备的运营效益。设备制造商在向客户提供设备后，双方就处于一种长期的合作关系，而且这种关系建立在双方都能够得到长期持续发展的基础上，任何一方的发展受阻，都会影响到另外一方。为此在长期合作中，双方需要不断地交流，以求发现双方利益的平衡点，使双方都能够健康发展。持久的客户满意度意味着企业持久、快速的发展。华为公司在与客户充分沟通的基础上，努力完善自己的服务模式，力求营造最佳的客户满意度，实现整个市场的健康、和谐发展。

讨论问题：

1. 华为为什么能够发展壮大成为一家用户满意的公司？
2. 结合华为的故事，谈谈在售后服务中如何提高客户满意度。

【互动测验】

任务八：互动测验

[单选题]

1. 以下不属于间接渠道的是（　　）。

A. 各种媒介

B. 工商行政管理部门及驻外机构

C. 国内外金融机构及其分支机构

D. 博览会

2. 通过营销活动收集客户数据属于（　　）。

A. 直接渠道　　B. 间接渠道

C. 媒体渠道　　D. 其他渠道

3. 以下不属于客户数据库根据客户交易有无进行分类的是（　　）。

A. 现实客户　　B. 流失客户

C. 潜在客户　　D. 准客户

4. 以下不是处理客户抱怨的原则的是（　　）。

A. 耐心倾听　　B. 态度友好

C. 迅速采取措施　　D. 推卸责任

5. 当客户对服务人员的服务不满时，换一个有经验、有能力、人缘好、职位高的主管出面，会让客户有受尊重的感觉，有利于问题的圆满解决，属于（　　）原则。

A. 换当事人　　B. 换时间

C. 换空间　　D. 换场地

[多选题]

1. 客户数据库建立和管理的原则包括（　　）。

A. 弹性原则　　B. 动态原则

C. 分类管理原则　　D. 专人管理原则

2. 客户抱怨产生的原因包括（　　）。

A. 对商品的抱怨　　B. 对服务人员的抱怨

C. 对服务环境的抱怨　　D. 对服务制度的抱怨

3. 处理客户抱怨的原则包括（　　）。

A. 耐心倾听　　B. 态度友好

C. 迅速采取措施　　D. 语言得体

4. 客户数据库根据资料内容可分为（　　）。

A. 基本资料　　B. 交易资料

C. 促销资料　　D. 家庭资料

5. 零售卖场通过客户采购商品的（　　）等，可以大致判断客户的消费模式、生活方式、消费水平以及对价格和促销的敏感程度等。

A. 档次　　B. 品牌　　C. 数量　　D. 消费金额

[判断题]

1. 售后跟踪是现代推销理论的新概念，是成交阶段的重要环节。（　　）

2. 从售后跟踪意义上看，与产品销售配套的包装、送货、安装等都属于推销手段。（　　）

3. 企业可通过客户访问网站进行注册的方式，收集客户信息，建立客户数据库。（　　）

4. 客户满意程度对于推销人员本人或者其所代表的公司来说，都是非常重要的。（　　）

5. 作为推销人员本身，不必考虑与客户的售后联系。（　　）

[讨论题]

1. 为什么说售后跟踪对于推销工作有重大意义？

2. 乔·吉拉德中肯地指出："如果你想要把东西卖给某人，你就应该尽自己的力量去搜集他与你生意有关的信息……不论你推销的是什么东西，如果你肯每天花一点时间来了解自己的客户，做好准备，铺平道路，那么，你就不愁没有自己的客户。"你是如何理解这段话的？

3. 在销售过程中保持与客户联系的方法有哪些？

【技能实训 1】

建立客户信息档案

□实训目的

通过实施该项目，使学生了解建立客户信息档案的过程和步骤，更好地管理客户。

□实训要求

1. 掌握建立客户档案的基本要求；
2. 熟悉运用计算机建立客户信息档案的一般操作。

□实训步骤

1. 四或五人分为一组；
2. 围绕一家经营单位（如汽车 4S 店）设计客户访问表；
3. 每位同学访问 10 名客户，搜集客户的有关信息；
4. 对客户资料卡进行建档管理；

（1）客户资料卡建档管理注意事项：确认是否在访问客户后立即填写此卡；卡上的各项资料是否填写完整，是否充分利用客户资料并保持其准确性；主管应指导业务员尽善尽美地填写客户资料卡；最好在办公室设立专用档案柜放置"客户资料卡"，并委派专人保管；自己或业务员每次访问客户前，先查看该客户的资料卡；应分析客户资料卡的内容，并作为拟订销售计划的参考。

（2）客户档案的形式。

客户资料档案卡、记录簿、档案袋。

5. 运用计算机进行数据整理。

6. 总结汇报。

□实训评价

学生小组之间互评，教师对各小组的访问表设计、访问实施情况、总结汇报情况进行评价，并将评价结果计入学生平时成绩。

【技能实训 2】

客户服务体系设计

□实训目的

通过实训使学生掌握客户服务内容，能够初步设计客服服务体系。

□实训要求

1. 积极参与讨论。
2. 提前做好企业调查研究。

□实训步骤

1. 四或五人分为一组；
2. 各组认真阅读“华为的客户价值观”材料；
3. 每组选择一家熟悉的企业，为该企业设计售后服务方案，并制作 PPT；
4. 每组选择一位代表，进行展示汇报。

□实训评价

学生小组之间互评、教师对各小组的代表方案进行点评，并将评价结果计入学生平时成绩。

阅读材料：

华为的客户价值观

任正非说：进入“无人区”后的华为，最大的对手便是自己。华为发展的核心必须以解决客户问题为牵引，以客户服务为重，客户体验为根本。

1. 以客户服务为中心的价值观

作为一家通信科技企业，华为对客户的重视程度已远远超过许多服务行业的企业。

华为能占领大量的市场份额，靠的就是“以客户为中心”的价值观。不论是创业初期还是如今的华为，企业内部不论职级都将对客户服务的虔诚与坚持奉为工作准则。对客户需求的重视，也体现在华为的“首问负责制”中——无论用户咨询的是哪个岗位的工作人员，第一个被咨询的员工都有义务对客户问题的解答负责到底。

2. 庞大而紧密的客户服务体系布局

由于大企业的客户服务体量庞大，因此实现面面俱到的优质服务难度非常大。对此，华为通过线上及线下全面布局的方式，让服务变得“无处不在”。

（1）线下服务布局。遍及全球的客户服务中心：华为联合遍布各地及各领域的合作伙伴，增加线下服务网点覆盖量及人员数量。

（2）线上服务布局。华为C端线上用户服务已覆盖111个国家和地区，支持65种语言，还推出了“热线24小时不打烊”升级客户服务。通过客户服务热线、App、网站、微信公众号等方式使客户在任何时间有任何与产品和服务相关的问题，都能获得专业的服务支持。

（3）线上线下协同。线上线下协同是指当线上问题相对复杂时由线下渠道解决，反之，则由线上知识库快速解决。从2016年开始，华为融入大数据分析，形成一个统一的运维平台。每天客户的投诉问题都会被纳入知识库中，技术工程师在接到客服中心的通知之后，会将问题的解决方案录入知识库。通过长期的积累，这些经验变成一套完备的逻辑后形成智能化服务平台。一旦遇到相似的投诉，便可从知识库中调取对应的解决方案。当网络出现故障时，能够做到自我诊断，从而实现对客户需求的快速反应。

（4）设置“花粉”互动平台。除了以上这些常见的服务渠道，华为还为粉丝群体设立了花粉俱乐部，从花粉俱乐部的官网不难发现，华为的客服无处不在，就连粉丝资讯互动平台也有独立的“建议/申诉”入口。

（5）全面的自助服务体系。华为对服务的定义不仅仅是为客户提供服务，更希望能将服务变得更自主、更便捷。一方面，使客户能在第一时间更快捷地解决问题；另一方面，可以缓解客服的服务压力。华为通过网络，将客户自助服务辐射至多个方面：

① 微信公众号。华为的服务公号为“华为终端客户服务”，除了提供产品、服务等资讯内容，在菜单中也体现了华为对自助服务的追求。

② 网站。消费者业务、企业业务、运营商业务是华为的三大业务。尽管消费者业务并不是华为最主要收益来源，但由于其触及的用户范围更广，对此华为专门为C端用户建立了一个以客户服务为主的网站——华为消费者业务官网。服务官网入口清晰，搜索“华为服务”就可以看到。为了方便客户，在首页就已显示出常用的服务，免去客户再次点击的麻烦。

官网内的设置将客户自助服务的流程清晰、简单化，极大地提升了客户自助服务的效率。服务官网具体分为以下几个模块：

- 了解产品：华为旗下所有产品都能在此找到使用手册、使用技巧、系统升级方法等。
- 查找问题解决方法：涵盖30个常见产品使用问题及故障排除方法。
- 获取维修相关服务：用户可自行申请维修，查询产品保修/备件价格等。

③“服务”App。包含玩机技巧、故障排除、在线客服、寄修服务、服务中心查询等服务。总体看来，App内的板块设置与服务官网类似，只是将各项服务转移到了移动端。

3. 将客户关系管理视为主要生产力

为了便于将客户作为独立的资产长期跟踪与管理，华为设计了单独的一级流程，MCR流程的核心是将客户与项目进行分离。具体分为以下几个阶段：

（1）客户分类。判断客户的实际价值，将有限的资源投入到最具潜力的客户身上。华为根据目标客户选择的标准，对客户进行分级管理：S类客户、A类客户、B类客户、C类客户。S类是战略客户，A类是伙伴型客户，这两类是公司的重点客户。

（2）客户规划。客户资源投放需兼顾不同时期的目标，每个阶段投放的资源需要支撑的起市场目标与战略目标的实现。

（3）持续关注客户满意度。客户对于自己的投入同样需要看到回报，通过定期的回访，得到客户关于业务改进的反馈意见。

（4）搭建客户档案。仅凭初期对客户的理解实际上是无法保障后续服务能完全得到客户认可的,这就需要搭建客户档案以不断加深对客户的了解。具体分为客户的企业及个人档案，通过档案洞察客户的目的、需求、偏好等，从而为改善服务能力提供参考。

模块三　推销管理

任务九　自由地支配自己——推销员自我管理

【学习目标】

知识目标

1. 了解推销员区域管理好处、销售区域的构成因素；
2. 掌握销售区域管理内容和方法；
3. 掌握时间管理 5A 模型；
4. 了解激励理论和原理。

能力目标

1. 能够进行销售区域的划分和管理；
2. 能够根据时间管理 5A 模型进行有效的个人时间管理；
3. 能够根据激励原理进行自我激励，提高抗压、抗挫折能力。

思政目标

1. 培养学生工作中的自律意识；
2. 培养学生珍惜时间和合理利用时间的意识；
3. 培养学生积极面对压力、乐观坚韧的心态。

【知识结构】

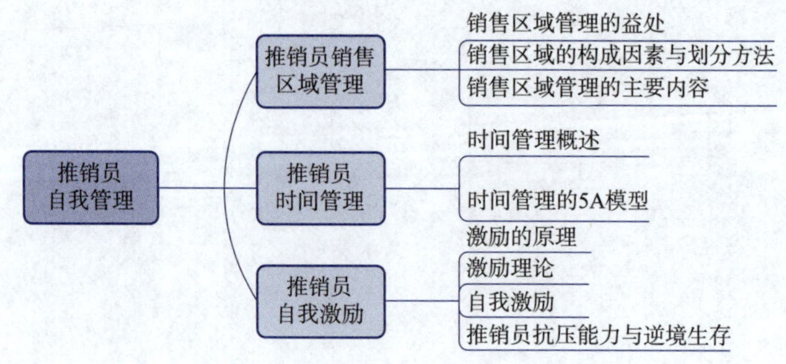

【任务导入】

程功雄心勃勃、精力充沛、热爱销售、勤奋努力，这使他初入职场就取得了不错的业绩，建立起强大的自信，快速适应了销售工作。但是，每个人的成长过程都不会是一帆风顺的，程功最近也是烦恼不断。

公司根据其业务能力的不断提升和市场拓展的需要，分配给程功的销售片区越来越大，客户也越来越多，事情也越来越烦琐。回顾一年来的工作，老客户要流失、新客户开发没有起色、竞争者越来越多、日常杂事不断侵扰，时间对他而言似一天24小时似乎太少了，明显不够用，每天东奔西跑，业绩却不断下滑。沮丧感、压力感、挫折感让他有点喘不过气来，失眠情况越来越多。睡不着的时候他开始反思：自己在销售区域管理、个人时间管理、压力管理方面都存在问题，要尽快想办法摆脱困境，否则就会终结自己的销售职业生涯。

如果你是程功，如何进行销售区域管理？如何有效地管理自己的时间、提高工作效率？如何面对压力，不断地在逆境中成长？

9.1 推销员销售区域管理

销售区域是指在一定时期内分配给销售人员、销售部门、经销商、分销商的一组现有的和潜在的顾客群。作为销售人员，有效的销售区域管理实际就是在所辖区域内制定客户销售目标，集计划、实施、评估等为一体的连续的过程。

9.1.1 销售区域管理的益处

在销售过程中实行销售区域管理将有利无弊，它具有以下优点：

1. 确定销售区域有利于提高销售效率

当一个公司的市场覆盖面大时，确定销售区域对公司和销售人员都有益处。销售人员的责任明确，减少摩擦和重复工作。销售人员的销售区域一旦确定，就很容易并清楚地知道自己的任务和目标，然后据此制订销售计划；同时，销售边界地的确定使销售人员之间争夺客户、跨区销售的矛盾大大减少，提高了销售效率。

2. 可以有效激发销售人员的积极性

销售区域确定后，销售人员有更大的自主权制订销售计划和策略，负责域内客户的开发与管理，有权处理各种问题，所以能有效地激发他们的工作积极性和创造性，但同时他们也必须对由此产生的销售业绩全权负责。这为企业有效地评价和控制销售人员工作提供了可靠的依据。

3. 有助于改进服务、节约开支

销售区域确定后，销售人员在一个相对较小的地域内活动，可以加强与域内客户的联系，增加访问的频率，进一步了解客户的需要和存在的问题，为客户提供更周到、更具个性化的服务，从而提高服务质量；同时，可以避免销售人员在同一区域销售，可以提高管理效率，降低成本，如果拜访客户的线路计划得好，还可以节省大笔差旅费。

4. 提高市场竞争力

销售区域确定后，销售人员可以针对域内的竞争对手制定更有效的竞争策略，以提高竞争力。

9.1.2 销售区域的构成因素与划分方法

销售区域受到销售收入、产品和服务、客户及地理区域等因素的影响，并按照不同的划分标准予以分类。

1. 构成销售区域的因素

销售区域是由一些有支付能力并愿意为企业产品支付的顾客群构成，企业通过提供这些顾客群满意的产品和服务获取回报。销售收入、产品和服务、客户及地理区域共同构成销售区域并决定销售区域的性质。

（1）销售收入：不同销售区域为企业带来的销售收入不同，这主要取决于该销售区域的经济因素、销售人员的努力和市场的竞争程度。

（2）产品和服务：企业必须为区域内的客户提供满意的产品和服务才能在竞争中生存和发展，这是企业的立命之本，因而企业提供的产品和服务需紧紧围绕顾客的需求，不同的销售区域对产品和服务的需求很可能不同。

（3）客户：在每个销售区域中都存在着大大小小的客户，他们是销售人员销售的对象和重点，对不同的客户销售人员的策略是不同的。

（4）地理区域：销售区域总是由一些地理区域构成，在这些地理区域内，不同的文化、人口构成、自然、技术等形成了自身的特点，也产生了销售区域间的差别，不同销售区域的计划和策略也因此有所区别。

2. 销售区域的划分方式

销售区域划分是否得当关系到销售人员的工作积极性，一个设计好的销售区域应满足销售人员有足够的工作量和取得较大的收入。因为大量用于评估销售潜力的统计资料如人口、购买力等都是以地理区域为单位进行统计的，而且地理区域已现实存在，简便实用，所以大多数公司通常按地理区域来划分销售区域，但也有不少公司按照客户需求的相似性划分或将二者结合。

此外还有两种常用的方法：

（1）按同等销售潜力划分：该法的优点是能给每位销售人员同等的收入机会，也为公司提供了一个衡量业绩的客观方法，但是同等的销售潜力不等于同等的工作量。

（2）按同等工作量划分：每位销售人员全力从事主管区域内的销售任务，但又会产生销售业绩的差别。

9.1.3 销售区域管理的主要内容

销售人员的销售区域管理是在所辖区域内制定客户销售目标，集计划、实施、评估等为一体的连续的过程，如图 9-1 所示。

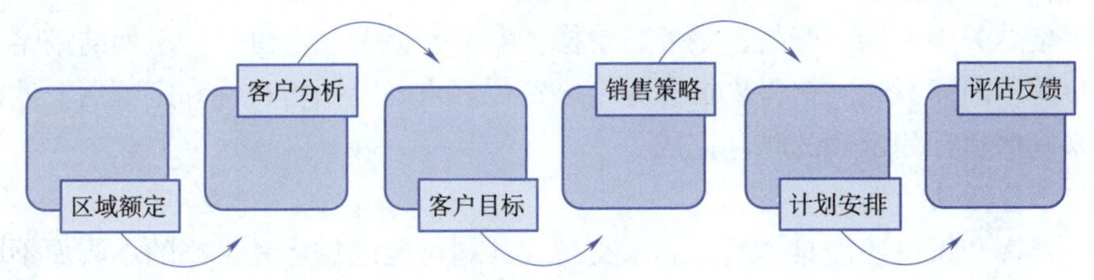

图9-1　销售人员区域管理流程图

1. 确定区域销售定额

区域销售定额是分配给销售人员在一定时期内在所辖区域需完成的销售任务。它的确定不仅为销售人员设定了目标和考核标准，还为公司总体销售定额的实现提供保证。

区域销售定额通常由销售人员的经理综合考虑并参考销售人员的建议后确定，影响经理确定销售定额的因素如图 9-2 所示。一旦定额设定，销售人员就要为实现这个定额制订销售计划。

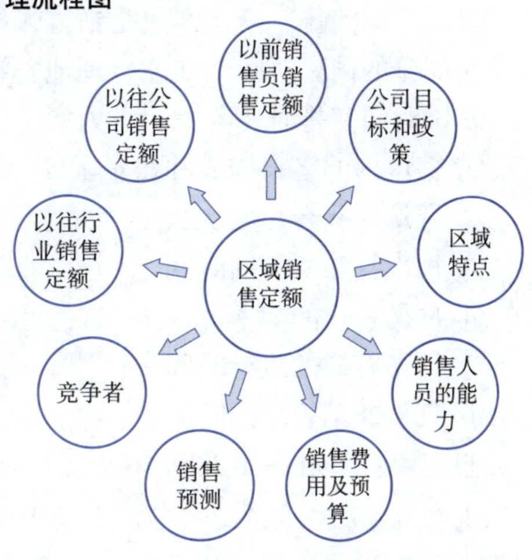

图9-2　区域销售定额确定的影响因素

2. 客户分析

区域销售定额确定后，销售人员必须分析域内现有的和潜在的客户，估计它们的销售潜力。分析现有客户的构成:如果产品品种较为单一,客户类别少,按销售额的大小将客户分为特大、大、中、小四种基本销售类型。根据 80 ∶ 20 法则一般特大和大型客户只占客户数量的 20%，但销售额却能占到 80%，这部分客户的需求应首先得到满足。如果产品品种多，客户类别也多，就需采用多重因素细分客户。

3. 制定客户目标

为每个产品以及现有客户和潜在客户制定销售目标和分配销售定额，见表 9-1。销售目标通常包括销售额、销售增长额、市场份额提高、利润率、新开发的客户数目等。

表9-1　现有和潜在客户销售定额

客户类型	累计销售额	现有客户潜在销售额	潜在客户潜在销售额
特大型			
大型			
中型			
小型			

注：
① 累计销售额 = 现有客户潜在销售额 + 潜在客户潜在销售额；
② 累计销售额总计 = 区域销售额。

4. 制定客户销售策略

销售策略是关于市场、产品、服务、价格、竞争、促销、定位等一系列的策略，因销售目标和客户的不同而不同。销售人员在为辖区每位客户确定销售目标和定额后，就需制定相应的策略来确保目标和定额的顺利完成。

5. 制订销售活动计划

明确的目标和策略还需具体的计划来支持，计划可能因目标和策略的不同而不同，但其中时间和线路的安排则是每位销售人员必须考虑的。

（1）时间安排。拜访客户是销售人员开发新客户和保持老客户的重要手段，占据了销售人员大部分的销售时间，如能合理地安排，就能为销售人员赢得宝贵的时间。

在做时间安排时要考虑以下因素：

① 辖区内的客户构成和数量；

② 拜访这些客户的次数；

③ 每次拜访所需的时间；

④ 拜访客户的频率；

⑤ 拜访客户的旅行时间；

⑥ 其他非销售访问时间。

假定销售人员一年工作 46 周（扣除节假日和病、事假后的大致时间），每周工作 5 天，每天工作 8 小时，那么一年能工作 1 840 小时，减去其他非销售访问时间，就可以得到可供销售人员支配的销售访问时间，再将这些时间根据客户数目、重要程度、访问频率、次数以及所需时间合理地分配（当然分配给每位客户的时间不相同），销售人员就可以掌握主动，提高时间的使用效率。

（2）线路安排。线路安排是指在区域内拜访客户时采用的行走线路。据调查，销售人员花在路上的时间约占销售时间的 1/4, 因此合理的线路安排不仅可以减少时间的浪费，而且可以提高区域的覆盖面，即在有限的时间里尽可能多地拜访客户。销售人员在安排访问线路时，应根据 80 ：20 法则，重点关注占 80% 销售额的那部分 20% 重要客户和潜在客户。可以按以下程序进行计划：

第一，寻找区域地图。这张地图要尽可能详细地标明道路交通情况。在这张地图上标出主要客户和潜在客户的位置（这些客户应保证销售人员 80% 的销售额）以及其他中、小客户的位置。

第二，将区域地图划分为几个部分，每部分所含的主要客户和潜在客户数目基本相同，同时又有一些其他中、小客户位于附近，将这些子区域画一个圈并冠以一个字母，如图 9-3 所示。

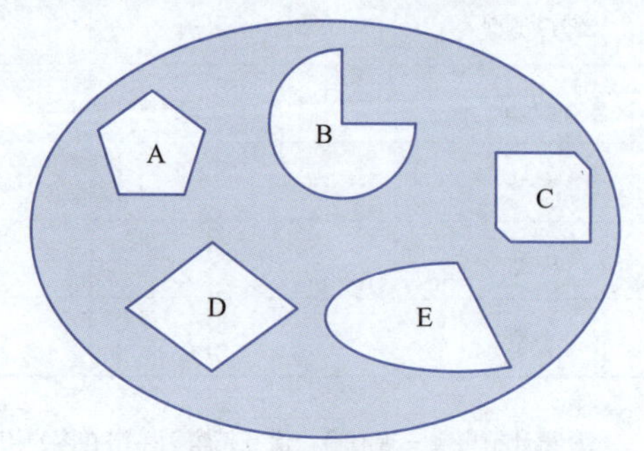

图9-3 区域划分地图

根据销售额百分比分配时间，假设销售人员为客户设计 10 周的访问日程，则可在 A 区访问 2 周，B 区 1 周……然后再具体分配给每位客户时间。做好时间和线路安排之后，销售人员就可以制订年、周、日行程计划以提高工作效率。

6. 评估与反馈

周密的策略和计划在实施后需进行评估，即将实际业绩与目标相比较，如果达不到，就要找原因：是目标订得过高，还是制订的计划有问题或是外界环境变化太快？要相应地调整目标或重新制订计划。

9.2　推销员时间管理

美国管理大师彼得·杜拉克曾说过："不能管理时间，便什么也不能管理。"现代社会随着人们工作压力的日益增大以及追求高品质生活方式的渐趋流行，使时间越来越显现出其难以衡量的价值。每当回首忙忙碌碌、疲于奔命的日子时，如果感到经常花费大量的时间在仅仅是必要而不是重要的事上，而且还在奇怪日子怎么过得总是这么快，自己真正想做的事总是没时间做，那么，就有必要好好管理一下自己的时间了。

9.2.1　时间管理概述

1. 时间管理简介

所谓时间管理，就是管理自己的行为，合理安排自己的时间，使时间这一资源的配置达到最优，从而实现其价值的最大化。从这一意义上来说，时间管理就是自我管理。其管理的对象不是时间而是销售人员自己，因为时间对每个人来说都是公平的。但实际上，总有人比其他人在同样的时间里取得更大的成功，这其中的奥妙就是成功人士更善于管理和控制自己合理利用时间。时间管理就是管理自我，必须抛弃陋习，引进新的工作方式和生活习惯，包括订立目标、妥善计划以及分配时间，权衡轻重，加上自我约束、持之以恒以提高效率。

2. 花费时间与投资时间

大多数人经常花费不必要的时间做没有意义与效益的事情，而且总感觉时间不够用，面对各种工作仍然是"一头雾水"而茫然不知所措。

其实，花费和投资是两个迥然不同的概念。花费时间的时候，只是表明时间在流失，不一定从中得到收益；而投资时间则表明这是一定的投入，必将从中得到收益。但是，许多人仅仅关注的是流失（消耗）的时间，而不是个人所得。

可以根据下面的公式计算时间价值。

$$\frac{\text{净收入}}{\text{1 年工作时间}} = \text{元 / 小时}$$

据上述公式，假定一个销售人员每天工作 8 小时，年工作日为 250 天左右，年收入为 6 万元人民币，那么他的工作日每小时值 30 元（人民币）。若每天浪费 0.5 小时，则一年浪费 125 小时，即减少 3 750 元的收益。随着能力的增加、收入的提高，那么浪费的时间越多，损失也就越大。

3. 四代时间管理理论的演变

在现实生活中，每个人都在寻求更多的时间资源，时间价值的重要性为越来越多的人所接受与重视。有关时间管理理念与工具也在不断完善与发展。

第一代：备忘录型时间管理。注重利用便笺和备忘录安排时间，如何时开会、何时拜访客户、何时写报告等。尽管每完成备忘录上的一件事情，都会给人带来成就感，但这一成就常常由于缺乏长远眼光和目标而有限，因为人们完成的仅仅是必要而不是重要的事。

第二代：工作计划和日程表型时间管理。强调利用日程表和预约表安排时间，与上一代相比，在订立目标和妥善规划方面有很大进展。人们开始未雨绸缪，在时间管理方面自制力增强，但对事物仍然没有轻重缓急之分。

第三代：优先顺序排列型时间管理。与前两代相比，这一代强调应首先确定自己的价值观，即“我到底要的是什么？”然后据此设定长、中、近期目标和实施计划，同时导入优先排序理念，做事时能分清轻重缓急。这两点大大提高了时间管理的效率。但是，人们渐渐地发现过分强调效率，把时间绷得紧紧的，又使人长期处于紧张状态，感觉不到工作的乐趣，同时也很难平衡事业与家庭。

第四代：价值导向型时间管理。强调个人的自主管理和个人价值的实现。时间管理的关注焦点不再是根据时间对事务进行安排，而是将重点放在提升个人的生活和工作品质上。强调以价值为中心，以角色为导向，帮助平衡在工作和生活中所扮演的不同角色，全盘规划日常生活，实现自我价值，达到人生的圆满。

从上述分析中可以看到，时间管理理论越来越趋于完善和人性化，作为一名销售人员，为了能有效地利用时间，应掌握第四代时间管理理论，合理规划自己的人生目标，充分利用时间管理的技巧和方法，让有限的人生绽放绚丽色彩。归根结底，时间管理其实就是自我管理。

9.2.2 时间管理的 5A 模型

时间管理 5A 模型从了解（aware）、分析（analysis）、分配（assign）、消除（attack）、安排（arrange）等五个角度进行研究，该模型为销售人员进行时间管理提供了思路和方法。如图 9-4 所示。

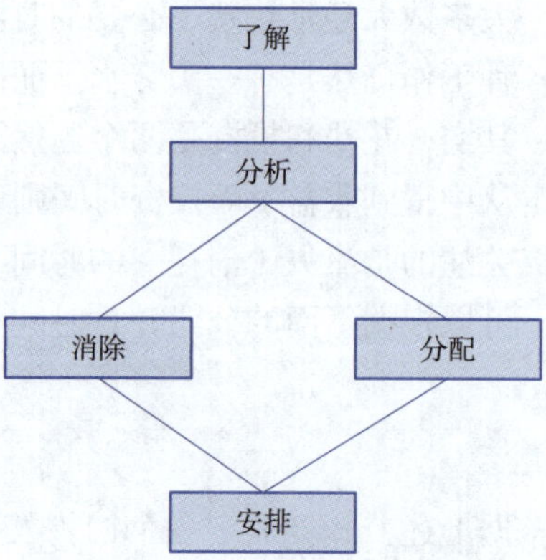

了解

分析

消除　分配

安排

图9-4　时间管理的5A模型

1. 了解

在时间管理中，销售人员首先需要作出自我了解与了解自我，如自我的愿望与目标、自我优势与劣势、性格特征与沟通风格等；其次需要对工作进行了解，如销售区域内的顾客需要、顾客类型、销售目标和销售要求。通过这两方面的了解，销售人员可以对自己和工作有较为清醒的认识，为客观分析工作和合理分配时间奠定基础。

2. 分析

通过分析日常时间安排表和工作时间安排表，销售人员可以研究自己时间运用的情况，看看自己是否在高效地利用时间，是否在时间管理方面存在问题。

（1）日常时间表。销售人员自制一张一周日常时间表。一般而言，日常时间被工作，睡觉，和家人或朋友相聚，个人爱好、兴趣或其他形式的娱乐，以及参加社会活动所占用。计算每项内容所占的时间百分比，就知道自己是如何支配时间，是否符合自己的目标，以此判断是否有效地使用了时间。

（2）工作时间表。工作占据着销售人员生活的主要部分，其他活动的时间一般要围绕工作时间来安排，而销售工作头绪多、耗时长，所以找到节省工作时间的办法就意味着在其他方面有更多的时间。销售人员的工作时间通常用于以下方面：

① 准备：销售人员用于收集有关客户、市场信息和计划访问的时间。

② 公务旅行：有的销售人员用于此项的时间超过 50%。

③ 用餐：与客户用餐也是销售人员的工作之一。

④ 等候：包括在客户办公室等候的时间。

⑤ 销售：通过电话对客户进行销售以及与客户进行面对面销售的时间。

⑥ 管理工作：包括用在写报告，参加销售工作会议，订立合同以及与公司其他部门人员一起安排生产、交货等用的时间。

据有关资料显示，销售人员用在真正销售的时间仅占 20%，而销售时间的长短与业绩有直接关系，所以尽管忙碌，但缺乏效率，是困扰许多公司和销售人员的一大难题，究其原因不外乎两个：一是缺乏合理分配时间的方法和技巧，使得工作毫无重点；二是自身的不足和团队中的相互影响。

3. 分配

一般人们的平均退休年龄为 55 岁左右，从 25 岁开始工作，到退休也只有 30 年左右的时间，真正高效的销售工作年限可能只有 15 ~ 20 年。若每年的有效工作日为 250 天左右，每天工作 8 小时，一个人一生的工作时间为 40 000 小时（20 年）左右。因而时间分配显得格外重要。下面是三种常用的时间分配法。

（1）重点关注法。该方法是基于帕累托原则。帕累托原则是 19 世纪意大利经济学家帕累托提出的，其核心内容是生活中 80% 的结果几乎源于 20% 的活动。重点关注法即 80 ∶ 20 法则。在时间管理中也存在这样的规律：真正重要的工作只占总数的 20%。因此，一定要确认哪些才是具有高价值的 20% 的工作，如与重要的大客户（key account）的联系。对这些工作要专心致志，运用自己的时间、头脑和体能去执着地完成。而对于价值较低的事务则不必太执着，这才是最有效的时间分配法。在日常生活和工作中常见一些人，不管事情的轻重缓急，全部一视同仁，只知苦干，但总是不能取得预期效果，时间损失极大，人们应该学会以巧干取代苦干。

（2）优先排序法。优先排序法是一种利用重要性和紧迫性合理配置时间、金钱等资源的方法，该方法是对帕累托原则的拓展。其原理就是利用优先排序矩阵将日常事务或工作进行分类，据此确定优先次序，分配时间，达到分清轻重缓急、提高时间运用效率的目的，如图 9-5 所示。销售人员采用优先排序法时，可以按照从第一象限到第四象限

紧急 不重要	紧急 重要
不紧急 不重要	不紧急 重要

图9-5　优先排序矩阵

的顺序安排工作的优先次序。

第一，紧急而且重要（第一象限）的工作要优先安排，首先完成。否则就会压力重重，危机四伏，精疲力竭，如重要客户的管理。

第二，不紧急但重要（第四象限）的工作排在第二位，是因为重要的事不抓紧做就会变成又紧急又重要的事，给销售人员增加压力，降低工作效率，如新客户的开发、工作规划等就属此类。

第三，对于整日忙碌但缺乏效率的销售人员来说，紧急但不重要（第二象限）的工作往往占用了他们大部分的工作时间，如一般客户提出的退、换货要求，供货商出现的生产问题等，这时的销售人员如果工作不加以改善，会使销售人员变得目光短浅以及工作杂乱无章。

第四，不紧急也不重要（第三象限）的工作如某些电话、信件、工作应酬等可以放在最后，有时间再做。如果这类事占用时间过多，会使人毫无责任心，职业难保。

（3）效率模式分配法，即销售人员应根据自身的效率模式分配工作。每个人在一天当中的不同时段，精神和体能有很大差别，有工作效率最高的时候，也有工作效率最低的阶段。这个最高和最低时段每天发生的时间大致相同，这就构成了所谓的效率模式。如有的人整个早上无精打采，但午饭过后立即神采奕奕，处理事务效率特别高，而有的人正好相反。所以销售人员应尽快确定自身的效率模式，然后据此将工作表中最重要部分安排在效率高峰期，而当低潮来临时处理一些例行性工作，如工作记录和报告，这样可以有效地节约时间，提高工作效率。工作分类一般分为优先考虑的事情、重要的事情、目前要做的事情以及需要补充更多信息的事情四类。

4. 消除时间窃贼

时间窃贼就是浪费时间的因素。销售人员需要经常审视自己的时间表和活动，看看究竟是“谁”偷走了时间。消除时间窃贼的方法有：

（1）养成良好的工作习惯。物品、档案、报告等应分门别类放置好，用后要及时归位，不乱丢乱放。

（2）加强自律。也可以找同事或助理来监督自己按目标和计划行动。

（3）有效授权。要充分相信同事，只要授权得当，你会得到事半功倍的效果。

（4）学会说“不”。这不仅不会伤害别人，还会为你赢得自尊。

（5）进行沟通。在团队中通过有效沟通达成共识，只有团队中每一个人都管理好自己的时间并相互协调，那么就能给整个团队带来高效。

以下是销售人员经常遇到的时间窃贼。

（1）丢三落四。拼命寻找不经意间丢掉的东西，如重要客户的电话号码、要用的文件、抽屉钥匙等，浪费了很多宝贵的时间。

（2）做事拖延。该今天回给客户的电话偏要等明天，该立即处理的顾客投诉非要推迟到明天，这其中的理由一是怕麻烦，二是对自己的能力没有信心，但要知道事情常是越拖越麻烦，使工作陷入被动的局面，并导致客户不满和流失。

（3）事必躬亲。对自己很有自信，感觉可以把工作做得更好、更快；对他人则缺乏信心，所以事无巨细都要亲力亲为，这样既辛苦了自己又浪费了时间。

（4）电话干扰。电话的应用为销售架起了与客户沟通的桥梁，但是不必要的电话太多或通话时间过长又浪费了销售人员宝贵的时间。

（5）无效会议。会而不议、议而不决、决而不果、果而不行，参加这样的会议无疑是对时间的巨大浪费。

（6）缺乏自律。如果人没有很强的自制力和毅力，就很容易在压力和困难面前屈服，放弃预定的目标和时间表，造成工作的拖延和时间的浪费。

（7）不会拒绝。自己的时间经常被他人所左右，面对他人的无理要求不会说“不”，最终只是他了别人希望做的事，而自己的事往往被耽搁。

（8）文件繁杂。销售人员每天都要处理很多文件，如客户档案、销售合同、传真和报表等，如果不能很好地管理以及缺乏处置技巧，也将占用销售人员大量的时间。

（9）公务旅行。拜访客户和进行面对面的推销是销售人员的工作重点，因此公务旅行也就成了销售人员的家常便饭。由于路线和时间安排不当所带来的浪费应引起销售人员的充分重视。

（10）贪得无厌。人的精力是有限的，如果要求过高或过多势必会增加自身的压力和工作时间，导致效率低下，从这一角度看实际上在浪费时间和生命。

这些时间窃贼无情地吞噬着宝贵的时间，销售人员要想取得更多业绩，就要设法消除这些时间窃贼。

5. 安排

通过了解和分析，利用时间分配的方法，科学合理地安排年度、周以及日计划，将它们变成图表和文字，经常督促销售人员按计划生活、工作，同时也可以检验其时间管理是否产生了效果，见表 9-2 和表 9-3。

表9-2　访问顾客日计划表

时间	工作内容
8:00—9:00	签到、开早会、准备拜访所需材料
9:00—10:00	旅途
10:00—11:00	拜访 A 公司
11:00—12:00	拜访 C 公司
12:00—13:00	与 B 公司主管共进午餐，餐后交货
13:00—14:00	拜访 D 公司
14:00—15:00	拜访 E 公司
15:00—16:00	拜访 F 公司
16:00—17:00	回公司
17:00—18:00	工作记录与总结、开晚会、第二天工作计划

表9-3　个人时间业绩表

姓名：______　　　　　　日期：________

序号	开始时间	业务内容	耗时	优先排序				评估
				A	B	C	D	
1								
2								
3								
4								
5								
6								
7								
8								
9								
10								
时刻记住：重要的事情先做 抓住并坚持重点				总耗时（分钟）： 心得体会：				

尽管时间管理是销售人员的自我管理，但是面对新聘的销售人员或者销售人员的时间绷得太紧时，也可以寻求外援来帮助销售人员安排时间与节省时间。主要的方法有设立销售内勤和运用高新技术。

（1）设立销售内勤。目前不少公司有感于销售人员真正用在销售的时间过少，为销售人员配备了销售内勤分担一些内部管理工作，如进行信用调查、跟踪交货进程以及寻找新客户线索等，此法有效地为销售人员节约了时间，使他们有更多的时间专注于销售工作。

（2）运用高新技术。每一次的技术进步都为销售人员节约时间、提高效率提供了便利，如计算机、传真机、复印机、客户关系管理系统、移动办公网络及各种 App 等，有效地改善了销售人员管理客户、处理文档的方式，极大地提高了工作效率。据统计，有些公司由于办公自动化，使其销售人员增加了 5% ~ 10% 销售时间，所以现在很多公司和销售人员都不惜在此方面进行投资。

9.3　推销员自我激励

作为一名推销人员，时时面对日益增加的工作压力和挫折感，他们需要不断挖掘全部的潜力并始终保持旺盛的精力，全身心地投入工作。科学家在试验中发现：人的能力在一般情况下只发挥了很少一部分，而在受到激励的条件下才有可能几乎全部发挥出来。这说明大多数人自身还没有意识到，自己的能量还有很大开发潜力，而诱导其迸发的内因就是激励。

【经典案例 / 故事】

美国哈佛大学的戈森塔尔教授曾做过一个实验。他让加州某中学校长从学校随机抽出三名教师，同时随机抽出 100 名学生。然后，校长把三名教师叫到办公室，对他们说："你们是学校最优秀的三名教师，现在，我们从学校选出了 100 名最聪明的学生，分为三个班，让你们去教。"一年后，这三个班果真成为学校最优秀的三个班。最后，校长告诉三位教师，他们只是随机抽出来的，那 100 名学生也是随机抽出来的。

如果认为激发个人潜能，使自己全身心投入工作，提高销售业绩只是经理们考虑的事情，那就大错特错了。外在环境因素（公司的激励制度与方案）只能激发一个人的潜力，只有在自我激励的配合下才可能发生根本的改变，释放全部潜能，提升绩效。销售人员的工作自由度大，如果没有自我激励，很难胜任销售工作。因此要想成为成功的销售人员，就必须掌握激励的基本原理和理论，认真分析自我需要，制定自我激励的方案，以积极的态度和方法对待压力和挫折。

9.3.1　激励的原理

所谓激励就是激发个体的行为动机，促使其更努力地工作以实现既定的目标和任务。可以用公式来表示这一原理：

$$P=f(A\times M\times O)$$

式中，P 为个人绩效（performance）；A 为能力（ability）；M 为动机（motivation）；O 为机遇（opportunity）。

从上面的公式可以看到，动机是个人绩效的函数，有效的激发动机，可以提高个人绩效。

动机是由需要支配的，当人产生某种需要而又未能满足时，心里便产生一种不安和紧张，这种不安和紧张就成为一种内在的驱动力，即动机。动机促使个体采取某些行动来满足需要。需要满足后，紧张消除，然后又有新的需要产生，形成新的循环。

从研究和满足个体需要方面调动人的积极性；从目标设置上研究如何调动人的积极性；强化动机，使个体的需要满足于与组织目标的实现一致；激励是一个连续不断的过程，旧的需要满足后新的需要又产生了，所以要及时反馈，对不同的需要，其激励的方法和手段不同。

9.3.2　激励理论

管理学家应用心理学和社会学方面的知识从各个角度研究激励问题，形成了大量有关激励的理论，为自我激励与互动激励方法的探讨提供了理论依据。下面简单介绍一些很有影响力的激励理论以及在销售人员自我激励中的运用。

1. 马斯洛的需要层次论

在激励理论中，马斯洛的需要层次论影响最为深远。他将人的需要从低到高分为五个层次（生理需要、安全需要、社交需要、尊重的需要、自我实现的需要），当低层次需要获得相对满足后，下一个新的、较高层次的需要就会占主导地位，成为驱动行为的主要动力。事实上，各个层次的需要不可能一下子全部都得到满足，这便使得它们在任何时候都可能转化为一种原动力来激发购买行为。

2. 赫兹伯格的双因素理论

赫兹伯格认为使人满意和不满意的因素大不相同，使人感到不满的因素往往由外界环境引起，而令人满意的因素通常由工作本身产生。前者称为保健因素，后者称为激励因素。保健因素通常是外部因素或者物质因素，比如金钱、监督、人际关系、工作条件、安全、地位；激励因素通常是内在因素或者精神因素，比如升职、成就、责任、发展、认可、工作内容。

双因素理论认为，如果保健因素得不到满足，则会引起人的恐慌和不满；然而得到满足，也不能使人满意，提高工作积极性；只有当激励因素起作用时，才能激发人的潜力，使人感到满意。从双因素理论人们可以得到一个启示：激励不仅要注意物质利益和工作条件等外部因素的改善，更重要的是应注重成长、责任、承认等精神因素和内在因素，这样才能起更大的激励作用并维持更长的时间。

3. 麦克利兰的成就激励论

麦克利兰认为人不同程度地具有三种需要，即权力、友谊和成就需要。根据人最主要的需要来划分，可将人分为权利需要者、友谊需要者和成就需要者。一个组织的成败，于它们具有高成就需要的人数有关。

权利需要者具有较高的权力欲，对施加影响和控制表现出极大的关心。

友谊需要者通常从友爱中得到快乐，最关注与别人保持友好关系，总是设法避免被团体或他人拒绝所带来的痛苦。

成就需要者对成功有强烈的要求，愿意接受挑战，为自己树立具有一定难度但可实现的目标。对待风险采取一定的现实主义态度，勇于承担责任。关注成就本身，而不是由此带来的好处。

对于销售人员而言，成就需要论使他们了解自己是什么类型的人，对于自己，什么是最重要的以及如何进行自我激励。

4. 佛隆的期望理论

佛隆认为一个人采取某一行动的内在动力取决于他对行动结果或目标的重视程度和评价以及对实现这一目标的可能性估计，二者缺一不可。用公式可表示为

$$动力 = 效价 \times 期望值$$

譬如，一位销售人员非常希望能与区域内的一位大客户建立关系，这有助于销售业绩的大幅提高，而且认为通过详细调查和准备以及自身的能力完全有可能实现，那么他向这一客户销售的动力就非常大，他会想方设法地去开发这一客户。如果他对这位大客户不感兴趣或认为开发有很大难度，自身的能力有限，可能性不大，那么他开发这一客户的积极性就很小，很可能会选择放弃。

5. 归因理论

归因理论描述人们如何在心理上为成功和失败寻找原因，个体归因的行为方式强烈影响着对他们的激励。图 9-6 描述了归因理论的基本框架。

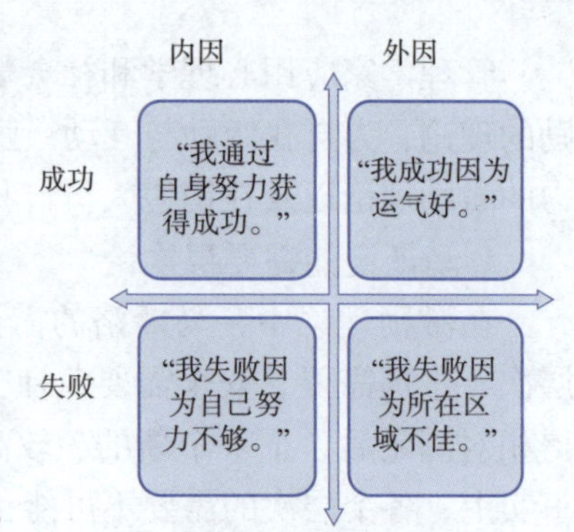

图9-6 归因理论

归因理论认为，人总是试图为自己所做的事寻找合理的原因。一个人为他自己的业绩所做的归因直接影响他下一次获得业绩的能力，尤其当他的业绩欠佳时。假如销售人员将成功的销售归因于外因，则其会依赖运气而不努力工作；而将失败归于外因时，则其会怨天尤人。因此销售人员必须确定正确的归因，以使激励方案发挥作用。

9.3.3　自我激励

德国著名的人力资源开发专家斯普林格在其所著的《激励的神话》中写道："强烈的自我激励是成功的先决条件。""人生中最重要的事情不是感到惬意，而是感到充沛的活力。"因而在进行自我激励时，应首先识别自我的需要，在此基础上寻找激励点，确定激励策略和方法。

1. 自我需要分析

需要是产生行为的原动力，而人的需要是多种多样的。如何识别和分析自我需要呢？通过前面马斯洛需要层次理论、赫兹伯格双因素理论、麦克利兰成就激励论等激励理论的学习，结合自身实际，思考下面的问题，将有助于了解自我的需要。

□是什么需要驱动着你工作？可能有多种需要，可将其按重要性进行排序。

□你工作的哪些方面具备了能满足这些需要的潜力？

□你做了哪些工作来满足你的这种需要？

□对于你来说，权力、成就、友谊哪一个更重要？

□你的工作是如何达到公司目标的？

□你的成绩是如何被认可的？

□你的工作目的是什么？

□你目前处于哪个事业阶段？

2. 自我激励

自我激励的方法很多，每个人的需要不同，激励的方法也不相同。通常，自我激励的方法包含物质和精神两方面。物质方面主要指金钱、工作条件、福利等；精神方面主要包括业务成就、自我成长、尊重、承认等。物质方面的激励是基础，精神方面的激励则是更高层次的，可以给人持久的动力。二者相辅相成，缺一不可。

虽然每个人的自我激励方法不同，但在实施自我激励时，以下两点颇为重要。

（1）确立目标。目标是督促自我前进的动力和方向，根据自我需要制定的目标应是自我激励的最大动力。在确立目标时，可遵循 SMART 原则：

S（Specific）代表目标应该是明确的。通常目标越明确，能提供的指引越多，激励的作用越明显。例如，你今年的销售额是 400 万元，想使明年的销售额达到 500 万元，成为公司顶级销售人员，那么你就会督促自己想方设法去增加这 100 万元的销售额。

M（Measurable）代表目标的可衡量性，即目标应是可以用计量单位衡量的。

A（Attainable）代表目标的可达性。确定的目标不能太高也不能太低，而应是通过努力可以达到的，这样才能起到激励的作用，故而在制定时要充分考虑和评估自己的能力、个性和资产。

R（Relevant）代表相关性，即需将个人目标与组织目标结合起来，否则很难在组织中生存，实现个人目标也就无从说起。

T（Time-oriented）代表目标的时效性，即目标的实现应是有时间限制的，否则会失去目标的紧迫性和激励的意义。

（2）培养积极的人生态度。生活在一个充满竞争和知识爆炸的时代的人们，若要成功就需要积极的态度。积极的人生态度包括正确对待压力和挫折，树立自信心，正确理解公平、把握机会等。组织只能尽可能创造公平的环境和消除不利于发挥积极性的因素，成功与否关键还在自我。积极地认识自我，不断改造自我，挖掘自我的潜力，保持乐观的心态，成功就在脚下。为了使自己科学地运用自我激励的方法，首先要全面提高自己的认识能力。要不断通过学习来获取丰富的知识，锤炼自己的意志和胆略，增强自信心。

【思政故事】

1934年10月，红军主力由江西瑞金战略撤退，数万红军官兵历时两年，行程二万五千里，至1936年10月在陕甘宁胜利会师。长征的胜利使中国革命转危为安，是震惊中外的伟大事件，同时也是人类历史上的伟大壮举。在长征过程中，中国共产党确立了毛泽东同志在党内的领导地位，确立了毛泽东军事思想、政治思想的指导地位。而长征得以胜利，毛泽东思想得以确立，归根到底是因为中国共产党人和他领导的人民军队能够时刻保持着革命乐观主义精神。

在长征路上，这支红色军队的全体指战员都保持着对革命最终走向胜利的乐观主义精神，他们不怕牺牲，敢于与尾随的敌人展开积极的军事斗争。在面对恶劣的自然环境和生活环境的时候，中国共产党人领导的红军亦是不畏艰险，发挥人的能动性，积极团结当地群众，化干戈为玉帛。在翻雪山、过草地的时候，红军战士之间互助友爱、不顾个人安危、置生死于度外的乐观精神，展现了诸如“一口行军锅”“一袋干粮”等家喻户晓的感人故事。

9.3.4 推销员抗压能力与逆境生存

现代社会是一个讲速度、讲效率和讲效益的社会，市场竞争不断加剧，生活和工作节奏日益加快，人们在享受高度文明和物质极大丰富所带来的优越性的同时，也在承受着巨大的压力。

1. 压力概述

压力大是身处这一时代的人们共同的感慨。而销售人员由于其工作的自主性大、业绩显而易见等原因，比一般人的压力更大，工作压力产生的主要原因有：所做的不是自己愿意做的事（34%）、在有限的时间内完成工作（30%）、工作负担过重（28%）、同事令人讨厌（21%）、难以相处的公司领导（18%）。

（1）何谓压力。压力是指个体在环境中受到种种刺激而产生的一种紧张情绪。压力具有两重性。适度的压力可以高度调动人体内部的潜力，把事情做得更快、更好。适当的压力可以使自我保持最佳的精神状态，思维更加敏锐，反应更快。但当压力过大且持续时间过长时，其副作用会伤害人的身体，使人萎靡不振，影响工作和生活。所以必须正确对待压力，学会控制压力，使之发挥积极的作用，提升销售人员的业绩。

（2）压力的来源与症状。压力从何而来？它的表现是什么？为什么每个人对压力的感觉不同？一般说来，潜在压力源于环境、组织和个人三方面的因素。潜在压力能否变为现实压力取决于每个人的认知、经验等。过大的压力可以导致人的生理、心理和行为的变化。压力模型如图 9-7 所示。

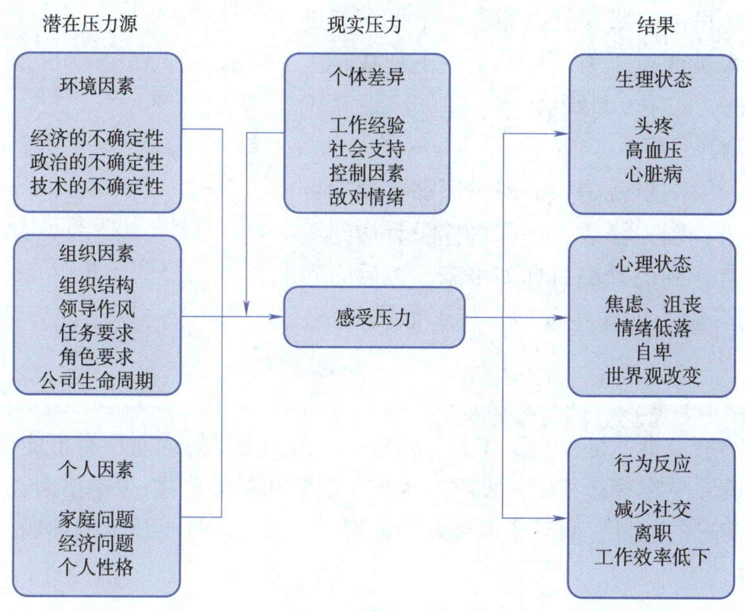

图9-7　压力模型

要有效地减轻工作压力首先要明确工作压力的来源，然后采取一定的措施减轻压力。推销工作压力通常源自下述因素：

工作本身：如目标不明确、工作量过大、任务冲突、时间紧等；

人际关系：与上司的关系、与同事的关系、与顾客的关系以及组织氛围等；

个人因素：人生态度、责任心、敬业程度、需要与欲望等。

2. 减轻工作压力的基本方法

对销售人员而言，不仅需要对自己负责任，还得对家庭负责任，同时对公司尤其需要对顾客负责任。在任何一个充满竞争与锐意进取的公司，销售人员会不断受到挑战与压力。一定的压力可以促使其鼓足干劲，拿出最佳表现，一旦实现预期目标，就会感到非常舒坦。若销售人员不断承受压力并且控制不住紧张情绪，就会被压力压垮。持续紧张的销售人员容易患失眠、疲劳、过敏、头疼、消化不良，甚至会得高血压、心脏病、溃疡等疾病。一旦销售人员面临巨大的压力时，应该作出积极的决定，不要被工作压力压垮。通常的处理方法如下所述：

（1）宣泄。就如同在气球上扎个小洞，让气球内的气压慢慢降低。人们可以采取高声大叫、痛哭一场、跑步、拳击等行为。

（2）咨询。找专家、朋友倾诉，找寻解决的方法或寻求慰藉。

（3）培养抗压能力。积极地对待压力，多看现实中的有利因素，变压力为动力，坚持这样做，就会发现自己抗压能力不断增强，自会感到压力降低。

（4）确立适当的目标。目标太高，实现的难度大，压力就会增大；目标太低，又不能起到激励作用，而适当的目标可以有效地减少压力。

3. 减轻压力六步法

减轻压力不可能一蹴而就，而是一个循序渐进的过程。销售人员面对压力，可以采取下列减轻工作压力的六步法，如图 9-8 所示。

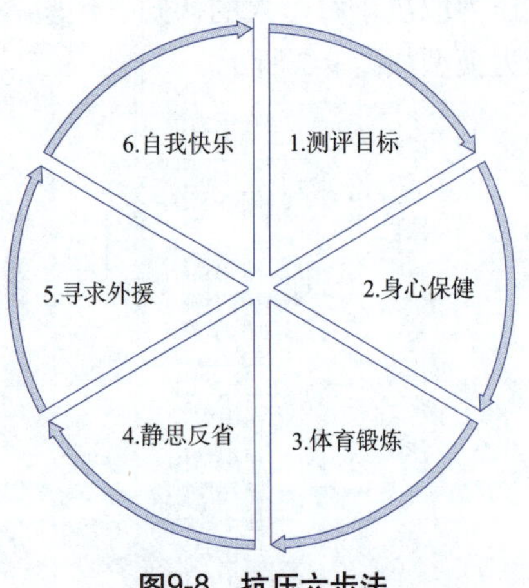

图9-8 抗压六步法

第一步：测评目标。

减轻压力的第一步就是要测评一下那些预期目标。你需坐下来，制一张表，把那些你没有达到或别人认为你没有达到的预期目标列出来，然后问问自己实际上能不能达到这些预期目标，如销售额、应收账款等。

第二步：身心保健。

对付压力的第二步就是要在身体上、心理上、情绪上作好应对所有可能出现的问题的准备。大家都知道要少吃些盐和糖，多吃点水果、蔬菜和谷类食物;少吃猪肉，多吃牛肉和鱼。食物是使人们前进的能量，而且还需要好的食物。营养不均衡会使人们虚弱，因而降低人们处理压力的能力。

第三步：体育锻炼。

锻炼是祛除不断积累的过多压力的一剂良药。沮丧时，可以到室外走上几圈；在办公室里蹦上几蹦，做一些伸展运动来除掉肌肉里积聚的紧张。定期锻炼已经显示了其在减少急性心肌梗死及降低血压方面的功效。

第四步：静思反省。

对销售人员而言，知道如何保持安静和集中注意力同样也是很重要的。为了沉思，可找出一小段安静的时间，在门上挂上一块“请勿打扰”的牌子;然后，闭上眼睛反复地说“哦”这个字大约 15 分钟。当别的念头闪入脑海里的时候，你仍然在沉思，而并不清楚闪过的是些什么念头。在你意识到有了别的念头且有意识地去思考它们的时候,你的沉思就算结束了。“哦”这个词在梵文中是“平静”的意思，在一个安静的环境中重复这个词可以完全地平复心情。当你做完了之后，给自己几分钟休息，然后再开始积极地行动。

第五步：寻求外援。

发展一组可以支持你的人，这意味着你有了一群可以谈话的人。孤独的人是经受压力最大而将生活处理得最糟糕的人。人们都需要有一个人友好地聆听自己的抱怨，而不对此作任何评价；在人们哭泣的时候，更需要一只有力的手来握着；在人们觉得不好过的时候，需要有人给予安慰。

第六步：自我找乐。

最后，千万别忘了给自己找点快乐。参加那些给予人们欢乐、使人们欢笑的活动是最好的压力缓解剂之一。

4. 逆境生存与发展

成功需要什么？为什么有些销售人员不管道路多么艰险，仍能成功，而其他人则显得步履维艰或无能为力，眼睁睁地看着逆境毁灭了自己的梦想与理想？通常，在销售过程中，销售人员会遇到各种不顺利的情况，这对销售人员是一种挑战。据调查，销售人员所面临的最大困惑是被客户拒绝或受到工作所带来的挫折感的影响。那么，如何才能在逆境中生存并且不断超越自我，直至最终的成功呢？归根到底，这涉及销售人员的逆商的高低。

（1）逆境。逆境是指不顺利的境遇，在生活中遇到的困难与挫折，指不危害生命的情况下付出大于原有预期的情况。在市场经济环境中，竞争愈演愈烈，逆境无所不在，已经成为人们生活的一部分。但是，逆境并非不可逾越。如何摆脱逆境，达到成功的顶峰，需要人们作出努力。而变化始于个人，如销售人员的个性特征、沟通风格、专业背景、社会经历等。经过自我的不断努力，厚积而薄发，进而提高销售人员的工作业绩。

（2）逆商。日常生活中，有些销售人员尽管面对似乎不可战胜的逆境，却能努力设法不停地前进。他们在前进的过程中，销售技巧日渐提高，自我管理的能力不断增强，能够取得突破且不断上升。如果战胜了困难，表明销售人员不仅抓住了机会，更是超越了自我，与成功更近了。而这一切与人们的逆境商数有关。

逆商（AQ）全称逆境商数（Adversity Quotient），也称挫折商或逆境商。它是指人们面对逆境时的反应方式，即面对挫折、摆脱困境和超越困难的能力。

心理学家认为，一个人事业成功必须具备高智商、高情商和高逆商这三个因素。在智商跟别人相差不大的情况下，逆商对一个人的事业成功起着决定性的作用。在逆商的测验中，一般考察以下四个关键因素——控制（Control）、归属（Ownership）、延伸（Reach）和忍耐（Endurance），简称 CORE。控制指自己对逆境有多大的控制能力；归属是指逆境发生的原因和愿意承担责任、改善后果的情况；延伸是对问题影响工作生活其他方面的评估；忍耐是指认识到问题的持久性以及它对个人的影响会持续多久。

美国推销协会曾对销售人员的拜访作过一次长期的调查研究，结果发现：

84% 的销售人员在第一次拜访遭遇挫折后，退缩了；

25% 的销售人员在第二次拜访遭受挫折之后，退缩了；

20% 的销售人员在第三次拜访遭受挫折后，放弃了；

5% 的销售人员在第四次拜访碰到挫折后，打退堂鼓了；

只剩 10% 的销售人员锲而不舍，毫不气馁，继续拜访下去。结果 80% 销售成功的个案，都是这 10% 的销售人员继续拜访五次以上所达成的。

从美国推销协会的调查结果可以看到，销售人员的销售工作面临着越来越多的困难，越来越大的压力。处在逆境中的销售人员，有的知难而进，不畏挫折，最终达到目的；有的则选择了退缩。事实上，二者之间并不存在智商和情商的差别，而是逆商不同，导致个体的成功或失败。新的成功观认为：逆商与智商、情商共同构成了成功的因子。

5. 乐观、坚强与弹性

销售人员面对逆境，需要保持乐观、坚强与弹性，这样才能锲而不舍，不达目标，誓不罢休。

乐观：乐观者将逆境视为暂时的、外在的和有限的因素；悲观者则认为逆境是永久的、普遍的，并且耿耿于怀，认为逆境是自己的原因造成的。如何解释和归因逆境，在许多方面决定了一个销售人员的成功与否。研究表明，保持乐观态度的保险代理人比悲观的保险代理人售出的保单多出 88%；乐观的房地产商销售的房地产比悲观者多出了 25% ~ 32%。

坚强：坚强是生理与心理健康的一个强有力的因子，坚强的人遭受较少的逆境的负面影响，如上所述，只有 10% 的销售人员锲而不舍、坚韧不拔，最终成为成功的销售人员。从本质上讲，坚强是一个人对其生命的控制与掌握。

弹性：人的弹性可以塑造，弹性帮助人们化险为夷。那些在童年时代就面对并应付逆境的人，成年后比没有遭遇逆境的人生活得更幸福。研究表明，具有弹性的人，拥有从逆境中恢复的能力，并且能更好地应付逆境。

如同智商、情商一样，具有高逆商的销售人员，比普通人具有更大的竞争力与创造力。他们敢于并善于承担风险，正视挑战，不仅身心健康，而且比他人更有活力、更幸福与快乐。

【案例讨论 1】

课上，教授在桌子上放了一个玻璃罐子，然后从桌子下面拿出一些正好可以从罐口放进罐子里的鹅卵石。教授把石块放完后问他的学生：“你们说这个罐子是不是满的？”“是。”学生异口同声地回答。教授笑着从桌底下拿出一袋碎石子，把它们从罐口倒下去，摇一摇，问：“现在罐子是不是满了？”大家都有些不敢回答，一位学生怯生生地细声回答：“也许没满。”教授不语，又从桌下拿出一袋沙子，慢慢倒进罐子里，然后又问学生：“现在呢？”“没有满！”全班学生很有信心地回答说，是的，教授又从桌子底下拿出一大瓶水，缓缓倒进看起来已经被鹅卵石、小碎石、沙子填满的玻璃罐。

一个平常的玻璃罐就这样装下了这么多东西，但如果不先把最大的鹅卵石放进罐子，也许以后永远没机会把它们放进去了。

讨论问题：

1. 鹅卵石、碎石、沙子、水在时间管理中代表什么？
2. 推销员如何安排好各项工作以提高工作效率？

【案例讨论 2】

一天，一位推销日常用品的推销员走进一家小商店，看见店主正在扫地，他眉飞色舞地向店主介绍产品，并做了相关的展示，但对方冷漠地看着他，并没有任何反应，推销员没有生气，他拿出所有的产品一一向店主推销，他觉得凭借自己的努力以及推销的技巧，一定可以说服店主购买，谁知结果却是店主大发雷霆，拿起扫帚将他赶出了门。面对如此情形，推销员没有气馁，他下定决心一定要找到店主如此反感推销的原因。经过多方打听终于得知了真相，原来曾有一位推销员推销给他一些产品，结果根本卖不出去，占用了他大量的资金，为此他很是发愁。推销员动用自己的力量，使一位大顾客买下了存货，虽然是以成本价格，但是店主还是非常高兴。由此，他受到了店主的热烈欢迎。

讨论问题：

1. 案例中推销员被扫地出门后为什么没有放弃？

2. 案例中推销员为什么能够最终获得顾客认同？

3. 推销员如何培养自己的逆商？

任务九：互动测验

【互动测验】

[单选题]

1. 注重利用便笺和备忘录安排时间，如何时开会，何时拜访客户、写报告属于（　　）。
   A. 备忘录型时间管理
   B. 工作计划和日程表型时间管理
   C. 优先顺序排列型时间管理
   D. 第四代时间管理

2. 在时间管理中也存在这样的规律：真正重要的工作只占总数的 20%，因此要采用（　　）安排时间。
   A. 优先排序法　　B. 重点关注法
   C. 效率模式分配法　　D. 平均分配法

3. 按照优先排序法应该首先处理的工作是（　　）。
   A. 紧急而且重要的工作　　B. 不紧急但重要的工作
   C. 紧急但不重要的工作　　D. 不紧急也不重要的工作

4. 关于自我激励以下说法错误的是（　　）。
   A. 自我激励的方法很多，每个人的需要不同，激励的方法也不相同
   B. 金钱、工作条件、福利属于物质激励
   C. 业务成就、自我成长、尊重、承认属于精神激励
   D. 精神方面的激励是基础，物质方面的激励则是更高层次的，可以给人持久的动力

5. 关于减压的方法，以下说法错误的是（　　）。
   A. 锻炼是祛除不断积累的过多压力的一剂良药
   B. 找一个人友好地来聆听自己的抱怨可以减压
   C. 给自己找点乐子可以减压
   D. 高声大叫、痛哭一场不可以减压

[多选题]

1. 销售区域管理的益处有（　　）。
   A. 销售人员的责任明确，减少摩擦和重复工作
   B. 可以有效激发销售人员的积极性
   C. 助于改进服务，节约开支
   D. 销售人员可以针对域内的竞争对手制定更有效的竞争策略，以提高竞争力

2. 构成销售区域的因素包括（　　）。
   A. 销售收入　　B. 产品和服务
   C. 客户类型　　D. 地理区域

3. 消除时间窃贼的方法有（　　）。

A. 养成良好的工作习惯　　B. 加强自律

C. 有效授权　　D. 学会说“不”

4. 按照重要性和紧迫性可以把事情划分为（　　）。

A. 紧急而且重要的工作　　B. 不紧急但重要的工作

C. 紧急但不重要的工作　　D. 不紧急也不重要的工作

5. 根据激励原理，个人绩效函数的变量包括（　　）。

A. 个人能力　　B. 动机强度

C. 机遇大小　　D. 工作性质

[判断题]

1. 按同等销售潜力划分销售区域的优点是能给每位销售人员同等的收入机会。（　　）

2. 区域销售定额通常由销售人员综合考虑后自行确定。（　　）

3. 根据 80 ∶ 20 法则，一般特大和大型客户只占客户数量的 20%, 但销售额却能占到 80%, 这部分客户的需求应优先得到满足。（　　）

4. 销售人员在安排访问线路时，应根据 80 ∶ 20 法则重点关注占 80% 销售额的那部分 20% 重要客户和潜在客户。（　　）

5. 为推销人员配备内勤或者使用先进的技术手段可以提高时间效率。（　　）

[讨论题]

1. 销售员应该如何管理自己的销售区域?

2. 结合生活实际谈一谈“时间窃贼”有哪些。应该如何高效利用时间?

3. 你工作中和学习中压力如何? 应如何面对压力或者逆境?

【技能实训 1】

时间管理训练

□实训目的

通过时间管理训练，使学生重视时间管理，掌握时间管理的方法，不断提高学习和工作效率。

□实训要求

1. 认真阅读事件清单。
2. 合理制定周时间表。
3. 完成讨论问题。

□实训步骤

阅读以下材料：

假设现在是星期一的晚上，你要计划未来五天的日程。以下是这五天要做的事情：

A. 星期六是一个好朋友的生日——你还没有买生日礼物和生日卡；

B. 你已经有好几个月没有回家，也没有给父母写信或打电话；

C. 有一份夜间兼职不错，但你必须在星期二或星期三晚上去面试（19 点以前），估计要花 1 小时；

D. 明晚 8 点有个长达 1 小时的电视节目，与你的工作有密切关系；

E. 明晚有一场演唱会；

F. 你在图书馆借的书明天到期；

G. 外地一个朋友邀请你周末去玩，你需要收拾行李；

H. 你要在星期五交计划书之前把它复印一份；

I. 明天下午 2 点到 4 点有一个会议；

J. 你欠某人 200 元钱，他明天也将参加那个会议；

K. 你明天早上从 9 点到 11 点要听一场讲座；

L. 你的上级留下一张便条，要你尽快与他见面；

M. 你没有干净的内衣，而且已经有一大堆脏衣服没有洗；

N. 你想好好洗个澡；

O. 你负责的项目小组将在明天下午 6 点开会，预计 1 小时；

P. 你身上只有 5 块钱，需要取钱；

Q. 明天晚上大家聚餐；

R. 你错过了星期一的例会，要在下星期一之前复印一份会议记录；

S. 这个星期有些材料没有整理完，要在下星期一之前整理好，约需 2 小时；

T. 你收到一个朋友的信一个多月了，没有回信，也没有给他打电话；

U. 星期天早上要作一次简报，预计准备简报要花费 5 小时，而且只有用业余时间；

V. 你邀请恋人后天晚上来你家分享烛光晚餐，但家里什么吃的也没有；

W. 下个星期二，你要参加一次业务考试。

在上面所列的事情中有些是互相冲突的、有些是富有弹性的，在做计划之前，首先把要做的事情全部看一遍，然后确定优先级，根据优先级把事情重新排序。

根据这些事件的优先级排序，制订一个五天的时间安排表，见表 9-4。

表9-4　时间安排表

时间	星期二	星期三	星期四	星期五	星期六
8:00					
8:30					
9:00					
9:30					
10:00					
10:30					
11:00					

（续）

时间	星期二	星期三	星期四	星期五	星期六
11:30					
12:00					
12:30					
13:00					
13:30					
14:00					
14:30					
15:00					
15:30					
16:00					
16:30					
17:00					
17:30					
18:00					
18:30					
19:00					
19:30					
20:00					
20:30					
21:00					
21:30					
22:00					

注：每天上班时间为 8:00—19:00，含往来交通时间，中午有一小时休息，晚上 22:30 之前休息。

4. 思考并回答以下问题：

（1）哪些事情可以放弃不做，为什么？

（2）哪件事情有最高的优先级，为什么？

（3）你会高兴地执行这个时间表吗？如何执行？

□实训评价

学生之间互评并推荐代表发言，教师对各小组的方案进行点评，并将评价结果计入学生平时成绩。

【技能实训 2】

挫折体验游戏

□实训目的

通过游戏，使学生能体验挫折感，并通过讨论认识挫折，端正面对逆境时的心态，提升逆商。

□实训要求

1. 认真对待、积极参与游戏活动。
2. 游戏结束，认真总结游戏体会并积极发言。

□实训步骤

1. 介绍游戏规则

用肢体语言代表小鸡成长的四个阶段，分别是“蛋—小鸡—半成年鸡—成年鸡”四个阶段。（蹲着是鸡蛋，半蹲并双手达成塔尖状的是小鸡，单腿直立的是半成年鸡，双腿直立的是成年鸡。为了使大家产生更直观的认识，可以请出四名同学示范）

2. 所有同学抱膝蹲下围成一圈，做“蛋”状，用石头剪刀布两两对决，胜利的成长一级，失败的后退一级（如小鸡赢了就长成了半成年鸡，输了就退回到鸡蛋；鸡蛋输了还是鸡蛋）。长成成年鸡后退到边上观看别人的成长。在成长的过程中，每个人根据其他人肢体语言表现的成长状态，寻找和自己同一阶段的进行石头剪刀布两两对决，胜利的成长，失败的后退。

3. 等场上变成“鸡”的同学达到一定比例之后喊停，请一直在蛋的状态和变成半成年鸡以后又打回蛋的，以及最终变成鸡的三类同学代表谈谈体会。

□实训评价

教师进行点评，并根据游戏参与表现将评价结果计入学生平时成绩。

任务十　推销也需万人敌——推销组织管理

【学习目标】

知识目标

1. 了解推销组织的基本含义及作用；
2. 掌握推销人员招聘的流程与方法；
3. 掌握推销人员绩效评估方法。

能力目标

1. 能够综合分析推销组织设置的影响因素；
2. 能够遵循程序设计健全的推销组织；
3. 能够初步制定推销员方案和推销人员培训方案；
4. 能够初步制定较为合理的推销员绩效考核体系。

思政目标

1. 培养学生良好的职业道德；
2. 培养学生积极乐观的人生态度。

【知识结构】

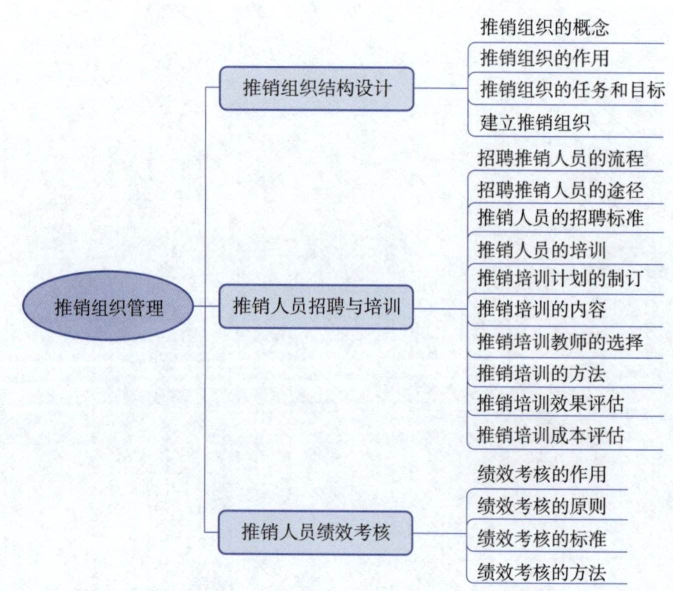

【任务导入】

一年后，程功凭借良好的职业操守和骄人的销售业绩，受到公司董事长的赏识，加上公司快速拓展市场的需要，他顺利地以破格方式成为大区销售经理，全权负责整个东北大区产品销售工作。由于公司采用下放管理职权的方式，大区销售经理需要全权负责整个销售团队的组织、人员招聘和绩效考核工作。程功刚刚品尝到努力奋斗带来的职位升迁的甜蜜，很快又陷入了管理上的各种烦恼：他需要琢磨如何使推销工作更加稳定；如何找到销售精英。他制定了岗位条例、职责手册，但员工的积极性还是不高，消极怠工现象时而发生。

如果你是程功，如何科学设计销售组织？如何找到优秀的推销员？如何开展员工培训提升推销效率？制定什么样的绩效考核制度激励销售人员、稳定销售队伍？

10.1　推销组织结构设计

完成推销任务是一个推销团队的共同目标和义务，推销组织作为终端市场连接企业的枢纽，起着不可或缺的作用。

10.1.1　推销组织的概念

人类进步的一个显著标志就是社会组织系统的不断变化、发展和完善，我们生活的空间是社区组织，学习的场所是学校的组织，娱乐生活依靠各种社团和娱乐组织，而推销工作则通过推销组织来完成。

所谓推销组织，是指企业为了实现推销计划与任务，贯彻推销方针政策而对企业全部营销活动从整体上进行平衡协调的有机结合体。推销组织的基本含义应包括以下几方面内容：

（1）推销组织具有目标导向。任何推销组织无论其规模的大小、存在的方式如何，都具有确定的组织目标。目标决定着推销组织运行的方向，也是组织发展的最终目的。

（2）推销组织是一群相互依靠、相互作用的人的集合。同一推销组织下的推销人员之间，他们在行为上是相互关联、相互影响的。

（3）推销组织是由一定的组织机构确定的职能划分体。推销组织和其他所有组织一样，是一个秩序化的分工系统，有负责对外推销的推销人员，也有负责对内推销的推销员。任何组织中的人都从属于某一确定的职能部门和群体。

（4）推销组织是一个开放的社会技术系统。这一点对于现代推销组织尤为重要。影响推销组织有效运行的因素主要有环境的特性（社会、经济和市场条件）、推销人员的特性（推销人员的素质、工作绩效等）、推销组织的特性（组织结构、技术系统等）以及管理的特性（管理策划和水平等）。

10.1.2　推销组织的作用

人是组织的核心，好的推销业绩来自优秀的推销员加上科学的管理体系。开发一个新的目标市场，照搬一套其他地区的运作模式，远不如选派一个配合默契、经验丰富的推销小组。营销对企业的意义不言而喻，推销组织的作用也就自然极为重要，主要作用有：

（1）推销组织是联系企业与消费者的纽带。对消费者来说，通过推销组织可以了解企业，了解产品，并且能够通过推销组织把对企业的一些意见和建议传达给企业。对企业来说，推销组织可以及时反馈更全面的关于消费者和整个市场的最新信息。推销组织站在企业的最前沿，把企业和消费者有效联系起来，迅速传递信息，既可以帮助改进企业的产品和服务，又可以提高企业的推销效率。

（2）推销组织能更有效地管理推销人员。对于企业而言，推销人员能给企业创造价值，推销人员的管理却也是企业较为看重的一件事。通过推销组织，企业可以更有效地控制和管理推销人员，把一切活动都纳入规范化管理。

（3）推销组织能提高整个企业的推销业绩。一个人的力量毕竟是有限的，每一个推销人员都有最适合自己的产品和推销对象，这就形成了一些推销的空白。推销组织能够整合推销资源，能够使推销员互补互助，更好地发挥团队优势，进一步提升推销业绩。

（4）推销组织有利于推销人员之间的团结。由于大多数企业采用的是佣金制或"工资 + 提成"的奖励制度，这就使各个推销员为了自己的利益，明争暗斗。推销组织强调整个组织的协调与合作，无形中弱化了彼此的争斗，有利于相互团结。

10.1.3 推销组织的任务和目标

成立一个推销组织是推销工作必需的，任何推销组织在成立之初都必须明确这个团队的任务和目标。

在企业不同的发展阶段，推销组织的任务是不一样的。企业发展初期，公司只有产品没有客户。此时，推销组织的任务就是努力寻找目标客户，迅速铺货，实现推销。而当公司发展到一定程度后，区域开发基本形成，推销网络也基本成型，这时，推销组织的重点便转移到维护客户关系，保持长期交易的阶段了。

推销组织的目标必须以公司目标、市场特征和企业在这些市场的预期位置为前提。应考虑到人员推销在市场营销组合中的独特作用，它能更有效地为消费者提供服务。人员推销是企业最有效的推销方式。

制定推销目标应注意以下几点：

1. 建立共识

推销组织成立初期，会议是增进团队精神及适应团队工作的一个好方法。通过一系列的热身会议，让组织成员能彼此了解，并对组织目标的认识达成一致。

2. 分析目标

目标会随组织是否要推选一套行动方案、是否要从事或推动某件事而有所不同。比如，一个负责创造推销业绩的组织，就必须严格控制开支预算，并按时间表来推动工作。

3. 目标激励

具有挑战性的目标比小而明确的目标更具激发力。例如，在小额金融服务方面要达到最大最好的目标就远比将抵押贷款的申请时间缩短为两天这个目标的激发力要强大。如果可能，同时设定概括的和特定的目标，且需考虑实际情形。因此，要确定每个人皆参与设定自己的目标，同时亦了解组织的共同目标，从而保证推销组织达到更好的资源整合，更好地完成推销任务。

10.1.4　建立推销组织

市场竞争归根到底是人才的竞争。

目前，困扰企业推销组织发展的因素主要有两点：一是人员流动频繁，队伍不稳定；二是人才匮乏，优秀的推销员和理想的推销经理相对紧缺。

1. 决定推销组织的因素

一个企业要建立什么类型的推销组织，多大规模的推销组织，在很大程度上取决于以下几个方面的因素：

（1）企业自身的规模和性质。

第一，企业规模。一般来说，企业的规模和推销组织的规模成正比，规模越大，推销组织越复杂。

第二，企业类型。企业类型在很大程度上决定着企业推销组织的形式。服务行业推销组织的重点部门是广告宣传和市场调研部门；而原材料供应行业的推销组织，其存储和运输部门的规模应比较大，分工也细一些。

第三，产品和服务的特点。首先，从产品的种类看，如果企业生产的产品种类繁多、结构复杂，则需要在广告宣传、营业推广和推销管理方面投入较多的人力和资金。因此，推销组织的规模就庞大一些，需要的人员也更多，同时，技术要求也更高。其次，从产品质量和生产成本方面看，如果企业提供的产品质量高却成本低，则推销难度不大，推销组织就应注意加强开发新产品以及客户服务部门的力量，而对成本高的产品，不仅要用到强大的推销力量，推销组织还要采取相应的策略。

（2）企业外部因素。

第一，市场供求状况。市场供求状况对企业推销组织的组织方式、工作重点和推销费用等方面均会产生重要影响。在供求平衡的情况下,企业推销组织的工作主要集中在市场调研、新产品开发、客户服务以及利用广告和公共关系树立企业形象等方面；当供大于求时，推销组织的任务就是要设法调动一切积极力量，采用各种推销手段开拓市场，同时，根据市场需求状况为企业提供及时准确的信息；当供不应求时，推销组织的工作重点就应放在及时发现市场供求状况的转变，积极引导消费者转向替代商品，利用有利时机扩大企业影响。

第二，企业的客户。企业的推销组织要根据本企业客户数量的多少、客户的类型、客户的地区分布、客户对企业所提供产品或服务的种类和数量的需求以及客户自身的发展变化来调整相应机构，确定推销人员的业务区域，制定推销方针，采取适当的推销方法和手段。

另外，科技的发展、社会政治经济条件的变化等因素也会影响企业推销组织。企业在选择合适的推销组织模式时应全面考虑各因素对本企业推销组织的影响程度。

2. 确定推销力量的规模

推销力量是指企业需要配备多少推销人员。通常，推销人员的增加会使企业的推销额增加，但两者并不是成比例地增加。当推销人员超过一定数量时，推销额的增长率则会呈递减趋势，使推销费用增加，推销成本上升。因此，需要科学确定企业推销队伍的规模。

（1）工作负荷法。一旦公司确定了要接触的消费者人数，就可以用工作负荷法来确定推销队伍的规模，这个方法包括以下步骤：

① 将客户按年推销额分成大小类型。

② 确定每类客户所需访问次数（每年对每位客户的推销访问次数）。

③ 每一类客户数和每类客户所需的访问数相乘所得到的乘积相加得到的值，就是整个地区的工作量，亦即每年的客户访问次数。

④ 确定每一个推销员每年平均访问的次数。

⑤ 用每年所需访问总次数除以每个推销员的年平均访问数，便确定了所需推销员的人数。

例如，公司估计全国有 1 000 个 A 类客户，2 000 个 B 类客户，每个客户每年需要的访问数，A 类是 36 次，B 类是 12 次。这意味着公司需要每年进行 1 000 × 36+2 000 × 12=6 000（次）访问的推销队伍。假定每个推销员进行 1 000 次访问，则该公司需要 60 名专职推销人员。

（2）定员法。定员法是按照企业各类产品或各种市场的推销量来确定应配备的推销人员数量。按产品推销量配备推销人员时，要考虑到各种不同类型市场的区域特点。有的市场区域面积很大，但推销量并不多，有的则相反。

3. 推销组织机构组建的方法

企业在组建推销组织时，一般采用以下几种方式：

（1）区域组织法。在最简单的推销组织中，各个推销代表被派到不同的地区，在该地区全权代表公司业务。这种推销组织有以下一些优点：

首先，它对推销人员的职责有明确的划分。作为该地区唯一的推销人员，因人员推销的效益不同，他可能独享荣誉，也可能因该地区推销不佳而受到指责。其次，地区负责制提高了推销代表的积极性，激励他去开发当地业务和培养人际关系。这些对于推销人员的推销效果有很大帮助。最后，差旅费相对较少，因为各推销人员仅在一个较小的区域内出差。

（2）产品组织法。推销人员对产品重要性的了解，加上产品部门和产品管理的发展，使许多公司都用产品线来组建推销队伍。特别是当产品技术复杂，产品之间联系少或数量众多时，按产品专门化组成推销队伍就较合适。然而，仅仅是公司产品的不同还不足以成为按产品建立推销组织的充分理由。如果公司各种产品都由一个客户购买，这种组织结构可能不是最好的。例如，某批发商有好几个产品分部，各个分部都有自己的推销队伍。很可能，在同一天好几个推销人员到同一家企业去推销。如果只派去一个推销员，就可以省下许多费用，还能克服人员重叠的混乱局面。

（3）市场组织法。公司经常按市场或消费者类别来设计自己的推销组织。推销队伍可以按行业的不同甚至消费者的不同建立。按市场组织推销队伍的最明显的优点是每个推销员都能了解消费者的特定需要。

美国通用电气公司曾一度按产品（风扇马达、开关等）来组织推销员，但后来又改成了按行业组织（空调行业、汽车行业）。原因在于消费者是按行业来购买风扇马达和开关等产品的。

（4）复合型组织法。如果公司在一个广阔的地域范围内向各种类型的消费者推销种类繁多的产品，通常将以上几种组织推销队伍的方法混合使用。推销人员可以按地区—产品、产品—市场、地区—市场等方法加以组织，一个推销人员可能同时对一个或多个产品线经理和部门经理负责。

企业在进行推销组织的管理过程中应合理选择建立推销组织的方法，使队伍内所有推销因素能够达到资源整合，发挥最大的推销效用，取得最大的推销效果。

10.2　推销人员招聘与培训

【经典案例 / 故事】

海尔培训工作的原则是："干什么学什么，缺什么补什么，急用先学，立竿见影。"在此前提下，首先是价值观的培训，即"什么是对的，什么是错的，什么该干，什么不该干"，这是每个员工在工作中必须首先明确的内容，也是企业文化的内容。对于企业文化的培训，除了通过海尔的企业内刊《海尔人》进行大力宣传以及通过上下灌输、上级的表率作用之外，重要的是由员工互动培训。海尔在员工文化培训方面进行了丰富多彩的、形式多样的培训及文化氛围建设，如通过员工的"画与话"、灯谜、文艺表演、找案例等用员工自己的画、话、人物、案例来诠释海尔理念，从而达成理念上的共识。

"下级素质低不是你的责任，但不能提高下级的素质就是你的责任！"对于集团内各级管理人员，培训下级是其职责范围内必备的项目，这就要求每位领导亦即上到集团总裁、下到班组长都必须为提高部下素质而搭建培训平台、提供培训资源，并按期对部下进行培训。特别是集团中高层人员，必须定期到海尔大学授课或接受海尔大学培训部的安排，不授课则要被索赔，同样也不能参与职务升迁。每月进行的各级人员的动态考核、升迁轮岗，就是很好的体现;部下的升迁，反映出部门经理的工作效果，部门经理也可据此续任或升迁、轮岗；反之，部门经理就不称职。为调动各级人员参与培训的积极性，海尔集团将培训工作与激励紧密结合。海尔大学每月对各单位培训效果进行动态考核，划分等级，等级升迁与单位负责人的个人月度考核结合在一起，促使单位负责人关心培训，重视培训。

技能培训是海尔培训工作的重点。海尔在进行技能培训时重点是通过案例、到现场进行的"即时培训"模式来进行。具体说，是抓住实际工作中随时出现的案例（最优事迹或最劣事迹），当日利用班后的时间立即（不再是原来的停下来集中式的培训）在现场进行案例剖析，针对案例中反映出的问题或模式，统一人员的动作、观念、技能，然后利用现场看板的形式在区域内进行培训学习，并通过提炼在《海尔人》上进行公开发表、讨论，形成共识。员工能从案例中学到分析问题、解决问题的思路及观念，提高技能，这种培训方式已在集团内全面实施。对于管理人员则以日常工作中发生的鲜活案例进行剖析培训，且将培训的管理考核单变为培训单，利用每月 8 日的例会、每日的日清会、专业例会等各种形式进行培训。

10.2.1 招聘推销人员的流程

招聘是招收、聘用企业所需人才的一种工作流程，该流程的复杂程度因企业而异。推销人员的招聘对于企业的重要性是不言而喻的。大型企业的流程通常会复杂一些，一般分为以下 15 个步骤：

（1）推销部门提出招聘计划（含拟聘岗位、招聘标准、人员数量、需用人时间等）。

（2）报总经理批准。

（3）人力资源部确定招聘途径，联系和发布招聘广告。

（4）应聘者按要求向企业提交申请资料。

（5）企业对应聘者进行筛选的应聘者到企业填写申请表并对其进行测试。

（6）企业对应聘者进行第二次筛选。

（7）通知通过第二次筛选的应聘者到企业参加面试。

（8）企业对通过第二次筛选的应聘者进行背景调查。

（9）安排通过背景调查的应聘者进行体检。

（10）将通过体检的应聘者的名单报给总经理审批。

（11）人力资源部给总经理批准用的人员发放录用通知书。

（12）被录用的人员到企业报到，参加培训。

（13）培训结束后进行考核。

（14）与录用的人员签订劳动合同（含试用劳动合同）。

（15）委托上岗。

需指出的是，企业在开展推销人员的招聘工作时，应对以下几个环节予以特别重视：

1. 招聘途径和发布招聘广告的媒体的选择

这是招聘工作的两个方面：一是选择正确的寻找合适人才的途径，主动发现企业所需的人才；二是通过正确的媒体向外界发布本企业所需人才的信息，便于有意者能够及时、方便地看到招聘信息。

2. 对应聘者的测试

现在，越来越多的企业在招聘过程中请专业人士依据不同岗位的要求对应聘者进行智商、情商、品德、责任感、与他人合作的能力、专业知识、综合知识等方面的科学测试，以求减少对应聘者评价的随意性、主观性和失误，提高评价的全面性和科学性，最大限度地保证招到优秀人才，与此同时追求达到降低招聘成本和企业风险的效果。

3. 对应聘者的面试

面试是选择员工的重要手段，也是整个招聘工作的核心部分，任何一种人事招聘都少不了这个环节。

面试在招聘中所起到的作用主要包括：

（1）企业可就申请表上的疑点和不明白之处，通过面试加以讨论与验证，并可借此了解更多申请表上没有涉及的情况，如应聘者的兴趣、爱好、以往的工作经验等。

（2）应聘者通过面谈不仅可以对企业及应聘岗位有更详细的了解，而且可以向企业推销自己，充分展示自己的才华，以求得到招聘者的认同。

（3）听取应聘者对工作设想的见解，招聘者可借此判断应聘者的思维能力、工作态度、工作能力、知识面等。

面试的形式主要有：

（1）随意性的面试。随意性的面试是在没有计划及准备的情况下进行的，实际上是一种临时讨论，招聘者可根据不同应聘者的背景随意发问。采用这种形式，如果招聘者组织得不好，效果往往不好。

（2）模式化的面试。模式化的面试是与随意性面试相对的一种方式。它是一种事先安排一整套严格的面试问题，从知识、智力、心理等各个方面来评判应聘者，并配有记分标准，根据应聘者的不同回答记分的面试形式。这种形式由于太死板、缺乏弹性、适应性不强而不利于发挥面试的作用。

（3）引导性的面试。引导性的面试是上述两种方法的结合，即只提出若干规定性的问题，由招聘者灵活把握，引导应聘者回答有关问题，从而获取真实信息。现在许多企业都采用这种面试形式。

4. 对应聘者的背景调查

这是指对应聘者在以前的工作单位的表现情况进行调查，重点调查其品德、工作业绩和能力、口碑等方面，进行这样的调查有助于企业避免犯重大失误，从而减少企业在用人和经营上的风险。

5. 对应聘者的体检

这主要是检查拟录用人员是否患有传染性疾病，身体状况是否能胜任拟聘工作岗位的工作。

10.2.2　推销人员的招聘途径

招聘推销人员的途径主要有以下几个：

1. 企业内部晋升选拔

当企业内部职位发生空缺，或企业业务发展需要增加人员时，采用内部晋升选拔的方式，给职工以更多的发展机会，有利于调动企业内部人员的积极性。由于是从内部人员中选拔，企业对其比较了解，可以降低招聘风险，费用比较低。

2. 校园招聘

招收应届毕业生是选聘人才的主要途径。各类高职院校能提供中高级专业人才，中职院校能提供初级技工人才。招聘企业可以有选择地去物色人才，派人到各有关学校召开校聘洽谈会。为了让学生增进对企业的了解，鼓励学生毕业后到本企业来工作，招聘人员应当向学生详细介绍企业情况及工作性质与要求。应届毕业生进入企业，给企业带来了活力和生机，这对企业是有利的，不利的是企业必须投入成本对其进行培训。

3. 参加人才交流会

各地每年都要组织几次大型的人才交流洽谈会，企业可以花费一定的费用在人才交流会上设招聘点，供应聘者前来咨询。这种途径的特点是耗时短、见效快。

4. 委托职业介绍所推荐

许多企业通过职业介绍所招聘所需的推销人员。如果有详细的说明，让介绍所的专业顾问帮助筛选，往往能使招聘工作简单化，也可以招到不错的人选。

5. 委托专业猎头公司寻找

猎头公司往往有自己的人才资料库，有畅通的信息渠道，有一整套的科学测试方法，可依据企业提供的岗位要求，按照严格的程序对有关人员进行综合测试和评价，并能对其背景进行较详细的调查。企业所需的中高级专业人才可以委托专业猎头公司寻找。

6. 发布招聘广告

企业可在电视、电台、报纸、杂志、互联网等大众媒体上发布招聘广告，也可通过张贴海报发布招聘信息。需指出的是，招聘广告应详细限定应聘者的资格，这样合格者的比例会提高，可以节省招聘成本。

7. 到人才市场或人才交流中心寻找

招聘信息直接发送到人才市场或人才交流中心，可以建立企业需求的人才信息数据库，明确急需的专业、特长、技能性要求等。

8. 通过人员推荐

人员推荐是指由本企业员工或关系单位推荐。这种方式的优点是招聘者和应聘者双方事先已有一定的了解，从而可以省掉一些流程和降低一些费用；缺点是由于有时会碍于情面而影响招聘水平，且此类录用人员多易给管理带来困难。

9. 委托行业协会帮忙寻找

行业协会对行业内的情况比较了解，如中国市场协会、中国高等院校市场学研究会，可以委托行业协会代为联系或介绍。

10. 通过业务接触寻找

企业在开展业务的过程中，会接触到顾客、供应商、非竞争性同行及其他各类人员，这些人员都是应聘者的可能来源。

10.2.3 推销人员的招聘标准

大量营销实践表明，推销人员必须具备一定的条件和某些方面的特殊素质，才能与其从事的工作相适应，才能够出色地完成推销任务，而这些正是企业招聘推销人员时所必须考虑的。关于“合格推销人员的招聘标准应该是什么”，可谓“仁者见仁，智者见智”。依据我国的实际情况和人们的思维习惯，合格的推销人员应具备以下几个方面的素质（由于前面已经有所阐述，这里就不再详细展开）：

（1）品德素质要求正直正派、真诚守信、勤奋敬业。

（2）能力素质要求推销人员具备敏锐的观察能力、严谨的思维能力、良好的社交能力、机敏的应变能力、创新的开拓能力、良好的语言表达能力、超强的自律能力、良好的营销专业能力。

（3）心理素质方面要求具有强烈的事业心、充足的自信心、意志坚定、宽容大度。

（4）知识素质要求具有知识广泛性，推销员需要掌握营销理论知识、营销技能知识、行业知识、企业及经营知识、法律知识、财务知识、经济学知识、电子商务知识、社会学知识、礼仪知识。

10.2.4　推销人员的培训

1. 推销培训的原因

如果推销人员不掌握商品的相关知识、不掌握相应的营销技巧，是很难有多大业绩的。与商品相关的知识和营销技巧不是生来就有的，而是后天形成的，即可通过培训获得。对新员工进行培训是企业应尽的责任。

例如，IBM 公司在造就推销人才方面就有很成功的经验。IBM 公司提出，绝不让一名未经培训或者未经全面培训的人到推销第一线上。IBM 公司深知，推销人员说些什么、做些什么，以及怎样说和怎样做，对公司的形象和信誉都有极大的影响。如果准备不足就仓促上阵，不仅会使很有潜力的推销人员"夭折"，还会对公司本身产生不利影响。IBM 公司的成功经验表明，必须对推销人员进行培训，才能让其上岗。

2. 推销培训的作用

推销培训一方面可教会推销人员怎么去做，另一方面可教会推销人员怎样做得更好。具体来说，推销培训有如下作用：

（1）通过培训，可以提高推销人员的品德素质。一个正直正派、真诚守信、遵纪守法、勤奋敬业的人是一个有人格魅力的人，是能获得客户永久信赖的人，这样的推销人员不仅会有忠实的老客户，还能不断开发新客户。有数据表明，开发一个新客户的成本是维持一个老客户的成本的 6 倍，而一个老客户能带来七八个新的商业机会。由此可见，良好的品德素质无论对推销人员还是对企业，都是十分重要的。

（2）通过培训，可以提高推销人员的心理素质。推销工作的性质决定了推销人员很多时候都处在独立作战的环境中，很多推销人员都会有感到孤立无援的时候。此外，推销人员很多时候会因遭到客户的拒绝而产生挫折感。这种孤独感、挫折感若不能克服，长此以往就会摧毁推销人员的工作意志，使之对推销工作丧失信心。而培训可以让推销人员忘掉孤独感、挫折感，怀着敬业精神去面对挑战，不屈不挠，直至成功。

（3）通过培训，可以提高推销人员的能力素质。推销人员需具有良好的观察能力、思维能力、社交能力、应变能力、创新开拓能力、语言表达能力、自律能力、营销能力等多方面的能力，这些能力虽有一些天分因素，但更多要靠后天的学习和训练。推销人员若具有上述能力，就能创造性地完成或超额完成推销任务。

（4）通过培训，可以提高推销人员的知识储备。合格的推销人员应具备多方面的专业知识，一般由营销理论知识、企业经营知识、产品及技术知识等多个方面组成。这些专业知识是推销人员发挥其能力的基础，并且是可以通过培训和训练而获得的。

（5）通过培训，可降低推销人员的流动率。有人说，提供培训机会就是给员工最好的福利之一。推销人员若能得到培训，其知识、能力就会得到提高，就相当于得到了更好的发展机会。好的培训能使推销人员具备信心、知识、能力和热情，这样一来人气就高，推销业绩自然就好，收入也就高，从而降低企业人员的流动率。

3. 推销培训的原则

（1）事先要对培训需求进行分析。很多推销经理对培训非常重视，当他们发现一些情况，如客户不满、内部混乱、员工士气低落和工作效率低时，便想通过培训加以解决，却忽视了在对推销人员进行培训前的培训需求分析，往往以自己的经验和理解确定培训的具体内容，这种过于武断的做法往往会导致培训效果不理想。培训需求分析可以通过与推销人员面谈、问卷调查、自我诊断、客户调查等多种方式进行，以了解推销人员在哪些方面需要通过培训加以提高。

（2）要制订培训计划。在对推销人员进行培训需求分析后，推销经理应制订一份培训计划，内容包括确定培训目标、选择培训人员、确定培训内容、选择培训讲师。

（3）因材施教、分级培训。受训者的基础和接受能力决定了他们能在多长时间内学到什么，有何种程度的效果。由于受训者的学历水平和身份背景不同，其业务水平与学识有高有低，参差不齐，培训者必须根据受训者的基础和接受能力的不同来安排他们的学习内容与学习进程。对起点较高、接受能力较强的受训者应以较快的速度完成较深入的培训内容，反之，则应将培训速度放慢，培训内容安排得浅显一些。否则，就会导致部分基础较好的人员觉得这个培训对其没什么价值，一部分基础较差的人员觉得接受不了，最后大家都学而无果，反倒浪费了资源。

（4）培训要与本单位的主营业务战略相结合。培训的内容应与推销实际相符，所学的内容与现实越贴切，受训者就越会把它作为真实的事情从感情上予以接受，就越会认真、积极地去学，并把它应用到自己实际的工作中去。这样的培训对推销工作的帮助就会很大，培训的效果也会很好。

（5）注重实践、讲求实效。推销培训应强调以实践为主、理论为辅，要注意让受训者参与到培训的过程中来。例如，培训以实例或案例分析入手来展开教学，组织受训者进行讨论、角色扮演等，让受训者跟着推销教练跑业务，并由推销教练对其进行现场指导。培训要有助于加强交流与合作，要能提高推销人员将所学的知识应用于实践并解决实际问题的能力，不应该用学习成绩而应该用业务成果来衡量培训效果。

（6）持续培训。对一个企业而言，推销培训必须持续进行。这是因为企业的组织、产品、技术、市场、顾客、竞争对手都在不断变化，企业和推销人员都不得不面对不断出现的新问题，一次培训远不能满足新形势的要求。只有制订持续的培训计划并贯彻实施，才能保证推销人员在面对各种新情况时都能知道该如何处理，才能保证企业长盛不衰。

4. 推销培训的时机

通常在下列情况下，对推销人员进行培训比较合适：

（1）新招聘的推销人员刚刚到岗时。

（2）新的工作或项目即将启动时。

（3）原工作需用新理念、新方法、新技术来完成时。

（4）推销人员的工作状况已不令人满意、需要改进时。

（5）推销组织机构、人员刚调整完毕时。

（6）在外推销人员集中返回公司时。

（7）推销人员现在的能力不足以完成工作任务时。

（8）按培训计划规定应对推销人员进行培训时。

（9）企业产品推销效率低、换季时。

10.2.5　推销培训计划的制订

企业制订推销培训计划时可使用 5W1H 法。5W 是指为什么（Why）、哪些人（Who）、何时（When）、何地（Where）、什么（What），1H 是指怎么做（How）。制订推销培训计划需要明确以下问题：

1. 为什么要进行培训？

企业要进行培训的理由有很多，但绝不能为了培训而培训。培训的目标有许多，每次培训要确定一个主要目标，目标不能太笼统，应当针对具体任务，如提高新招聘的推销人员的基本技能、解决推销过程中暴露出来的一些问题，并告诉员工培训后要达到什么样的要求。总的来说，培训的目标在于发掘推销人才，提高推销人员的素质和能力，改善推销人员合作的基础等，最终增加推销量，扩大市场，提高利润水平。

2. 哪些人应参加培训

推销培训计划应明确某次培训哪些人应参加，是新员工、老员工，还是推销主管、推销经理；讲课者是相关专家、专业顾问公司的讲师，还是企业内部的培训师、业务部门主管。如果是参加公司外部举办的培训，应选择哪些有培养前途的推销人员参加培训；如果是在内部培训，最好选择水平相当的同一部门或面临同样问题的人员进行培训，这样针对性强，受训者的参与热情就会更高。培训师应由学有专长和富有推销经验的专家担任，任教者应达到下列基本要求：有丰富的市场及推销经验；有教学的热情，这样受训者容易受到影响和感染；对教学内容有深入的了解，并能随时补充和修改教学方法和技巧，以便提高教学的有效性，有一定的人格品质和魅力；有很强的沟通能力。

3. 何时进行培训？

依据受训者的不同，须认真考虑培训的时机和培训时间的长短。培训时间可长可短，一般应考虑如下方面：

（1）产品本身的复杂程度。产品越复杂，培训时间就越长。

（2）市场状况。市场竞争越激烈，训练时间就越长。

（3）人员素质。人员素质越低，培训时间就越长。

（4）要求的推销技巧。要求的推销技巧越高，需要的培训时间就越长。

（5）管理要求。管理要求越严，培训时间就越长。

4. 在何处进行培训？

培训地点可在企业内，也可在企业外。若选择在企业内，则一般安排在企业的培训中心或培训教室、会议室；若选择在企业外，则可安排在讲课者所在单位的培训教室内，或向有关单位租赁场地。

5. 培训什么内容？

为了提高培训效率，取得满意的培训效果，每一次培训之前必须明确培训内容。例如，新产品及新技术的相关知识、专业推销技巧、大客户推销技巧、谈判技巧、说服性推销演讲、沟通技巧、项目管理技巧、市场营销基础、团队合作等。

6. 如何进行培训？

在正式培训之前，应确定培训的类型和方式。从培训的范围来看，对推销人员的培训可分为公司内部培训和外部培训，根据受训者的不同来分，可分为集体培训和个人训练。

培训的方式有在职培训和脱产培训两种基本形式。在培训过程中，具体的培训方式有讲授、演讲、游戏、推销会议、分组讨论、案例分析、特定课题讨论、角色扮演、现场指导、个人洽谈、网络教育、同行交流、电视教育、观看或研修公司配发的图书及影像资料等。各企业可根据培训目标、培训内容、受训者层次等实际情况选择适宜的培训方式。

10.2.6 推销培训的内容

推销培训不是一项孤立的工作，而是一项系统工程，不能仅看到推销部门、推销人员以及企业的现状，还应立足于企业的全局，兼顾企业未来的发展战略。

推销人员的培训内容涉及面很广，总体来说应包括品德素质、能力素质、心理素质、知识素质四个方面。

1. 品德素质培训

品德素质培训有助于培养推销人员良好的职业道德，勤奋敬业的工作态度，真诚待人、诚信守诺、顾全大局的良好品质，有助于让推销人员真正懂得为客户考虑，自己的收益是建立在为客户提供高价值、高满意度的产品或服务的基础上的，有助于让推销人员真正懂得正是因为有竞争对手的存在，自己才得以有巨大的压力把工作做得更好，才能为社会做出更大的贡献，因此，竞争对手是值得尊重的，有助于让推销人员成为遵纪守法的好员工和好公民。该部分的培训内容应围绕实现上述目标来组织，如职业道德培训、品德修养知识、爱国主义情怀等。

2. 能力素质培训

该部分培训内容应围绕提高推销人员各方面的能力来进行。为此，可开设以下课程或专题，逻辑学、哲学、交际学、演讲与口才、技术与管理创新、市场调查与预测、推销技巧、公共关系技巧、商务谈判、营销策划、推销管理等。

3. 心理素质培训

该部分培训主要开设一些树立自信心、激励成功欲望、培养坚强意志的课程或专题，另外还应注重培养推销人员与人为善、兼听则明的意识和良好的推销态度。

4. 知识素质培训

该部分培训内容应围绕提高推销人员的知识素质来进行。对应前文述及的推销人员应具备的各项知识素质，可以开设的课程或专题如下：

（1）营销知识培训。营销知识很广泛，主要应开设以下课程或专题：市场营销学、市场调查与预测、消费者行为学、公共关系学、人际关系学、社会学、消费心理学、推销技巧、商务谈判、公关策划、广告策划、推销管理等。

（2）企业及其所在行业知识培训。主要应开设以下课程或专题：企业的历史及成就；企业的组织机构设置、领导人、工作流程等情况；企业的战略思想与战术措施；企业的相关政策与规章制度，如推销提成政策、行政管理制度、绩效专评政策等；企业在行业中的地位；行业与市场的发展特点；企业的主要竞争对手及其目前的情况、动态，优势、劣势以及在市场中的地位、市场份额；企业所在行业在国民经济中的地位以及未来的发展趋势等。

（3）经营管理知识培训。主要应开设以下课程或专题：管理原则、生产管理、经营管理、财务会计与财务管理、人力资源管理等。

（4）产品及技术知识培训。主要应开设以下课程或专题：产品的类型与组成，本企业产品以及竞争者产品的品质、特点、用途、使用方法与注意事项、优缺点、客户利益点、包装，产品的制造方法，产品的维修及售后服务条件，产品的生产技术原理及其先进性、发展趋势，相关产品与替代品的发展情况等。

（5）客户管理知识培训。主要应开设以下课程或专题：对客户进行科学分类、建立客户档案的方法，客户分析方法，对客户交易状况、关系、风险进行管理的方法，客户数据挖掘技术，客户投诉处理方法等。

（6）法律法规培训。主要讲授《中华人民共和国民法典》《中华人民共和国反不正当竞争法》《中华人民共和国消费者权益保护法》，国际贸易相关法律法规等。

（7）财务及经济学相关知识培训。主要讲授宏观、微观经济学的基本知识，使推销人员对国家、地方的经济政策、经济走势有一定的研判能力，以便抓住机会或规避风险。

（8）电子商务知识培训。主要讲授基本的电子商务知识，使推销人员懂得一些互联网知识，掌握如何通过网络寻找、发布有用的商业信息，以及如何进行网上交易等。此外，还应讲授一些识破网上骗术的技巧。

（9）社会学、礼仪知识培训。可开设社会学、实用社交礼仪等课程或专题，对推销人员进行训练。

10.2.7　推销培训教师的选择

影响培训效果的很重要的因素就是推销培训教师的水平。好的教师可以激发推销人员对推销工作的热爱、十足的自信心、强烈的成功欲望，可以帮助推销人员找到一些好的推销方法并对一些棘手的问题提供好的建议，还可以转变推销人员的不正确的营销观念和心态等。推销人员接受了好的教师的培训，会在行为上发生好的变化，并在此基础上开始自己成功的推销职业生涯。由此可见，好的推销培训教师对企业建立一支优秀的推销团队非常重要，因此，企业应准备充足的资金去尽力寻找最好的推销培训教师来培训自己的推销人员。

推销培训教师的选择一般有以下两种途径：

1. 从企业内部选择培训教师

从企业内部选择推销培训教师时要慎重，一定不要选择那些只会纸上谈兵、缺乏推销经验的人，也不可选择那些虽能说会道但推销失败的人。从内部选择的推销培训教师必须有丰富的推销实践和成功的经验，熟悉企业、产品和服务、市场和竞争对手的情况，知道在推销过程中常会碰到哪些问题以及该如何解决，熟悉客户心理和需求特点等。这样的推销培训教师，其培训内容往往与企业实际很贴切、很实用，但如果该培训教师缺乏理论基础，也很难给推销人员更高层次的提升。此外，受传统观念“本地辣椒不辣”的影响，实际培训会受到某些客观因素的影响而效果不理想。

2. 从企业外部选择培训教师

越来越多的企业倾向于从外部聘请科研院所、大专院校的专家、教授或专业顾问公司的职业培训师作为企业的推销培训教师。他们能从战略高度为企业设计培训方案，使培训既能实现企业近期的培训目标，又能兼顾企业未来发展的需要;他们精心组织的推销培训内容，往往能理论联系实际，包括对其他企业的成功经验和失败教训的介绍，因此他们的讲授能使员工开阔眼界、增长见识、增加信心、转变观念、提高能力，他们培训的方式方法往往丰富多彩，能极大地调动推销人员的参与热情和学习热情，最终取得良好的培训效果。

10.2.8　推销培训的方法

企业常用的培训方法主要有课堂讲授培训法，演讲、辩论培训法，游戏培训法，研讨培训法，推销会议培训法，角色扮演培训法和现场指导培训法等。

1. 课堂讲授培训法

这是一种通常由推销专家或有丰富推销经验的推销人员，主要以讲授的方法将知识传授给受训者的培训方法。该方法的应用最为广泛，适用于有明确资料作为内容的培训。该方法的缺点是单向沟通，受训者获得讨论的机会较少，讲授者也无法顾及受训者的个体差异。

2. 演讲、辩论培训法

该方法主要是在培训教师的指导和控制下，受训者对教师给出的命题或问题经过思考分析后，上台以演讲的方式来阐述自己的观点，也可与他人就某观点进行辩论。演讲可促使受训者对问题进行深入思考，可增强其自信心和面对难题的勇气。

3. 游戏培训法

该方法是指培训教师精心设计一些游戏，让受训者在游戏过程中转变旧观念，接受新观念，增强自信心和成功欲望等。该方法较多应用于激励培训。

4. 研讨培训法

研讨有分组讨论、同行交流、案例分析、特定课题集体讨论等方式。通过分组讨论、同行交流，可以学到别人成功的经验，吸取别人失败的教训，通过案例分析、特定课题集体讨论，可以学到一些新的思维和工作方法。

5. 推销会议培训法

企业的推销会议主要分为由总经理主持的整个企业的推销会议和由推销经理主持的部门推销会议。这种方法一般是组织与会的推销人员，针对推销过程中遇到的问题和困难一起进行讨论，相互学习，会议可由培训教师主持。此培训法为双向沟通，受训者有发表意见及交换思想、学识、经验的机会。

6. 角色扮演培训法

这是一种由受训者亲自参与，并由受训者扮演推销人员，由有经验的推销人员或培训教师扮演顾客，受训者针对“顾客”提出的种种问题、要求、非难、拒绝进行介绍、讲解、展示、说服、处理异议、促成交易等的培训方法。角色扮演有两种组织方式：一种是计划并安排好人选、角色、情节动作、内容说辞等;另一种是不进行计划安排，也不规定情节内容，让受训者在演练中自然地随机应变，灵活机动地处理各种问题。该方法因受训者亲自参与且具有一定的实战感而为越来越多的企业所采用。

7. 现场指导培训法

这是种在工作岗位上练兵的培训方法，在新来的推销人员接受一定的课堂培训后即可安排其在工作岗位上，由有经验的推销人员现场指导，然后逐渐放手，使其独立工作。这种方法有利于受训者较快地熟悉业务，效果很好。现场指导培训的内容一般包括推销知识、技能、工作习惯和工作态度等。

10.2.9　推销培训效果评估

有人说，企业花钱对员工进行培训，就好比是把钱存进银行，将来可连本带利一起收回。人们之所以这样说，就是因为好的培训无论是对企业还是对员工，都能有好的回报。怎样才能保证培训有好的效果呢？除了要请到优秀的培训教师之外，每次培训结束后，对其效果进行评估也是十分重要的。

对推销培训效果的评估可从以下几个方面进行：

1. 检查培训目标是否完成

主要看通过培训是否达到了预期的培训目标。例如，受训者的错误观念是否得到纠正？是否树立了正确的新观念？在工作中是否有了新思维？是否掌握了新的专业理论知识或新的工作方法？当然，就某一次具体的培训而言，不一定要求上述目标都能达到。

2. 评估培训教师的工作效果

对培训教师的工作效果进行评估可从以下几个方面进行：

（1）对培训的内容进行评估。主要看培训教师安排的培训内容是否是企业所需的，其实用性、先进性如何，二者结合得如何，其内容是否丰富等。

（2）对培训的方式方法进行评估。主要看培训教师选择的培训方式方法是否适合受训者，是否能调动受训者的参与热情，受训者能否被激励，培训内容是否能被很好地接受等。

3. 评估、检验受训者的受训效果

对受训者的受训效果进行评估可以通过考核的方法来进行，常用的考核办法一般有以下几种：

（1）笔试。该方法对思考力、逻辑力等的检测较为有效,但不适用于对态度、行动的评估。

（2）观察评定法。该方法通过观察受训者的实际行动来评估其态度、行为和性格。

（3）面谈法。该方法通过与受训者面谈来对其进行评估，可以对其人格、行为特征、学习程度、意愿等进行评估。

（4）撰写专业报告或专业论文。该方法可以对受训者的知识水平、思考力、逻辑力、搜集和整理资料与情报的能力进行评估。

（5）提交训练作品。该方法对受训者技能、技术等的评估较为有效。

（6）实际试验、实习。该方法可对受训者的技能、技术、态度、行为等进行评估。

（7）听取受训者上司的意见（面谈、问卷均可）。该方法对不易把握的能力、态度、意愿等的评估较为有效。

对受训者的受训效果进行检验可从以下几个方面进行：

（1）分析新员工达到某种水平所需的时间。若达到同水平所需的时间不断缩短，则可认为培训有较好的效果。

（2）比较受训者与未受训者的工作成绩。若二者工作成绩的总体水平相当，甚至前者低于后者，则可认为培训是不成功的，甚至是失败的。

（3）对最好的推销人员与最差的推销人员的受训背景进行个别比较。若二者的受训背景相差不大，则可判定培训效果是不理想的。

（4）将受训者受训前后的工作效率和效果进行比较，若受训后的工作效率有明显提高，则可认为培训取得了良好的效果；反之，则可认为培训未见成效。

10.2.10 推销培训成本评估

对推销培训成本进行评估，主要是将培训费用与培训效果进行比较，若觉得物有所值，则认为此次培训的开支是合理的；反之，则认为此次培训的费用过高。对于企业而言，每年用于培训的费用一般应控制在推销部门当年推销利润的 0.3% ~ 0.5%。对新成立的企业而言，这个比重可控制在 1% ~ 3%。

【经典案例 / 故事】

有个年轻人每天都上山砍柴，而且非常努力。别人休息时他还在砍柴，不到天黑绝不罢手，他希望利用自己的年轻和勤劳能比别人多砍一些柴。然而，半个月下来，年轻人发现自己砍的柴并不比前辈们多。年轻人百思不解，以为自己不够努力，于是就更加拼命地干，结果发现比原来更糟。这时一位前辈叫年轻人过来休息，年轻人大声回答：“谢谢，我没有时间！”老前辈笑着摇头说：“傻小子，一直砍柴而不磨刀，即使用更多的工夫，成绩肯定也是越来越差。”原来，前辈们是利用聊天、休息的时间在磨刀。记住：你要的是效率，不是有事情做就好。提升你的技巧、能力，才会有时间做你应该做的事情，不然，就只能去唱“没时间”了！

10.3 推销人员绩效考核

推销人员的绩效考核不仅可以对员工的工作进行评价，还可以为推销人员薪酬的发放和提升提供依据。推销人员的业绩考核得从客观和主观两个方面进行，客观的评价是对推销工作进行评估，即职务评估，主观评价是对推销人员的职能条件进行评估。

10.3.1 绩效考核的作用

绩效考核在推销管理过程中的作用具体表现在以下几个方面：

1. 绩效考核是完成推销目标的有力保障

推销目标是推销管理过程的起点，它对推销组织、推销区域设计及推销定额的制定具有指导作用。这些工作完成之后，推销经理开始招聘、配置、培训和激励推销人员，促使他们朝着实现推销目标的方向努力。同时,推销经理应定期收集和整理有关计划执行情况的信息。这样做一方面有利于对计划的不合理处进行修改，另一方面有利于发现实际情况与计划的差异，以便找出原因并寻求对策。可见，有效的考评方案能有效地保证推销团队为实现企业的推销目标而努力。

2. 绩效考核是给予公平薪酬的依据

科学考核并给予公平的薪酬，对激励推销人员有着重要的影响。有效的绩效考核方案可以对推销人员的业绩进行恰如其分的评价，并在评价的基础上给予推销人员相应的薪酬或待遇，避免产生不公平，激励推销人员继续努力。

3. 绩效考核是发掘推销人才的有效手段

通过绩效考核能够查明推销人员的实际推销能力，如果发现他们缺乏能力，可以对其进行培训以弥补和加强；如果发现他们在某方面的能力没有得到充分发挥，可以给予其更具有挑战性的任务，为他们提供展示才华的机会。此外，一个具有敏锐判断力的推销经理，通过绩效考核手段也可能会发现具有某方面潜能的销售人才，从而采取措施发掘和培养他们。

4. 绩效考核有利于加强对推销活动的管理

在推销管理的过程中，推销经理一般每个月对推销人员进行一次绩效考核。有了月绩效考核，各推销区域的业务活动量会自然增加。因为推销人员都希望获得较好的成绩，所以推销活动的效率也会提高。绩效考核会让推销人员谨慎思考及行动,并用较明智的方式去做事。绩效考核也有助于推销经理监控推销人员的行动计划，及时发现问题，从而有足够的时间做调整。

10.3.2　绩效考核的原则

有效的绩效考核必须遵守三大原则：实事求是、重点突出和奖优惩劣。

1. 实事求是

该原则要求绩效考核的标准、数据的记录等建立在客观实际的基础上，在绩效考核中，评估人员对原始数据的把握必须准确，切忌主观片面。一些客观的标准，如推销量、订单数、新开发客户数目等，一般是确切的，然而对于有些主观的标准，如推销态度、沟通技巧等，本身就有一定的评估难度，有时很难给予准确的定义和描述。再加上推销经理的个性及不同的价值取向，往往难以准确地对这些标准进行评估。因此，为了避免评估的失效，绩效考核应做到尽可能客观公正、实事求是。

2. 重点突出

应根据二八原则，以影响推销利润和效率的指标为主，其他指标为辅，对推销工作进行绩效考核。有许多的标准和指标可以利用，然而并不是每个指标都是同等重要的，如果指标过多，会使评估工作耗费大量的时间和精力，并且容易出现众多的指标将个别重要的指标掩盖，使之无法突出，导致“只见森林，不见树木”的现象。这样就会对绩效考核起到削弱的作用，甚至会出现误导的现象。因此，绩效考核的标准不宜过多，同时在这些标准中，应该给予不同的权重。

3. 奖优惩劣

根据绩效考核结果给予赏罚分明的奖惩，以激励推销团队的士气。绩效考核工作一个重要的目的就是对推销人员进行奖惩，无论是从薪酬的角度看，还是从激励的角度看，绩效考核就是为了给激励提供标准，如果奖惩不分明，那么一切评估都是白费，不但起不到应有的作用，反而会使推销人员的积极性受挫。

10.3.3 绩效考核的标准

推销人员个人业绩的评估标准包括定量标准和定性标准。一般而言，定量标准能够最有效地用于评估推销人员的业绩，而定性标准则主要用于评估推销人员的工作能力。在以定性标准评估时，应当注意把考核者的个人偏见和主观性降到最低程度。

绩效考核会让推销人员谨慎思考及行动，并用较明智的方式去做事，也有助于推销经理监控推销人员的行动计划，及时发现问题，从而有足够的时间做调整。

1. 定量标准

定量标准主要有以下几个：

（1）订单指标。订单指标包括订单数量、订单的平均规模、取消订单的数量三个指标。订单数量的多少可以反映推销成功与否。平均规模也很重要，如果每个订单的规模都比较小，说明推销人员可能时间管理不合理，大量时间用于访问小客户上，而忽视了对大客户的关注。取消订单的数量可以用来衡量推销人员的推销方法的有效性，如果一个推销人员的订单有很多被取消，则意味着其在推销的过程中可能过多地采用了强制性战术，使客户在事后感到后悔而取消订单。

（2）客户指标。客户指标包括现有客户数、新客户数、流失客户数、逾期不付款客户数、预期潜在客户数等。客户指标可以用来反映推销人员驾驭自己所处的推销区域的能力，其中，现有客户数和新客户数指标用得比较多。现有客户数反映了推销人员已控制的市场宽度；新客户数反映了推销人员开发新市场的力度和成效。多数企业会要求推销人员在保住现有客户数的同时不断地开发新客户，有的企业还要求推销人员依据“漏斗理论”来制订自己开发新客户的计划，并对此给予必要的支持。流失客户数可以在一定程度上反映推销人员对客户的服务质量；一般而言，如果客户的满意度高，流失的客户就少。当然，如果因为企业的产品无法满足客户的新需要而导致客户流失，则另当别论。逾期不付款客户数可以反映推销人员对客户考察的效果，也可以部分反映推销人员工作的细致程度和责任心强弱。预期潜在客户数则可以反映推销人员对潜在客户判断能力的高低。

（3）推销访问指标。推销访问指标包括访问次数、计划内访问次数、计划外访问次数等。企业在设计推销区域时，需要考虑的众多因素之一就是对不同类别的客户的访问次数，这也是将推销访问次数作为考评个人业绩指标的原因所在。访问次数可以在一定程度上反映推销人员工作的勤奋程度。计划内访问次数可以反映推销人员对客户的了解和掌控程度，计划内访问次数多，意味着推销人员对其所在推销区域管理得较好；计划外访问次数反映的结论正好相反。

（4）推销费用指标。推销工作的费用支出也是一个很重要的指标。有的还将推销费用细分为各种类型。企业可以根据这些费用进行绩效考核。

（5）工作时间和时间分配指标。因为工作时间和时间分配这两个指标能够直接用来评估推销人员与客户联系的程度，所以在许多企业，将工作的天数以及每天访问的次数作为评价推销人员工作努力程度的例行指标。通过评估推销人员的工作时间及次数可以判断该推销人员的工作效率。例如，有多少时间花在推销访问上，有多少时间花在办公室事务的处理上等。

（6）比率指标。通过以上的这些评估指标有时不能很明了地了解销售人员的情况，还需要对此比率指标进行比较。通常的比率指标有费用比率、客户开发与服务比率、访问比率等。

2. 定性标准

定性标准的评估比定量标准的评估难度大得多，这是因为，定量的指标一旦确立，很少受到个人偏好的影响，所得出的结论与实际情况也比较相符。而定性标准往往无论其评估过程设计得多完美，仍然免不了会受到个人偏见的影响。具体来说，推销绩效考核的定性标准有：

（1）个人特点。如工作态度、个人能力、个性等。

（2）业务知识。如推销技巧、产品知识、企业政策等。

（3）推销区域管理。包括推销访问计划、费用控制、推销文件记录和处理等。

（4）客户关系。包括对与普通客户、与企业客户关系的处理等。

不同企业、不同评估目的的主观绩效考核对以上几项内容的侧重点不同。例如，在做出解雇或补偿决定时，企业会比较注重推销成果；而在做出调动或升迁决定时，业务知识和客户关系更为重要。

10.3.4　绩效考核的方法

推销业绩的评估方法很多，这里介绍定性标准的评估方法和推销效率雷达图分析法。

1. 定性标准的评估方法

定性标准的评估方法常用的有评分法、图标尺度法和行为锚定等级评价法。

（1）评分法，是指评估人员对推销人员的推销行为进行打分，分值采用百分制。

（2）图标尺度法，是指用图标尺度来衡量推销人员的推销行为。衡量推销人员的各种推销行为均可采用此法。

（3）行为锚定等级评价法（BARS），是指以行为作为基础的分级法。BARS 考评体系以行为为评价尺度，评价尺度上的每一个判断点都可以由与工作有关的具体行为来说明。评分法和图标尺度法均受到评估人员主观因素的影响，而行为锚定等级评价法可以比较好地解决这一问题。

BARS 评估体系认为，各种影响推销业绩的因素的影响力是不同的，评估的关键就是找出主要影响因素。BARS 评估体系的逻辑是：首先，确定那些对推销成功起关键作用的行为；然后，恰当地描述这些行为，并给予一个分值（0 ~ 10 分）；最后，在此基础上对推销业绩进行评估。整个评估过程一般应包括如下步骤：

（1）由第一组专家确定推销业绩有哪些表现形式。

（2）由第二组专家回忆以前的典型业绩实例，并详细分析原因，确定哪些行为是决定业绩好坏的关键行为。

（3）由第三组专家（或原来的第一组专家）将各种关键行为与相应的业绩表现联系起来，并根据业绩表现的有效性程度予以评分。

（4）用这一评价尺度来评价现实行为。

2. 推销效率雷达图分析法

推销效率雷达图分析法是指利用坐标图来直观分析推销人员推销能力的一种方法。它既可以作为推销经理管理下属的工具，也可以作为推销人员自我分析与诊断的手段。

（1）推销效率雷达图分析法的评价指标。具体指标包括每日平均访问次数、每户平均订货额、现金回收率、账款回收率、每次访问平均费用、每次访问的平均推销额、毛利目标达成率和推销目标达成率。

（2）推销效率雷达图的绘制方法。

① 推销效率雷达图由五个同心圆、八条放射线构成。同心圆由外而内按顺序表示很好、好、普通、不好、很不好。

② 在八条放射线处，写下企业的评估指标，如推销目标达成率、现金回收率等。

③ 空白的推销效率雷达图画好后，设定各种评估指标的目标值。这些值可以根据企业的经验确定，用蓝色笔在图上标出。

④ 用红色笔标出推销人员各项指标的实际数值。

⑤ 通过红、蓝两色数值位置之间的差距，可看出推销人员业绩的优劣。

3. 推销人员信息的收集

推销效率雷达图分析法的数据来源于推销人员的各种相关信息，如推销日报表、推销月报表。为此，推销经理应建立推销人员信息收集系统。推销经理可以从各种渠道获得推销人员的信息，其中最重要的渠道就是推销人员提供的各种报表。报表包括两类，即推销活动结果报告和推销行动计划表。其他的渠道有推销会议、客户的信件和投诉，消费者调查以及与其他同事的谈话。在收集推销人员信息的过程中，切忌信息失真。尤为重要的是，推销人员必须认真填写推销日报表和推销月报表。

【案例讨论 1】

华为技术有限公司善于通过团队销售来确保其客户获得最佳的信息和最好的服务。华为组建了由各部门抽调的专家组成的技术团队来为每位客户提供顾问式服务，通过更好地掌握客户的需求来为客户提供最佳的解决方案。华为项目团队中的专家大都具有客户业务领域的丰富经验,他们凭借自己的业务知识和经验赢得了客户的尊重。凭借“团队销售”模式，华为赢得了行业领先者的地位，并赢得了与客户组织内各级采购决策者的好感与信任，华为也因此得以高速增长，并且，这种模式还为华为在未来持续获得成功提供了保障。

讨论问题：请对华为的团队销售进行评价。

【案例讨论 2】

H 公司是一家以生产绿色食品为主的中型民营企业。和其他一些公司一样，H 公司对销售人员采用了基本工资加业务提成的薪酬模式。

H 公司根据销售人员的学历作了基本工资等级设计：

（1）应届的，学习市场营销专业的大专起点销售人员，基本工资为 2 800 元。

（1）具有相关工作经验，非市场营销专业的大专学历的销售人员，基本工资为 2 700 元。

（3）具有一定工作经验，中专起点的销售人员，基本工资为 2 500 元。

业务提成为业务量的 5%。公司整体业绩不错，公司领导和员工关系也很好，但令人费解的是跳槽现象时有发生，很多销售业绩很好的销售人员说走就走了，公司人员的频繁流动使得销售业绩下滑，很多销售计划因人员的流动而搁浅或被迫中断。通过对跳槽人员的回访，人力资源部发现大部分人对公司的薪酬制度很不满意。

讨论问题：H 公司销售人员薪酬模式的问题出在哪里？是没有体现公平，还是没有体现竞争策略？

任务十：互动测验

【互动测验】

[单选题]

1. 公司估计全国有 1 000 个 A 类客户，2 000 个 B 类客户，每个客户每年需要的访问数，A 类是 36 次，B 类是 12 次。这意味着公司需要每年进行（　　）次访问的推销队伍。

　A. 3 000　　B. 6 000　　C. 8 000　　D. 10 000

2. 在没有计划及准备的情况下进行的，实际上是一种临时讨论，招聘者可根据不同应聘者的背景随意发问属于（　　）。

　A. 随意性的面试　　B. 模式化的面试

　C. 引导性的面试　　D. 笔试化的面试

3. 评估人员对推销人员的推销行为进行打分，分值采用百分制的是（　　）。

　A. 图标尺度法　　B. 评分法

　C. 行为锚定等级评价法　　D. 行为评价法

4. 各个推销代表被派到不同的地区，在该地区全权代表公司业务。这种推销组织是按照（　　）进行划分的。

　A. 产品组织法　　B. 客户组织法

　C. 区域组织法　　D. 复合型组织法

5. 通过职业介绍所来招聘所需的推销人员属于（　　）。

　A. 内部招聘　　B. 校园选拔

　C. 通过业务接触寻找　　D. 委托职业介绍所推荐

[多选题]

1. 优秀的推销员应当具备（　　）。

　A. 品德素质　　B. 能力素质

　C. 心理素质　　D. 知识素质

2. 能力素质具体包括（　　）。

A. 敏锐的观察能力　　B. 严谨的思维能力

C. 良好的社交能力　　D. 机敏的应变能力

3. 面试的形式主要有（　　）。

A. 随意性的面试　　B. 模式化的面试

C. 引导性的面试　　D. 笔试化的面试

4. 推销效率雷达图分析法的评价指标具体包括（　　）。

A. 每日平均访问次数　　B. 每户平均订货额

C. 每次访问平均费用　　D. 现金回收率

5. 客户指标包括（　　）等。

A. 现有客户数　　B. 新客户数

C. 逾期不付款客户数　　D. 预期潜在客户数

[判断题]

1. 绩效考核是给予公平薪酬的依据。（　　）

2. 如果公司在一个广阔的地域范围内向各种类型的消费者推销种类繁多的产品，通常可以使用混合型组织法。（　　）

3. 定量标准的评估比定性标准的评估难度大得多。（　　）

4. 推销人员应懂得一笔业务在财务上应该如何处理，相关的税应如何计算、处理等。（　　）

5. 有效的绩效考核必须遵守三大原则：实事求是、重点突出和奖优惩劣。（　　）

[讨论题]

1. 谈一谈你对推销组织的看法。

2. 推销人员招聘的途径有哪些？

3. 说一说你所知道的销售人员绩效评估方法。

【技能实训 1】

销售组织设计训练

□实训目的

通过实训，使学生初步掌握推销组织类型，培养学生推销组织设计能力。

□实训步骤

1. 四或五人为一小组。

2. 假设已经创办了一家小企业，有了自己的产品，试着组建一支模拟的推销队伍，并设计出推销组织结构图。

3. 结合组织设计中的销售岗位进行职务描述；设计面试时提问的应聘者一系列问题；为该公司新招聘的推销人员制订一个培训计划。

4. 各组汇报组织结构设计、岗位招聘说明说、推销员培训计划。

□实训评价

学生之间互评，教师对各小组的组织结构图、岗位说明书、推销培训计划进行点评和总结，并将评价结果计入学生平时成绩。

【技能实训 2】

模拟招聘训练

□实训目的

通过实训，使学生初步掌握销售招聘程序和面试技巧，学会换位思考了解企业招聘心态，为就业做好心理准备。

□实训步骤

1. 学生每四或五人为一组。

2. 各组分别代表一个虚拟公司，要求设计一份推销人员招聘广告，并在班级发布。同时需要制定一份面试选拔大纲。

3. 每位同学根据招聘广告选择自己喜欢的岗位，设计求职简历。

4. 模拟求职面试过程，撰写面试和求职总结体会。

□实训评价

教师根据各组的模拟实况和招聘广告、面试问题、求职简历等材料进行评价，并将评价结果计入学生平时成绩。

互动测验参考答案

任务一：掀起她的盖头来——认识推销

[单选题] A、C、D、A、A、B、A、D、D

[多选题] ABCD、ABCD、ABCD、ABC、BCD、AB、AB、ABCD、ABCD、ABC

[判断题] 对、对、错、对、对、对、对、错、错、错

任务二：不打无准备之仗——推销准备

[单选题] C、B、C、C

[多选题] ABCD、ABC、ABD、ABCD、BCD、ABC、ABCD、ABCD、ABC、ABC

[判断题] 对、对、对、对、错、对、错、对、对、错

任务三：找到你的真顾客——寻找顾客

[单选题] A、B、C、D、A、B、D、A、B、C

[多选题] CD、ABC、ABCD、ACD、BCD、ABC、ABC、ABCD、AC、ACD

[判断题] 错、对、错、错、对、对、错、对、错、对

任务四：百闻不如一见——接近顾客

[单选题] A、C、D、A、D、D

[多选题] BCD、ABD、ABD、ABD、AD

[判断题] 错、错、对、对、对、错、错

任务五：说服对方好口才——推销洽谈

[单选题] D、A、D、D、C、C

[多选题] ABC、ABCD、ABCD、ABCD、ABCD、ABCD、BCD

[判断题] 对、对、对、错、对、错、对、错

任务六：顾客一定会说不——异议处理

[单选题] D、A、D、B、C、A、B、D、D、B、B

[多选题] ABCD、ABCD、ABD、ABC、AD、BCD、ABCD、ABCD、BC、ABCD、ABC、AB

[判断题] 错、对、对、对、错、对、错、对、对、对

任务七：临门一脚要踢好——推销成交

[单选题] B、D、A、A、C、B、D、B、B、A
[多选题] ABC、ABCD、ABCD、ABCD、ABC、ABCD、ABCD、ABCD、ABCD、ABC
[判断题] 对、错、对、错、对、错、对、错、对、错

任务八：销售开始于售后——售后跟踪

[单选题] D、A、A、D、A
[多选题] ABCD、ABCD、ABCD、ABC、ABCD
[判断题] 对、对、对、对、错

任务九：自由地支配自己——推销自我管理

[单选题] A、B、A、D、D
[多选题] ABCD、ABCD、ABCD、ABCD 、ABC
[判断题] 对、错、对、对、对

任务十：推销也需万人敌——推销组织管理

[单选题] B、A、B、C、D
[多选题] ABCD、ABCD、ABC、ABCD、ABCD
[判断题] 对、对、错、对、对

参考文献

[1] 李桂荣 . 推销实务与技巧 [M]. 北京：北京邮电大学出版社，2016.

[2] 谢和书，陈君 . 推销实务与技巧 [M]. 3 版 . 北京：中国人民大学出版社，2018.

[3] 黄金火，陈新武 . 现代推销技术 [M]. 4 版 . 北京：高等教育出版社，2018.

[4] 凯勒 . 营销管理（第 15 版）[M]. 何佳讯，于洪彦，牛永革，等译 . 上海：格致出版社，2016.

[5] 卢泰宏，周懿瑾 . 消费者行为学 [M]. 2 版 . 北京：高等教育出版社，2015.

[6] 岳贤平 . 推销：案例、技能与训练 [M]. 北京：中国人民大学出版社，2018.

[7] 陈春娃 . 原一平的疯狂推销术 [M]. 北京：中国纺织出版社，2010.

[8] 陈守则 . 让客户无法拒绝你 [M]. 北京：中国科学文化出版社，2015.

[9] 易开刚 . 现代推销学 [M]. 3 版 . 上海：上海财经大学出版社，2012.

[10] 罗小东 . 推销实务 [M]. 3 版 . 大连：大连理工大学出版社，2012.

[11] 崔明 . 销售管理 [M]. 北京：高等教育出版社，2016.

[12] 杨再春，董晓东 . 商务谈判与推销技巧 [M]. 2 版 . 北京：高等教育出版社，2018.

[13] 杨群祥 . 商务谈判 [M]. 2 版 . 北京：高等教育出版社，2020.

[14] 胡善珍 . 现代推销：理论、实务、案例、实训 [M]. 3 版 . 北京：高等教育出版社，2020.

[15] 刘宁，张凤英 . 推销技能 [M]. 北京：中国铁道出版社，2012.

[16] 梁红波 . 现代推销实务 [M]. 北京：人民邮电出版社，2010.

[17] 安贺新 . 销售管理实务 [M]. 3 版 . 北京：清华大学出版社，2019.

[18] 贾俊花 . 实用人力资源管理 [M]. 2 版 . 北京：清华大学出版社，2021.

[19] 龚荒 . 商务谈判与推销技巧 [M]. 4 版 . 北京：清华大学出版社，2021.

[19] 克拉夫 . 重新定义推销 [M]. 李卉，张魏，译 . 北京：人民邮电出版社，2019.

[20] 赵溪，陈宁华 . 电话营销实务与训练 [M]. 北京：清华大学出版社，2015.